预算绩效管理教学与研究系列丛书

丛书主编：马海涛

全过程预算绩效评价结果应用

孙　欣◎著

中国财经出版传媒集团
中国财政经济出版社

图书在版编目（CIP）数据

全过程预算绩效评价结果应用 / 孙欣著.--北京：中国财政经济出版社，2021.1（2022.3重印）

（预算绩效管理教学与研究系列丛书 / 马海涛主编）

ISBN 978-7-5223-0170-9

Ⅰ.①全…　Ⅱ.①孙…　Ⅲ.①财政预算－经济绩效－财政管理－研究－中国　Ⅳ.①F812.3

中国版本图书馆CIP数据核字（2020）第232132号

责任编辑：胡　博　张晓丽　　　　责任印制：刘春年

封面设计：陈宇琰　　　　责任校对：张　凡

中国财政经济出版社 出版

URL：http：//www.cfeph.cn

E-mail：cfeph@cfeph.cn

社址：北京市海淀区阜成路甲28号　邮政编码：100142

营销中心电话：010-88191522

天猫网店：中国财政经济出版社旗舰店

网址：https：//zgczjjcbs.tmall.com

北京财经印刷厂印刷　各地新华书店经销

成品尺寸：185mm×260mm　16开　15.75印张　290 000字

2021年1月第1版　2022年3月北京第2次印刷

定价：49.00元

ISBN 978-7-5223-0170-9

（图书出现印装问题，本社负责调换，电话：010-88190548）

本社图书质量投诉电话：010-88190744

打击盗版举报热线：010-88191661　QQ：2242791300

丛书总序

全面实施预算绩效管理是建立现代财政制度的重要组成部分，是政府治理和预算管理的深刻变革。党中央、全国人大、国务院高度重视预算绩效管理工作，多次强调要深化预算制度改革，加强预算绩效管理，提高财政资金使用效益和政府工作效率。党的十六届三中全会提出“建立预算绩效评价体系”，十七届二中、五中全会分别提出“推行政府绩效管理和行政问责制度”“完善政府绩效评估制度”。国务院还专门批准建立了由监察部牵头的政府绩效管理工作部际联席会议制度，推进包括预算绩效管理的政府绩效管理试点。《预算绩效管理工作规划（2012—2015年）》大力推进了预算绩效管理工作。2015年开始实施的新《预算法》六次提及“绩效”，奠定了预算绩效管理的法律基础。党的十八届三中全会提出“财政是国家治理的基础和重要支柱”，确立了包括预算绩效管理在内的财政活动的重要地位。

进入新时代，习近平总书记在党的十九大报告中强调，要加快建立现代财政制度，“建立全面规范透明、标准科学、约束有力的预算制度，全面实施绩效管理”。李克强总理提出，要将绩效管理覆盖所有财政资金，贯穿预算编制、执行全过程，做到花钱必问效、无效必问责。2018年9月《中共中央　国务院关于全面实施预算绩效管理的意见》印发，要求力争用3—5年时间基本建成全方位、全过程、全覆盖的预算绩效管理体系，实现预算与绩效管理一体化，这是党中央国务院对全面实施预算绩效管理作出的顶层设计和重大部署，为预算绩效管理指明了方向、规划了路线、明确了措施。预算是政府活动和宏观政策的集中反映，也是规范政府行为的有效手段。预算绩效是衡量政府绩效的主要指标之一，本质上反映的是各级政府、各部门的工作绩效。全面实施预算绩效管理是推进国家治理体系和治理能力现代化的内在要求，是增强政府公信力和执行力、提高人民群众满意度的有效途径，是建设高效、责任、透明政府的重大措施。

《意见》印发以来，全国上下积极响应、扎实推动，各地区、各部门、各单位掀起了贯彻落实全面实施预算绩效管理的高潮，对预算绩效管理的理论、知识、技能的需求也与日俱增，亟需提质拓围，拓展国际视野，以“顶天立地”的思维高质量发展。作为我国经济学、管理学学科领域的重要科研创新基地，中央财经大学在应用经济学领域处于全国领先，形成了以经济学、管理学和法学学科为主体，文学、理学、工学、教育学、艺术学等多学科协调发展的学科体系，在协同创新中推动预算绩效管理理论研究和实践创新是新时代赋予我们的光荣使命。中央财经大学历来重视预算绩效管理的教学和研究，积累了一批研究成果和教学案例，形成了一支教学研究队伍，设立了预算绩效管理博士和博士后研究方向，形成了全校多学科协同创新的发展势态。

在新时代全面实施预算绩效管理背景下，我们依托中央财经大学中国财政发展协同创新中心等单位力量，编撰了“预算绩效管理教学与研究系列丛书”。丛书主要包括典型国家预算绩效管理制度、预算绩效管理理论研究、预算绩效管理实践发展报告、分行业分领域预算绩效管理研究等方面的选题，力图反映国内外预算绩效的最新理论和实践，为预算绩效管理学科建设、人才培养奠定坚实的基础，打造预算绩效管理的教学和研究高地。

本丛书的根本目的是为我国建立“全方位、全过程、全覆盖”的预算绩效管理体系提供一张思维网、施工图和操作法，聚焦国家重大需求提出的理论热点问题，推动我校“双一流”学科建设，提高学科建设水平和人才培养质量，推动学校财政理论协同创新。

丛书编写过程中我们虽然已经付出了巨大的努力，由于受各种客观因素影响和作者水平限制，书中难免有疏漏和不足，恳请同行和读者批评指正。

马海涛

2019年1月1日于中央财经大学

序 言

强化预算绩效管理是创新财政管理制度，提高国家治理能力、实现治理能力现代化的重要举措。预算绩效管理既包括目标设计、指标体系的构建、评价过程的科学规范，又涉及绩效评价结果的有效应用。其中，绩效评价结果的有效应用是推行预算绩效管理的关键，它既是开展预算绩效评价活动的落脚点和归宿，也是全面实施预算绩效管理的起点和基本依据。对此，《国务院关于深化预算管理制度改革的决定》（国发〔2014〕45号）以及新《预算法》强调应建立预算绩效评价结果与预算编制的联系；《中共中央 国务院关于全面实施预算绩效管理的意见》（中发〔2018〕34号）认为应用绩效评价结果是建立全过程预算绩效管理链条的重要环节；《项目支出绩效评价管理办法》（财预〔2020〕10号）则将建立绩效评价结果与预算安排、问责以及政策调整等作为应遵循的基本原则；2020年8月，《预算法实施条例》（新修订）正式发布，要求“绩效评价结果应当按照规定作为改进管理和编制以后年度预算的依据”。因此，输出和应用预算绩效评价结果是预算主管部门（单位）开展绩效自评活动、财政部门组织绩效再评工作、第三方机构参与评价、人大和社会公众等主体行使监督和参与职责的重要内容与主要目标，也是加快推行预算绩效管理机制的重要环节，更是建立全过程预算绩效管理链条的重要着力点。

从全国预算绩效管理实践分析，应用预算绩效评价结果仍是当前推行预算绩效管理机制的薄弱环节；且较少涉及对事前、事中绩效评价结果应用的讨论和研究；更未厘清和形成事前绩效评估及评估结果应用、事中绩效运行监控及监控结果应用、事后绩效评价及评价结果应用各环节的逻辑关系和衔接机理。鉴此，最大程度加强预算绩效评价结果应用，形成全过程预算绩效评价结果应用模式，是加快推行预算绩效管理机制，形成全过程预算绩效管理链条亟需解决的问题。

孙欣所著的《全过程预算绩效评价结果应用》以全过程预算绩效评价结果应用实施框架为核心理论依据，基于事前、事中和事后绩效管理的内容，全面系统地阐述每个阶段、环节的运行、结果应用及其有机衔接，具有一定的创新性和探索性：

一是理论扎实，具有一定创新性和探索性。该书基于过程控制、精益管理以及激励约束机制，利用PDCA循环管理理论，构建以全过程预算绩效管理为基础，输出全过程预算绩效评价结果为落脚点，最大程度加强预算绩效评价结果应用为目标，以奖优劣罚、实现公共责任和社会监督为衡量标准，构建围绕全过程预算绩效管理（Plan）、全过程绩效评价结果的输出（Do）、全过程绩效自评结果的提交、反馈与整改（Check）、加强全过程绩效评价结果应用（Action）的全过程预算绩效评价结果应用实施框架为核心理论；且基于全过程预算绩效评价结果应用的影响因素分析，考核全过程预算绩效管理内容，链接事前绩效评估及评估结果应用、事中绩效运行监控及监控结果应用及事后绩效评价，构建全过程预算绩效评价结果应用通用型评价指标，以输出全过程预算绩效评价结果，形成全过程预算绩效评价结果应用模式，最大程度加强绩效评价结果与问责、资金分配的联系，具有一定的创新性和探索性。

二是观点明确，结构较合理。该书围绕全过程预算绩效评价结果应用的“理论框架、影响因素分析、全过程预算绩效评价结果应用通用型指标设计以及对策建议”展开研究，以全过程预算绩效评价结果应用实施框架为逻辑起点，通过梳理当前绩效评价结果应用的现状及存在的问题，从理论分析与实证研究两方面研究影响因素及其相互关系；同时，构建相应的指标体系及其权重；在有针对性借鉴国际经验做法的基础上，提出推动我国全过程预算绩效评价结果应用的对策建议。全书观点明确、层次清晰，结构安排较为合理。

三是论证充分，结论合理。该书基于当前预算绩效评价结果应用的政策演进过程和地方模式，剖析预算绩效评价结果应用存在的主要问题，从理论与实证两方面分析推动全过程预算绩效评价结果应用的影响因素。首先，理论上阐述制度保障因素、绩效环境因素与绩效评价结果因素阻碍全过程预算绩效评价结果应用的主要原因；其次，从实证上，基于问卷调查数据，利用解释结构模型（ISM）将全过程预算绩效评价结果应用影响因素形成多级递阶结构模型，判断影响因素之间的相互关系。在此基础上，采用结构方程模型（SEM）验证全过程预算绩效评价结果应用的影响因素之间的相互关系，通过模型假设提出正确评价，可知兼具针对性和科学性的指标体系是建立评价结果与问责、预算资金分配联系的重要影响因素。因此，通过考核全过程预算绩效管理内容，构建全过程预算绩效评价结果应用通用型指标体系，利用层次分析法（AHP），计算指标权重，以输出全过程预算绩效评价结果，形成全过程预算绩效评价结果应用模式，最大程度加强绩效评价结果与问责、资金分配的联系。其论证过程体现了理论联系实际，研究方法既体现了多样性、又科学得当，结论合理。

全书逻辑清晰，研究内容不仅丰富了国内预算绩效评价结果应用研究领域的薄弱环节，且选题具有很强的理论意义和现实价值，这对于我国建立和完善预算绩效管理制度、建立现代财政制度具有重要的参考价值。但与此同时，随着该领域理论研究的不断丰富和更新以及实践的不断探索和改革，预算绩效评价结果应用的相关内容仍待继续深研。

马海涛

2020年8月28日

前 言

在我国，各级政府承受着越来越大的压力，经济市场化、文化多元化以及社会现代化要求政府在有限的收入来源下输出有效的公共产品和公共服务。评价政府的“钱袋子”，在合规花钱的前提下弄清钱花得如何，评价政府预算资金使用的经济性、效率性和效益性；合理有效应用预算绩效评价结果于经济管理、行政治理以及社会监督成为全面落实预算绩效管理、创新财政管理制度、推进国家治理体系和治理能力提升的主要方向之一。

预算绩效评价是重要的绩效管理工具，包括绩效评价指标设定、证据材料搜集、绩效测度、绩效比较和衡量、绩效结果呈现的活动过程，其最终目的是输出预算绩效评价结果，通过建立信息透明机制公开预算绩效信息①，将预算绩效评价结果应用到公共部门的预算决策和行政治理当中，以期实现奖优罚劣、权责匹配和社会监督的目标。预算绩效评价工作从探索阶段的试点推广到如今的全面施行，形成了较为完善的预算绩效评价体系，并逐步建立了“预算编制有目标、预算执行有监控、预算完成有评价、评价结果有反馈、反馈结果有应用”的预算绩效管理机制②。但从预算管理实践情况来

① 晁毓欣认为预算绩效评价结果是狭义范围定义的预算绩效信息。晁毓欣认为政府预算绩效信息有广义与狭义之分，广义预算绩效信息是预算绩效评价产生、搜集、处理、发布、传递、利用并储存的全部信息；狭义预算绩效信息是预算资金运行效果与效率的结果性信息。（晁毓欣，赵文芳.现阶段我国预算绩效信息利用的主要模式与问题［J］.财政科学，2016（10）：100–107）

②《关于推进预算绩效管理的指导意见》（财预〔2011〕416号）.

看，应用事后（资金执行完成）绩效评价结果是当前全面推进预算绩效管理机制的薄弱环节；从构建事前（资金投入事前）、事中（资金运行过程）、事后（资金执行完成）预算绩效管理闭环系统来看，施行事后（资金执行完成）预算绩效评价结果应用是财政部门和预算部门（单位）实现全面实施预算绩效管理目标的重点关注内容和主要方法之一，而较少涉及对事前、事中绩效评价结果应用的讨论和研究。

为此，全书按照“理论分析——实证分析——对策建议”的框架思路，通过界定绩效评价结果应用的相关概念，梳理国内外关于全过程预算绩效评价结果应用的相关研究，以全过程预算绩效评价结果应用实施框架为核心理论依据，通过考核事前绩效管理（绩效目标管理、项目资金立项评价、考核绩效目标审核结果应用情况）、事中绩效管理（投入情况、预期产出和效益的实现程度、考核事前绩效管理结果应用情况）和事后绩效管理（结果评价、考核事中绩效监控管理结果应用情况）内容，以及时调整、纠偏绩效目标、锁定责任主体，输出和应用全过程预算绩效评价结果，最大程度加强预算绩效评价结果应用，从而促进全过程预算绩效管理链条的形成，实现全面实施预算绩效管理的目标（第一章至第三章）；随后，基于当前预算绩效评价结果应用现状与存在问题，从理论与实证两方面分析全过程预算绩效评价结果应用的影响因素及因素之间的相互关系；在此基础上，构建全过程预算绩效评价结果应用通用型指标体系，计算全过程预算绩效管理通用型评价指标权重，以考核全过程预算绩效管理内容，链接事前绩效评估及评估结果应用、事中绩效运行监控及监控结果应用及事后绩效评价，输出全过程预算绩效评价结果，以形成全过程预算绩效评价结果应用模式，最大程度加强绩效评价结果与问责、资金分配的联系（第四章至第六章）；最后，针对当前预算绩效评价结果应用存在的问题以及推动全过程预算绩效评价结果应用的影响因素，在借鉴国外经验做法的基础上提出推动我国全过程预算绩效评价结果应用的对策建议：第一，构建全过程预算绩效评价结果应用机制，基于激励约束理论，构建由识别噪声机制、多方沟通机制、结果公开机制、结果问责机制、结果与资金分配挂钩机制组成的全过程预算绩效评价结果应用机制；第二，加强法制建设以及相关配套措施的改革，包括：制定预算绩效评价结果应用相关办法、深化预算管理制度改革、赋予部门负责人适度的自主权、强化预算部门（单位）绩效自评机制以及树立全过程预算绩效评价结果应用理念；第三，通过培育绩效管理专业人才与完善预算绩效管理信息系统建设，输出和应用高质量全过程预算绩效评价结果，从而逐步推动全过程预算绩效评价结果应用的实施。

本书旨在研究如何最大程度加强预算绩效评价结果应用，以不断完善预算绩效管理机制，从而加快推进全过程预算绩效管理链条的建立。通过输出和公开全过程预算绩效评价结果，建立全过程预算绩效评价结果与问责、预算决策的联系，在增强政府管理的公开性和透明性的同时，实现决策型绩效预算，以持续提升资金的使用效益，为下一步深化我国预算绩效评价结果应用提供政策参考。

感谢在本书研究写作过程中马海涛教授与各位老师的帮助和指导。由于作者写作水平有限，书中难免有疏漏与不足，恳请各位老师和读者予以批评指正。

孙　欣

2020年9月20日

目 录

▶ 图表目录

图目录

表目录

▶ 第一章 导 论

内容提要

本章基于本书的研究背景与研究意义，界定预算绩效评价结果的相关概念和研究范围，提出本书的研究方法和拟解决的关键问题，以及可能的创新之处。

第一节 研究背景与研究意义

一、研究背景

在我国，各级政府承受着越来越大的压力，经济市场化、文化多元化以及社会现代化要求政府在有限的收入来源下提供更多的公共产品和有效服务。评价政府的“钱袋子”，在合规花钱的前提下弄清钱花得如何，评价政府预算资金使用的经济性、效率性和效益性；合理有效应用预算绩效评价结果于经济管理、行政治理以及社会监督成为全面落实预算绩效管理、创新财政管理制度、推进国家治理体系和治理能力提升的主要方向之一。

“前预算时代”①，是我国计划经济体制时代的典型特征，其以财政收入为改革主线、以“控制取向”为预算目标②的旧体制造成了预算不统一、不规范、预算软约束能力不够等局面；为此，改革财政支出管理，逐步推动以“绩效导向”为预算目标③成为我国改革开放后构建现代预算制度的重要内容。1999年，中央启动了包括部门预算、国库集中收付体制改革、政府采购等一系列预算改革，为促进政府行政管理效率和预算管理效率提升奠定了良好基础；与此同时，度量预算资金的使用效果也逐步引起重视。2003年，中共十六届三中全会提出“建立预算绩效评价体系”，广东省率先进行绩

① 马骏认为，改革前的中国预算体制是“前预算时代”，是分散型的财政管理体制。(马骏.中国公共预算改革的目标选择：近期目标与远期目标［J］.中央财经大学学报，2005（5）：1-6+15）

②③ 马蔡琛等.山坳上的中国政府预算改革——变革世界中的现代预算制度［M］.北京：经济科学出版社，2018：14.

效评价试点[1]；同年，广东省、江苏省等陆续探索预算绩效评价制度建设；2005年5月《中央部门预算支出绩效考评管理办法》的出台为全国预算绩效评价工作的开展提供了统一的指导性文件，一方面，中央各相关部门陆续探索和开展绩效评价工作；另一方面，湖南省、安徽省、江苏省等省级政府印发绩效评价管理（暂行）办法，对绩效评价原则、对象、方式等作出相应规定；2009年6月，《财政支出绩效评价管理暂行办法》（2011年4月修订）出台，为各级预算部门（单位）开展绩效评价工作提供了重要制度基础，全国预算绩效评价工作形成了有章可循、有规可依的良好态势。为以进一步深化预算绩效评价工作，推动预算绩效管理机制的形成，中央陆续印发《关于推进预算绩效管理的指导意见》（财预〔2011〕416号）、《预算绩效管理工作规划（2012—2015年）》、《预算绩效评价共性指标体系框架》（财预〔2013〕53号）、《国务院关于深化预算管理制度改革的决定》（国发〔2014〕45号）、《预算绩效管理工作考核办法》（财预〔2015〕25号）、《中央部门预算绩效目标管理办法》（财预〔2015〕88号）、《中央对地方专项转移支付绩效目标管理办法》（财预〔2015〕163号）、《关于开展2016年度中央部门项目支出绩效目标执行监控试点工作的通知》（财办预〔2016〕85号）、《关于开展中央部门项目支出绩效自评工作的通知》（财办预〔2016〕123号）等一系列办法措施，北京市、河北省、湖北省、陕西省、黑龙江省等省级政府相继印发绩效评价办法/绩效评价结果应用管理办法；2018年9月，《中共中央　国务院关于全面实施预算绩效管理的意见》（中发〔2018〕34号）则进一步要求全面实施预算绩效管理，且形成全方位、全过程和全覆盖的管理体系。

总的来看，自2003年以来，经过“地方试点—全国办法出台—地方办法出台—全面推广”的实践过程，我国已基本形成较完善的预算绩效管理机制（见图1–1）。而全面推进预算绩效管理，不仅需要设置可细化、可量化的项目（或部门整体支出）绩效目标和相关的绩效指标，更重要的是在一定范围内公开预算绩效评价结果，将其应用到公共部门的预算决策和行政治理当中，以期实现奖优罚劣、权责匹配和社会监督的目标。对此，《国务院关于深化预算管理制度改革的决定》（国发〔2014〕45号）以及《预算法》强调建立预算绩效评价结果与预算编制的联系；《中共中央　国务院关于全面实施预算绩效管理的意见》（中发〔2018〕34号）中更加强调应用绩效评价结果对建立全过程预算绩效管理链条的重要性；《项目支出绩效评价管理办法》（财预〔2020〕10号）则将建立绩效评价结果与预算安排、问责以及政策调整等作为应遵循的基本原则。因此，输出和应用预算绩效评价结果是预算主管部门（单位）开展绩效自评活动、财政部门组织绩效再评工作的重要内容与主要目标，也是加快推行预算绩效管理机制的重要环节，更是建立全过程预算绩效管理链条的主要着力点。

---

① 马国贤.2016 中国财政发展报告：中国政府绩效管理与绩效评价研究［M］.北京：北京大学出版社，2016：78.

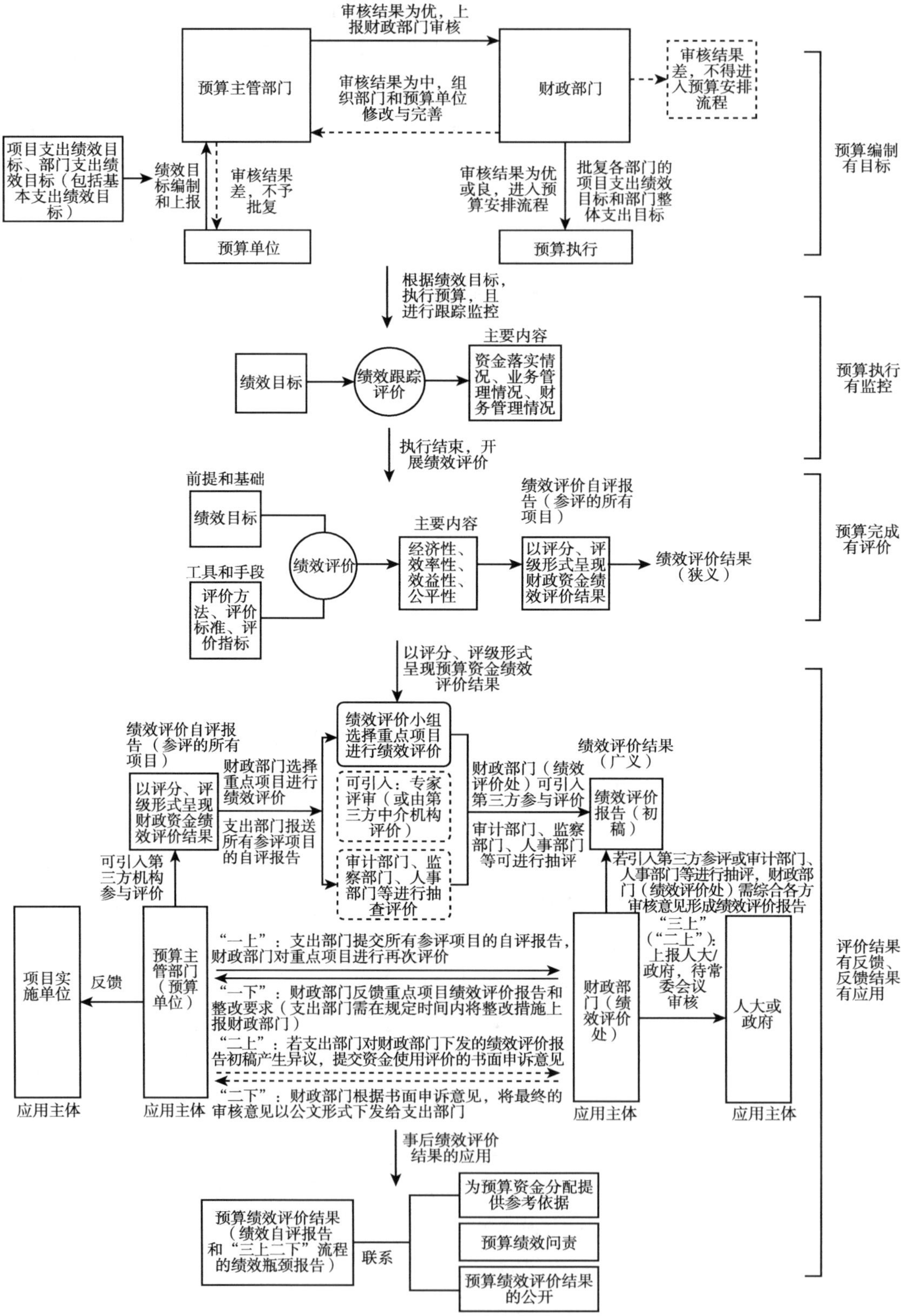

图1-1　预算绩效管理机制

然而，从全国预算管理实践情况来看，应用事后（资金执行完成）绩效评价结果是当前推行预算绩效管理机制的薄弱环节；从构建事前（资金投入事前）、事中（资金运行过程）、事后（资金执行完成）预算绩效管理闭环系统来看，施行事后（资金执行完成）预算绩效评价结果应用是财政部门和预算部门（单位）实现全面实施预算绩效管理目标的重点关注方向和主要方法之一，而较少涉及对事前、事中绩效评价结果应用的讨论和研究。鉴此，最大程度加强预算绩效评价结果应用，形成全过程预算绩效评价结果应用模式，更好地提高财政资金效益，是一个值得研究的问题。

二、研究意义

（一）理论意义

全过程预算绩效评价结果应用研究的理论意义是为了最大程度加强预算绩效评价结果应用，实现奖优罚劣、权责匹配和社会监督的目标，推动全过程预算绩效评价结果应用；通过考核与度量全过程预算绩效管理内容，输出和应用全过程预算绩效评价结果，最大程度加强预算绩效评价结果应用，从而不断完善预算绩效管理机制，加快推进全过程预算绩效管理链条的建立。具体来说，主要体现在以下三个方面：

1. 最大程度加强预算绩效评价结果应用，实现奖优罚劣、权责匹配和社会监督的目标。通过考核事前绩效管理（绩效目标管理、项目资金立项评价、考核绩效目标审核结果应用情况）、事中绩效管理（投入情况、预期产出和效益的实现程度、考核事前绩效管理结果应用情况）和事后绩效管理（结果评价、考核事中绩效监控管理结果应用情况）内容，度量绩效目标审核结果应用、事前评估结果应用、事中绩效运行监控结果应用，与事后绩效评价衔接，输出和应用高质量全过程预算绩效评价结果，从而最大程度加强预算绩效评价结果应用。通过建立信息透明机制公开预算绩效信息，实现社会监督，保障公民的积极参与；通过建立预算绩效评价结果与行政问责的联系，减少腐败行为，提高政府行政效率，实现权责匹配的目标；发挥预算绩效评价功能，建立绩效评价结果与预算编制、预算决策的联系，基于绩效评价结果应用的激励约束机制，对评价结果良好的部门（单位）或责任人员进行奖励，对评价结果不理想以及反映的问题及时整改，从而提高预算资金的使用效益。

2. 完善预算绩效管理机制。实施绩效评价是预算绩效管理的核心[①]，评价结果的输出和应用则是实现预算绩效管理取得实效、落到实处的关键环节。为此，通过衔

① 中国财经新闻网.进一步推动我国预算绩效管理改革的设想［EB/OL］.http：//www.prcfe.com/，2013-12-10.

接绩效目标管理及管理结果，事前评估及评估结果、事中绩效监控及监控结果、事后绩效评价，度量绩效目标审核结果应用、事前评估结果应用、事中绩效运行监控结果应用以及全过程预算绩效评价结果的输出和应用，以期通过运行全过程预算绩效评价结果应用模式最大程度加强预算绩效评价结果应用，从而加快预算绩效管理机制的完善。

3.加快推进全过程预算绩效管理链条的建立。开展全过程预算绩效管理首先要求预算部门（单位）开展事前绩效评估，依据评估结果申请预算，并强化绩效目标管理；其次要监控绩效运行（事中）过程：建立预算执行监控机制，对问责政策或项目资金暂缓或停止预算拨款；待预算完成，开展事后绩效评价和评价结果应用：对预算完成情况进行效益评价，并根据评分和等级结果改善项目管理、实施绩效问责、作为资金分配的重要依据等。全过程预算绩效评价结果应用，旨在强调考核事前绩效管理、事中绩效管理和事后绩效管理内容，及时调整、纠偏绩效目标、锁定责任主体，以输出和应用高质量全过程预算绩效评价结果，从而加快推进全过程预算绩效管理链条①的建立。

（二）现实意义

34号②文指出，全面实施预算绩效管理是推进国家治理体系和治理能力现代化的内在要求，是优化财政资源配置、提升公共服务质量的关键举措。这也就是说预算绩效管理改革是全面落实预算绩效管理、创新财政管理制度、推进国家治理体系和治理能力提升的主要方向之一。全过程预算绩效管理是全面实施预算绩效管理的重要实施路径，而形成全过程预算绩效评价结果应用模式则是推行全过程预算绩效管理的重要保障。鉴此，通过输出和公开全过程预算绩效评价结果，建立全过程预算绩效评价结果与问责、预算决策的联系，在增强政府管理的公开性和透明性的同时，实现决策型绩效预算，以持续提升资金的使用效益，为下一步深化我国预算绩效评价结果应用提供政策参考。具体来说，全过程预算绩效评价结果应用研究的现实意义主要体现在以下三个方面：

1.增强政府管理的公开性和透明性。一份完整的全过程预算绩效评价结果（全过程预算绩效自评报告或全过程预算绩效再评报告），不仅包括被评项目的所有相

① 《中共中央　国务院关于全面实施预算绩效管理的意见》（中发〔2018〕34号）中要求：为加快建成全方位、全过程、全覆盖的预算绩效管理体系，提出建立全过程预算绩效管理链条：首先，建立绩效评估机制——开展事前绩效评估，将评估结果作为申请预算的必备要件；其次，强化绩效目标管理——加强绩效目标审核，将绩效目标与预算同步批复下达；再次，做好绩效运行监控——建立监控机制，对问题政策和项目暂缓或停止预算拨款，保证绩效目标的实现；最后，开展绩效评价和结果应用——开展自评和再评活动，并将最终的绩效评价结果进行应用。

② 《关于全面实施预算绩效管理的意见》（中发〔2018〕34号）.

关信息，如项目概况、相关责任人、项目运行情况、项目取得的成果等；也涵盖了项目的绩效目标和具体的评价指标、评价方法、评价流程、绩效目标考核结果及结果应用情况、立项评价结果及结果应用情况、资金的绩效显现程度（如产量实现数、质量实现数等）、绩效监控评价及结果应用、项目资金最终的评价等级和评分等内容。可以说，全过程预算绩效评价结果包含政府预算从立项到执行、再到完成的所有过程和全过程的绩效运行结果，对相关利益主体进行公开和评价结果的沟通，有助于增强政府管理工作的公开性和透明性，促进预算绩效管理工作流程的完善和持续推进；同时，更利于政府打造阳光财政体系，实现“依法用好百姓钱”的政府理财目标[①②]。

2.实现决策型绩效预算。绩效预算是将资金投入与绩效信息建立联系的预算编制系统。根据绩效评价结果等信息在绩效预算管理中的地位和作用，绩效预算可分为四种类型：第一是报告型绩效预算，这类绩效预算编制特征表现为：绩效评价结果等信息作为政府部门预决算文件的一部分，但不作为资金分配的参考因素；第二是知晓型绩效预算，这类绩效预算编制特征表现为：确定预算编制过程中需考虑绩效评价结果等信息，但这些信息仅作为预算决策的次要考虑因素；第三是决策型（绩效启发型）绩效预算，这类绩效预算编制特征表现为：在预算资金分配过程中，绩效信息与其他因素，如政治因素、社会因素等共同作为决策因素，但不必然决定预算资金分配的数量；第四是直接型（理论型）绩效预算，这类绩效预算主要表现为：预算资金的分配是直接建立在绩效信息的基础之上，根据绩效信息直接做出预算决策[③④]。在实践中，预算编制的政治属性决定了决策者不可能将理性数据作为分配资源的唯一来源，阿伦·威尔达夫斯基认为寻求理性和科学的预算编制方式本身就是反理性的[⑤]；与此同时，预算编制过程也不是纯政治性的，决策者除了价值评判、谈判、利益妥协之外，应用绩效信息可以做出更为明智、科学的预算决策[⑥]。因此，在预算资金分配过程中，将绩效信息与其他因素作为预算决策的因素，即决策型绩效预算，是目前各国在实践中可行且较为普遍的绩效预算类型。我国《预算法》（2018修正）中要求将支出绩效评价结果同年度收支预测、预算运行情况、年度经济社会发展目标、国家宏观调控的总体要求等因素作为编制预算的决策

---

① 马蔡琛，陈蕾宇.基于全过程绩效管理的预算信息公开研究［J］.地方财政研究，2018（6）：36–44.

② 马蔡琛等.山坳上的中国政府预算改革——变革世界中的现代预算制度［M］.北京：经济科学出版社，2018：9.

③ 马骏，赵早早.公共预算：比较研究［M］.北京：中央编译出版社，2011：409–415.

④ 中华人民共和国财政部预算司.中国预算绩效管理探索与实践［M］.北京：经济科学出版社，2013：6.

⑤ 阿伦·威尔达夫斯基，内奥米·凯顿.预算过程中的新政治学（第四版）［M］.邓淑莲，魏陆，译.上海：上海财经大学出版社，2006：1–5.

⑥ Breul J D，Moravitz C. Integrating Performance and Budgets：The Budget Office of Tomorrow［M］. Rowan and Littlefield Publishers，Inc，2007.

因素。可以看出，我国预算绩效编制系统是要实现决策型绩效预算的改革目标；对此，加强全过程预算绩效评价结果应用，提出推进我国全过程预算绩效评价结果应用的对策建议对于我国实现决策型绩效预算改革目标具有重要的现实意义。

3. 为下一步深化预算绩效评价结果应用提供政策参考。各级政府有关预算绩效评价结果应用办法的出台，为各预算部门（单位）输出绩效评价结果，建立绩效评价结果与预算资金分配、问责的联系提供了良好的制度保障；在预算绩效管理的试点、探索以及积极推进的实践过程中，虽已形成较为完善的预算绩效管理机制，各级预算部门（单位）在财政部门的引领下纷纷开展绩效评价结果应用活动，却仍存在着绩效评价结果应用薄弱等的问题。本书通过形成全过程预算绩效评价结果应用实施框架，分析当前预算绩效评价结果应用的现状和存在问题，剖析影响因素、设计全过程预算绩效评价结果应用通用型指标体系以及针对性借鉴国际经验与做法，提出推动全过程预算绩效评价结果应用的对策建议，以期为下一步深化我国预算绩效评价结果应用提供政策参考。

第二节 基本概念界定与研究内容

一、基本概念界定

（一）基本概念界定

1.绩效。不同学者对“绩效”的定义有着不同的解释。Premchand（1995）认为绩效可从产品、服务以及机构的角度进行定义，包括产品和服务所生成的数量和质量、产品和服务所带来的效率和节约程度以及机构为生产产品和服务所作的贡献[①]；Otley（1999）认为绩效是工作的过程及其达到的结果[②]；Salvatore（2001）则从内外两个方面进行定义，即绩效既包括外部效果，还应承认责任主体内在的努力程度，最终均通过投入、产出和成果进行测量和描述[③]；Dubnick（2005）认为绩效的定义可由活动的执行、能力的胜任、结果的获得以及公共部门为获得可持续的结果所做的努力四部分组成[④]；王进杰（2009）将传统预算管理与以结果导向型预算管理作为定义绩效的基础，从前者来看，绩效可表示为遵从和控制，从后者来看，绩效是对输出的产品和服务进行的有效性评价[⑤]；吴俊培（2012）则从社会层面分析绩效，认为社会公正和正义是政府评价预算资金的根本性指标[⑥]。因此，定义绩效，不论是从产品、服务以及机构的角度，亦或从表现形式层面

① ［美］A.普雷姆詹德（A.Premchand）.公共支出管理［M］.王卫星，等，译.北京：中国金融出版社，1995.192–193.

② Otley D. Performance Management：a framework for management control systems research［J］. Management Accounting Research，1990（10），363–382.

③ 亚洲开发银行.政府支出管理［M］.北京：人民出版社，2001：387.

④ Dubnick M J. Accountability and the Promise of Performance：In Search of the Mechanisms［J］. Public Performance and Management Review，2005，28（3）：376–417.

⑤ 王进杰.政府绩效预算管理改革研究［M］.北京：中国财政经济出版社，2009：174–175.

⑥ 吴俊培.预算绩效管理的理论依据探究［J］.财政监督，2012（36）：10–12.

定义，均包含两方面共同的内容：一是“绩”，即部门输出的产品和服务的数量和质量，如警察在一个月内的出勤率；二则是“效”，即产品和服务对受益对象的影响，如小区治安得到良好的改善。因此，“绩效”可定义为某个组织或个人为履行其职责、所从事活动的效率和效果。

2.预算绩效。预算绩效是预算资金使用经济性、效率性、有效性和公平性的体现。预算绩效经历了由“3E”标准向“4E”标准的转变。1995年，“3E”标准由芬维克提出，并将此作为衡量和判断政府预算资金的使用绩效，包括经济性（Economic）、效率性（Efficiency）和有效性（Effectiveness）。经过一段时期的完善和发展，“4E”衡量标准成为国内外普遍衡量预算资金使用的绩效指标，包括经济性（Economic）——判断输出产品和服务所花费成本的降低程度、效率性（Efficiency）——要求在既定的产出水平下实现投入最小化、有效性（Effectiveness）——衡量政府提供产品和服务的目标实现程度和受益对象的满意程度、公平性（Equity）——度量受益对象是否获得平等对待等①。

3.预算绩效评价。绩效评价是一种衡量目标实现程度的工具，通过记录生产过程，并将评价结果与实现目标进行一一比较的活动过程②。基于前期对绩效评价的认识，即将预算投入、运行、产出和成果进行评价和等级划分③，蔡立辉认为绩效评价是为实现绩效目标，运用一定的绩效评估指标对部门行政运行结果及产生的影响进行评价和等级划分、并利用评价结果进行绩效改进的活动过程④。在预算管理范畴，我国财政部国际司和预算司均对预算绩效评价进行了明确定义，认为预算绩效评价是基于评价对象，相应的责任主体依据绩效目标，对评价对象进行经济性、效率性、效益性和公平性等的评价和判断⑤⑥。

本书认为预算⑦绩效评价亦称为预算支出绩效评价，是为实现预算绩效目标，运用一定的评价方法、一系列的量化指标及统一的评价标准，对预算资金支出后的使用情况进行绩效衡量和对比，度量预算资金的经济性、效率性、效益性及公平性的过程。从功能上看，预算绩效评价是一种重要的管理工具；从运行过程分析，预算绩效评价由绩效指标设定、资料搜集、绩效测度、比较与判断、结果报告的生成和应用等一系列环节组成。预算绩效评价的最终目的在于输出绩效评价结果，将其

① 刘国永，李文思，王萌.全面实施预算绩效管理专业基础［M］.南京：江苏大学出版社，2019：6.

② Richard A，Daniel T. Managing Public Ecpenditure：A Reference Book for Transition Countries［M］. OECD，2001：359.

③ 蔡立辉.西方国家政府绩效评估的理念及其启示［J］.清华大学学报，2003（1）：76-84.

④ 蔡立辉.政府绩效评估：现状与发展前景［J］.中山大学学报，2007（5）：82-90+127.

⑤ 财政部国际司.国际金融组织贷款项目绩效评价操作指南［M］.北京：经济科学出版社，2010：85.

⑥《项目支出绩效评价管理办法》（财预〔2020〕10号）.

⑦ 关于预算，李燕认为它是政府财政收支计划的一种表现形式，包括预算收入和预算支出。（李燕.政府预算管理（第二版）［M］.北京：北京大学出版社，2017：3）

应用于预算决策，提高现有公共资金的利用效率；通过问责，明确相关责任人员的职责，防止权力滥用，提高政府的行政效率；通过绩效信息的公开，增加政府和大众之间的了解，并赢得大众的支持。

4. 预算绩效评价结果。从确定预算绩效评价目标、执行绩效评价过程定义，预算绩效评价结果是支出部门预算资金使用效益的体现，依托评分、评级为表现形式，以绩效评价报告（预算主管部门：自评报告）为载体的预算绩效信息（见图1–2）；从构建现代预算管理体系定义，预算绩效评价结果的形成是一个“三上二下”（“二上一下”）的提交、反馈过程（见图1–3），以绩效评价报告（财政部门：再评报告）为载体的预算绩效信息。

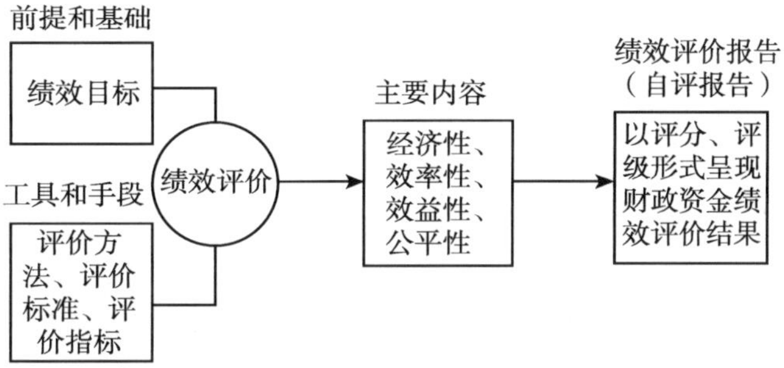

图1–2　预算绩效评价结果（自评报告）

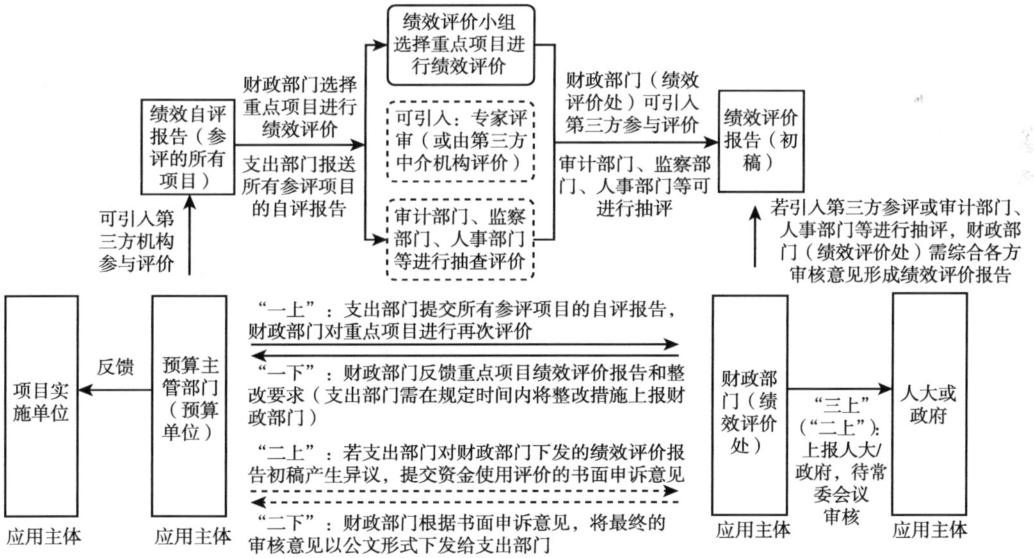

图1–3　“三上二下”提交、反馈流程

注：图中，“二上”“二下”的提交反馈整改过程用虚线表示，当支出部门对绩效评价报告（初稿）产生异议并向财政部门（绩效评价处）提交书面申诉意见时，财政部门（绩效评价处）根据书面申诉意见，将修改后的审核意见以公文形式反馈给支出部门；若支出部门对绩效评价报告（初稿）无异议，预算绩效评价结果可表现为“二上一下”的提交反馈过程。

（二）相关概念辨析

基本术语及其逻辑关系的辨析，是开展预算绩效评价活动、输出和应用预算绩效评价结果的理论前提。然而，绩效热潮的推动衍生出一系列与绩效相关术语：如绩效计量（测量）、绩效评估、绩效监控以及绩效评价，政府绩效评价、政府预算绩效评价，预算绩效、绩效预算与预算绩效管理，绩效信息、预算绩效信息与预算绩效评价结果等。虽然这些词汇同属于绩效，均是对政府职能部门的运行情况进行绩效考核，但是它们之间是否只是文字表述上的不同，是否存在某种程度的相似性，这对于应用预算绩效评价结果，建立预算绩效评价结果与问责、预算资金分配的联系，形成全过程预算绩效评价结果应用模式具有重要的理论意义。

1.政府绩效管理（政府行政绩效管理）、预算绩效管理、政府绩效评价（政府行政绩效评价）、预算绩效评价。绩效管理是构建责任型政府的重要途径，以期实现治官、治事和治财的目标。为此，2000年杭州、南京、青岛、重庆等地开展的“万人评政府”运动①拉开了我国政府绩效管理的序幕。政府业绩、政府行政效率、政府效能、政府行政成本是衡量政府绩效管理的四个主要方面，且沿着政府行政绩效管理②和预算绩效管理两个维度展开，其中，政府行政效率以及政府效能则与政府行政绩效管理相关；政府业绩和政府行政成本与预算绩效管理密切相关③。因此，政府行政绩效管理与政府预算绩效管理构成政府绩效管理的两个主要组成部分，都是公共管理及变革的核心工具，是对既有政府管理理念、行政体制和预算体制变革、责任主体的行政行为等深刻和全面的触动。其中，政府行政绩效管理主要服务于我国行政体制改革，主要是为了提高政府的行政绩效；预算绩效管理主要服务于我国预算管理改革，主要是为了提高财政资金的使用绩效④。

作为衡量政府绩效管理的方法，我国的政府绩效评价体系由政府行政绩效评价体系⑤和预算绩效评价体系构成，两者同时运行且相互影响，即有组织主体、评价对象和评价方法的区别，又有考评指标和激励措施的“联系”（见表1-1）。政府行政绩效评价体系是基于过程管理，由各级党委或绩效办组织的对下级政府整体/本

---

① 马国贤.2016中国财政发展报告：中国政府绩效管理与绩效评价研究［M］.北京：北京大学出版社，2016：78.

② 一般情况下，各级政府将“政府行政绩效管理”表述为“政府绩效管理”，本部分为区别政府行政绩效管理与预算绩效管理，保留“政府行政绩效管理”术语。

③ 白景明，程北平，王泽彩，等.中国财政绩效报告——理论与实践（2018）［M］.北京：中国财政经济出版社，2018：13.

④ 马蔡琛，苗珊.预算绩效管理的若干重要理念问题辨析［J］.财政监督，2019（19）：29–37.

⑤ 一般情况下，各级政府将“政府行政绩效评价”表述为“政府绩效评价”，本部分为区别政府行政绩效评价与预算绩效评价，保留“政府行政绩效评价”术语。

级事业行政单位的绩效考评体系；政府预算绩效评价体系是基于目标管理，有各级财政部门组织的以提高预算资金的经济性、效率性、效益性以及公平性为主要指标的绩效评价体系。在预算绩效评价的运行阶段，两大评价体系同属政府绩效评价体系，均有以实现政府公共职能、发挥政府公共功能为绩效目标，在设置生态性指标、经济性指标等时可能存在重复设置、重复考核的情况，如经济性指标，不论是在行政绩效评价体系还是在预算绩效评价体系当中，项目是否产生直接或间接的经济效益均是对行政单位和项目负责人的考察，在该项目不属于跨部门项目时，则会存在重复评价、双倍惩罚的后果；在预算绩效评价结果的应用阶段，预算绩效问责的目标是实现权责匹配，项目负责人对项目资金负责；行政绩效问责的目标是本级部门（或上级对下级指派）工作的完成率，实现行政效率的提升，若二者在物质激励措施上均与个人利益挂钩，双重奖励会增加财力的虚耗，而双重惩罚可能会引起相关人员的抵触，反而抵消了绩效问责的效果，这不仅影响了预算绩效评价结果的形成和应用，也阻碍了预算绩效管理功能的发挥。因此，明确政府行政绩效评价体系与预算绩效评价体系的组织主体、评价对象、评价方法、评价指标以及激励约束措施等内容，是构建全过程预算绩效评价结果应用实施框架、分析全过程预算绩效评价结果应用的影响因素以及设计全过程预算绩效评价结果应用通用型指标体系的基本前提和重要基础。

表1-1 行政绩效评价体系与预算绩效评价体系的区别和“联系”

	政府行政绩效评价体系	政府预算绩效评价体系
组织主体	各级党委或政府绩效办（考绩办或考评办）	各级财政部门
评价对象	1.对下级政府整体绩效考评；2.对本级事业、行政单位的绩效考评	1.项目绩效评价；2.部门整体绩效评价（项目绩效评价+基本支出绩效评价）
评价方法	满意度调查、目标/节点法	成本效益分析法、比较法、因素分析法、最低成本法、公众评判法、标杆管理法等
实质	基于过程管理	基于目标管理
可能存在的重复性指标	经济性指标、生态性指标等	
行政问责与预算绩效问责的激励措施	与个人利益挂钩，如领导干部选拔任用、公务员考核、工资待遇、培训机会、工作环境等	
绩效概念	行政人员混淆“绩效考评”与“预算绩效评价”	

2.预算绩效管理、财政监督、绩效审计。预算绩效管理、财政监督与绩效审计都是政府为强化预算管理而采取的重要手段。相较于财政监督对相关管理事务的监

控、检查和督促等内容，预算绩效管理、绩效审计则是为实现一定目标，由相应的审计机构或成员、评价主体，依据相关规定，运用一定的评价或审计流程，对政府各行政部门（单位）等经济活动进行经济性、效益性、效果性和公平性的审计和评价，以期提升政府行政管理能力、提高资金的使用绩效的独立性活动。然而，预算绩效管理属于内部管理，要求对预算管理的全过程进行绩效管理，强调资金使用的预期产出和结果；而财政监督和绩效审计属于预算管理的事后监督，主要强调预算资金使用的合法性和合规性（见表1–2）。

表1–2　　预算绩效管理、财政监督以及绩效审计的区别①

	预算绩效管理	财政监督	绩效审计
定位不同	预算管理：内部管理	监督管理：外部管理	
时间切入点不同	预算管理全过程	事后	
工作重点不同	预算是否实现了预期的产出和结果	合法性、合规性检查	

资料来源：根据白景明，程北平，王泽彩所著《中国财政绩效报告——理论与实践》第一章内容整理得出。

3. 预算管理、绩效预算、预算绩效管理。首先，预算绩效管理是基于预算管理（对预算资金进行一系列组织、调节、控制和监督活动等），将绩效理念与预算的编制、执行和完成整个过程进行融合，输出和应用预算绩效评价结果，形成注重对资金运行结果的度量和判断的预算管理模式；其次，预算绩效管理依托于预算管理改革，我国当前实施的部门预算改革、国库集中支付改革、以及政府收支分类改革等为促进预算绩效管理的实施发挥了重要作用；最后，预算绩效管理伴随着预算管理的发展而不断发展和完善。

从国家预算管理改革的动机和积极性上来看，绩效预算与预算绩效管理同为一种以结果为导向的预算管理模式，强调责任主体输出和应用预算绩效评价结果，建立结果与资金分配和问责的联系，从而提高资金的使用效益以及促进行政治理能力的提升。从具体管理内容上看，绩效预算是一个将资金分配与绩效紧密结合的预算系统，其实质是按照实现的产出和效果来分配预算、评价预算；预算绩效管理是在分配预算的基础上关注绩效、评价绩效，有预算主管部门提出预期实现的绩效目标和绩效指标，基于一定的评价标准和评价方法进行绩效考量并输出结果作为下年预算安排的参考。从两者的运行机制分析，绩效预算关注实现程序化运作，重在厘清各环节的逻辑关系和衔接机理；预算绩效管理运行机制则更

① 白景明，程北平，王泽彩，等. 中国财政绩效报告——理论与实践（2018）[M]. 北京：中国财政经济出版社，2018：14.

倾向于对各环节技术性问题的独立考察[①]。从两者的推行过程来看，预算绩效管理是我国基于西方绩效预算理念和实施方法、结合我国绩效预算实践活动情况的概括；绩效预算经历了从"绩效预算"（Traditional performance budget）向"新绩效预算"（New performance budget）的转变："绩效预算"侧重于管理效率，强调资金使用的目的和目标，以及达到这些目标所耗费的成本，且测量每个目标完成的定量数据；"新绩效预算"侧重于运作效率和项目效率，强调政府机构及其运作的项目在多大程度上完成既定的目标。当前阶段，"绩效预算"概念更多倾向于"新绩效预算"，即通过系统科学地使用绩效评价结果等信息，加强绩效评价结果与预算资金分配之间的联系，从而提升公共支配效率的一种预算管理机制[②]。中华人民共和国审计署认为绩效预算体现了政府以民为本的执政理念，它要求建立结果与资金分配的联系，以评价结果作为预算资金分配的依据，其本质表现为建立行政目标与预算资金配置的联系[③]。从实施条件来看，西方绩效预算的成功经历了由缺乏立法机构支持到立法机关的重视和参与、会计制度由滞后向重视改革的转变以及绩效评价指标体系设计的不断完善注重绩效信息的使用[④]；而我国的预算模式仍是传统型预算，尚缺完善的法律制度支持、管理者的充分自主权、严格的绩效问责机制以及预算信息公开化等条件，实施绩效预算还需等待合适的时机[⑤]（见表1-3）。

表1-3　　预算管理、预算绩效管理与绩效预算

		预算管理	
		预算绩效管理	绩效预算
相同点		从国家预算管理改革的动机和积极性来看，它们都是提高预算资金效益的管理模式	
区别	管理内容	按照实现的产出和效果来分配预算、评价预算	在分配预算的基础上关注绩效、评价绩效，由预算主管部门提出预期实现的绩效目标和绩效指标，基于一定的评价标准和评价方法进行绩效考量并输出结果作为下年预算安排的参考

① 王红梅，李佳鹏，曹堂哲．中西方政府预算绩效管理体系的共性与差异——基于1990—2018年的文献考察［J］．中央财经大学学报，2020（4）：15-25.

② 马蔡琛，苗珊．预算绩效管理的若干重要理念问题辨析［J］．财政监督，2019（19）：29-37.

③ 中华人民共和国审计署．浅析我国政府部门绩效预算制度的改革体系［EB/OL］.http：//www.ppirc.org/html/91/n- 57 91. html，2012-10-23.

④ 马蔡琛，等．山坳上的中国政府预算改革——变革世界中的现代预算制度［M］．北京：经济科学出版社，2018：140-148.

⑤ 白景明，程北平，王泽彩，等．中国财政绩效报告——理论与实践（2018）［M］．北京：中国财政经济出版社，2018：14-15.

续表

		预算管理	
		预算绩效管理	绩效预算
区别	推行过程	基于西方绩效预算理念和实施方法，结合我国绩效预算实践情况的概括	“绩效预算”侧重于管理效率，强调资金使用的目的和目标，以及达到这些目标所耗费的成本，且测量每个目标完成的定量数据；“新绩效预算”侧重于运作效率和项目效率，强调政府机构及其运作的项目在多大程度上完成既定的目标；当前阶段，“绩效预算”概念更多倾向于“新绩效预算”，强调绩效评价结果与预算资金分配之间的联系
	运行机制	各环节技术性问题的独立考察	关注实现程序化运作，厘清各环节逻辑关系和衔接机理
	实施条件	尚缺法律制度支持、管理者的充分自主权、严格的绩效问责机制、预算信息公开化等条件	经历了由缺乏立法机构支持到立法机关的重视和参与、会计制度由滞后向重视改革的转变以及绩效评价指标体系设计的不断完善和注重绩效信息的使用

资料来源：1.马蔡琛，苗珊.预算绩效管理的若干重要理念问题辨析［J］.财政监督，2019（19）：29-37；2.白景明，程北平，王泽彩，等.中国财政绩效报告——理论与实践（2018）［M］.北京：中国财政经济出版社，2018：14-15；3.王红梅，李佳鹏，曹堂哲.中西方政府预算绩效管理体系的共性与差异——基于1990—2018年的文献考察［J］.中央财经大学学报，2020（4）：15-25.

4.绩效计量（测量）、绩效评估、绩效监控（监测）、绩效评价。Nicholas Henry认为计量（测量）（Measurement）①意味着准确地测量政策效果的一种能力②。2018年，英国财政部发布绿皮书《Central Government Guidance on Appraisal and Evaluation》，指出评估（Appraisal）是为实现政府目标，选择合适的方法测量成本、收益和风险的过程，为帮助决策主体权衡其潜在影响，在基于客观现实的情况下做出正确决策；监控（监测）（Monitoring）③是指在政策执行期间和执行之后的数据收集，这些数据可以反馈到政策执行、当前决策和评估过程中，以改进未

① 关于Measurement的中文翻译，学者在绩效研究领域将其译为“绩效计量”或“绩效测量”，虽按照中文直译，“计量”和“测量”两者存在细微区别，如“测量”侧重依照某种规律，用观察到的数量对事物进行量化描述，“计量”则侧重于用技术和法制手段实现单位统一和量值准确的量化事物；而将两者置于绩效研究领域，“绩效计量”和“绩效测量”均包涵依据一定绩效指标对事物进行量化描述的内容，因此，本书在描述“绩效计量”和“绩效测量”时，两者含义相同。

② 施青军.政府绩效评价概念、方法与结果运用［M］.北京：北京大学出版社，2016：28.Nicholas Henry.Public Administration and Public Affairs（Tenth Edition）［M］.北京：中国人民大学出版社，2011：51.

③ 关于Monitoring的中文翻译，学者在绩效研究领域将其译为“绩效监控”或“绩效监测”，虽按照中文直译，“监控”和“监测”两者存在细微区别，如“监控”旨在说明对事物的监视和控制，检查工作与需实现目标是否符合，并及时进行纠正；“监测”旨在强调对事物的监视和检测，提供一项活动的结果；而将两者置于绩效研究领域，“绩效监控”和“绩效监测”均包涵对事物的监视、控制，并收集和报告预算周期内的各种信息，为绩效评价和绩效管理提供信息基础。因此，本书在描述“绩效监控”和“绩效监测”时，两者含义相同。

来的决策；而评价（Evaluation）是对干预的设计、实施和结果的系统评估，包括对五个方面的测试：一是如果干预能够正常运行且有效；二是如果成本和收益如预期的要实现的那样；三是是否有其他后果；四是后果是否预料到；五是执行得怎么样①。可以说，计量与评估、监控、评价均是为实现政府政策目标所做的努力，从性质上来看，计量是一种为实现政策效果的能力，评估、监控、评价则是为实现政策效果的一种方法；从衡量的侧重点和过程分析，评估、监控、评价存在一定的差别，评估侧重于政策执行前期对政策风险、成本等的估量，寻求其潜在影响，从而做出正确的决策；监控侧重于政策执行过程中相关绩效数据的收集，从而为当前的决策和评估，以及未来的决策提供参考；评价则侧重于对政策执行的系统性评估，为获得政策执行的最终结果，且关注结果的执行效果如何（见表1–4）。

表1–4　　计量、评估、监控与评价

	计量（Measurement）	评估（Appraisal）	监控（Monitoring）	评价（Evaluation）
相同点	目标：实现政府政策目标			
区别	能力	方法		
		侧重估量政策执行前期的政策风险、成本等	侧重政策执行过程中绩效数据的收集，从而为当前的决策和评估，以及未来的决策提供参考	侧重政策执行的系统性评估，为获得政策执行的最终结果，且关注结果的执行效果如何

王雍君（2010）、施青军（2016、2018）、曹堂哲（2018）认为绩效计量、绩效评价是一个为控制事务绩效的行动过程，绩效计量依据一定的绩效指标对事物进行量化描述，从而输出实证性绩效信息，强调计量结果；绩效评价则运用一定的方法将这些绩效信息转化为实证或者价值判断，并找出问题、提出改进绩效的建议（结果应用），旨在说明因果关系，而该项工作的整个行动过程统称为绩效评估②③④（见图1–4）。

① HM Treasury. The green book：Central Government Guidance on Appraisal and Evaluation［EB/OL］.www.gov.uk/government/publications，2018.

② 王雍君认为加强绩效导向的管理系统方法包括：绩效计量、道德劝告、定期接受质询、向公众曝光以及施加压力等。（王雍君.公共预算管理［M］.北京：经济科学出版社，2010：287）

③ 施青军.政府绩效评价概念、方法与结果运用［M］.北京：北京大学出版社，2016：51–55.

④ 曹堂哲，施青军.基于政府治理范式的政府绩效评估演变分析——兼论中国政府绩效评估发展的路径选择［J］.财政研究，2018（3）：24–30.

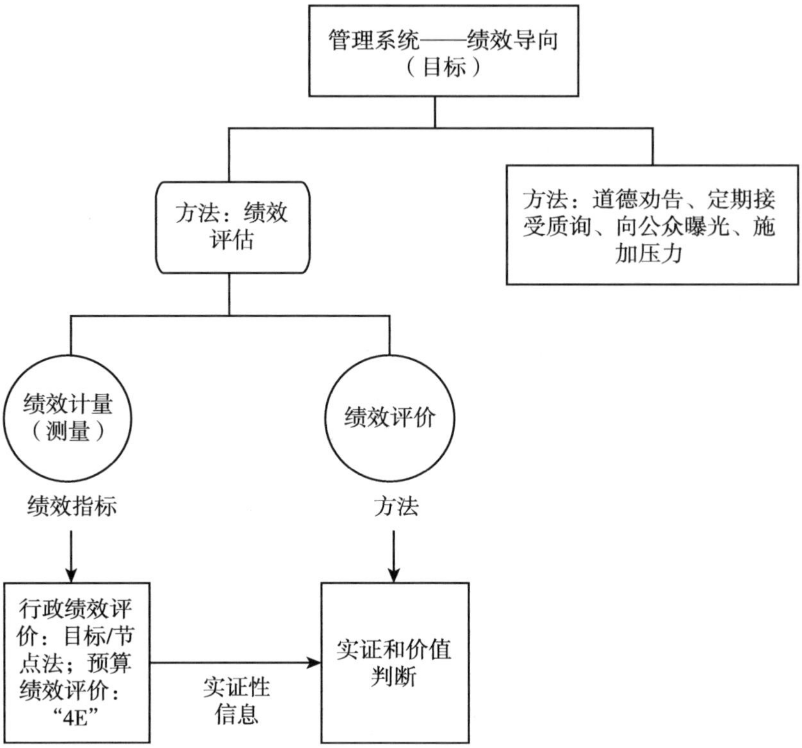

图1-4　绩效评估、绩效评价、绩效计量的关系

从我国发布的政策文件中可知，事前绩效评估①是财政部门根据部门战略计划、事业发展规划、项目申报理由等内容，通过委托第三方的方式，运用科学、合理的评估方法，对项目实施的必要性、可行性、绩效目标设置的科学性、财政支持的方式、项目预算的合理性等方面进行客观、公正的评估；绩效监控②是在预算执行过程中，财政部、中央部门及其所属单位依照职责，对预算执行情况和绩效目标实现程度开展的监督、控制和管理活动；绩效评价③是指财政部门和预算部门（单位），依据设定的绩效目标，对项目支出的经济性、效率性、效益性和公平性进行客观、公正的测量、分析和评判。总的来看，绩效计量、绩效评估、绩效监控和绩效评价均是为加强政府预算管理实施的测量工具，存在着测量内容、测量节点上的不同。

5.绩效信息、预算绩效信息、预算绩效评价结果。绩效信息是指在绩效评估过程中收集、处理、储存和传递的所有绩效信息，包括政府及各部门的工作计划与方案、工作记录、物质投入与消耗、解决实际问题的数量、实际取得的工作结果与社

① 《北京市市级项目支出事前绩效评估管理实施细则》（京财绩效〔2014〕1933号附件）.

② 《中央部门预算绩效运行监控管理暂行办法》（财预〔2019〕136号）.

③ 《项目支出绩效评价管理办法》（财预〔2020〕10号）.

会效果、公众意见与调查数据等[①]。从政府绩效管理角度来看，绩效信息是政府绩效管理中，包括政府行政绩效信息、政府预算绩效信息等，在行政绩效评价过程中和预算绩效评价过程中所产生、收集、整理、传输、发布、使用、存储和清理的所有信息[②]。

预算绩效信息从广义上看，它是政府围绕预算绩效评价而产生、搜集、处理、发布、传递、利用并储存的全部信息；从狭义上看，预算绩效信息是指关于预算资金运行的效果与效率的结果性信息[③]。预算绩效评价结果属于狭义范围内的预算绩效信息，从确定预算绩效评价目标、执行绩效评价过程定义，预算绩效评价结果是支出部门项目预算资金使用效益的体现，依托评分、评级为表现形式，以绩效评价报告（预算主管部门：自评报告）为载体的预算绩效信息（见图1–2）；从构建现代预算管理体系定义，预算绩效评价结果的形成是一个“三上二下”（“二上一下”）的提交、反馈过程（见图1–3），以绩效评价报告（财政部门：再评报告）为载体的预算绩效信息。综上，本书绘制“绩效”相关术语的理论逻辑关系图，如图1–5所示。由图中各绩效词汇的逻辑关系可知，预算绩效评价结果是我国构建责任政府背景下，立足于预算绩效管理模式，对财政资金进行绩效衡量和判断所生成的预算绩效信息。

另外，本书需区分事前绩效评价结果、事中绩效评价结果、事后绩效评价结果与全过程预算绩效评价结果。从运行环节来看，事前绩效评价结果主要聚焦于项目资金运行之前，应用事前绩效评价结果为项目投入和运行提供依据；事中绩效评价结果主要针对项目运行中期，资金效益的显现程度进行评价；而事后绩效评价结果侧重于项目运行完成后对项目产生的结果和效益的考察；全过程预算绩效评价结果的形成和应用则关注项目运行的整个过程（详见第三章第二节），除了包括事前绩效评价结果、事中绩效评价结果以及事后绩效评价结果，且在事前绩效管理阶段、事中绩效管理阶段以及事后绩效管理阶段分别考核绩效目标审核结果应用情况、事前绩效管理结果应用情况和事中绩效监控管理结果应用情况，以及时调整、纠偏绩效目标、锁定与督促责任主体，输出和应用全过程预算绩效评价结果，以最大程度提升财政部门和预算部门（单位）管理预算绩效评价结果的工作能力，促进全过程预算绩效管理链条的形成，从而实现全面实施预算绩效管理的目标。

---

① 张创新，芦刚.地方政府绩效评估信息失真的成因及治理［J］.学术探索，2006（6）：25-29.

② 朱国玮.绩效信息获取、使用、公开研究［J］.情报科学，2005（4）：621-625.

③ 晁毓欣，赵文芳.现阶段我国预算绩效信息利用的主要模式与问题［J］.财政科学，2016（10）：100-107.

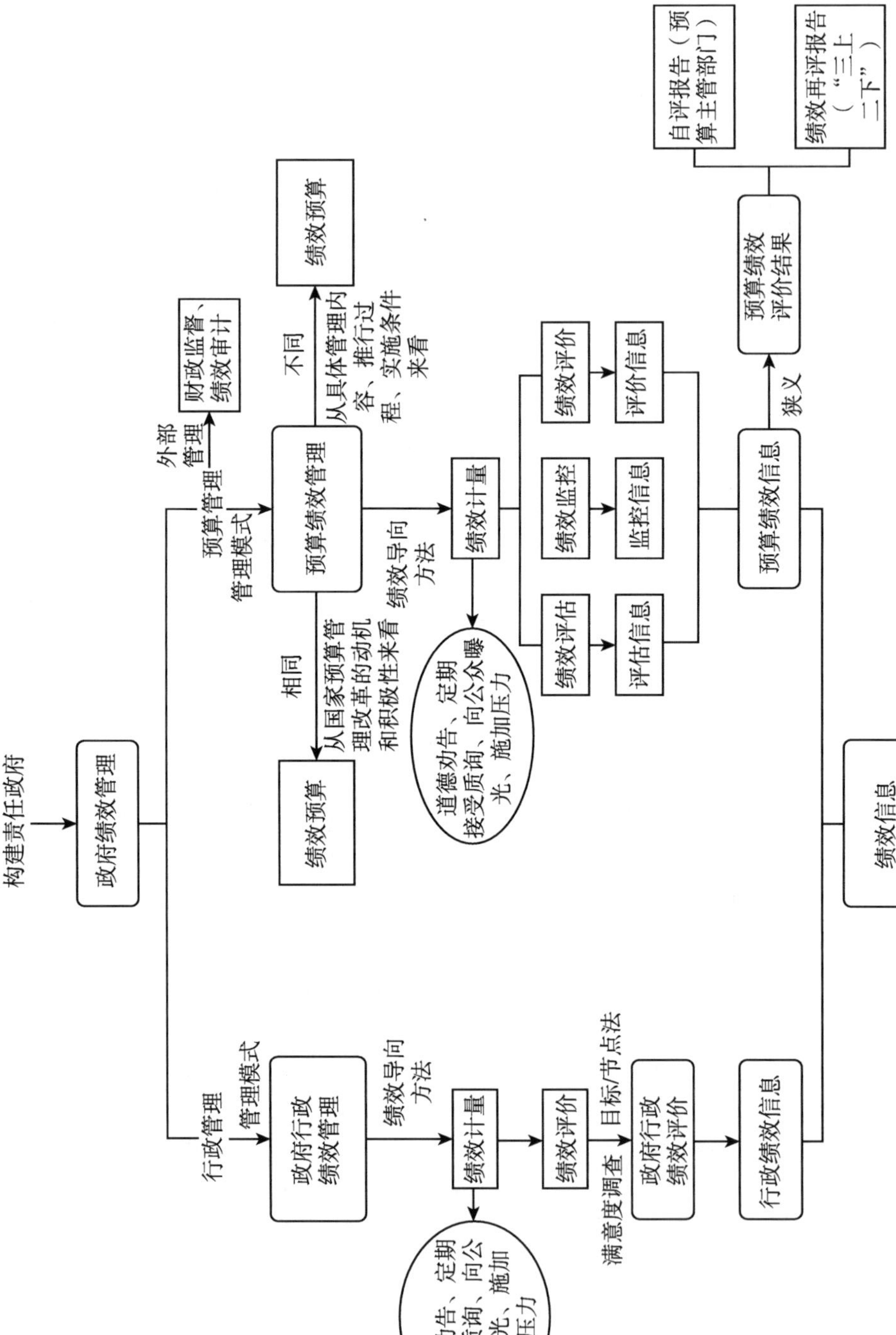

图1-5 "绩效"相关术语的理论逻辑关系

二、研究范围

本书对全过程预算绩效评价结果应用的研究范围做了两方面界定（见图1–6）：

第一，全过程预算绩效评价结果的研究范围。依据不同的绩效评价对象，预算绩效评价结果可划分为三类：一是部门预算支出绩效评价结果；二是上级政府对下级政府的转移支付绩效评价结果[①]；三是政府综合支出绩效评价结果（见图1–7）。其中，部门预算支出绩效评价结果包括基本支出绩效评价结果、项目支出绩效评价结果和部门（单位）整体支出绩效评价结果，基本支出绩效评价关注行政事业单位的人员经费和日常公用经费，其结果体现对人员编制和公用经费支出标准的评价；项目支出绩效评价关注预算项目资金的投入产出和使用效果，其结果主要体现项目资金使用的经济性、效率性、效益性以及公平性；部门（单位）整体支出绩效评价则关注部门（单位）整体预算资金总量安排的合理性和预算资金使用的有效性，如预算资金结构与单位核心职能的匹配关系、预算资金总量与单位绩效目标实现的保障水平以及预算资金使用与单位提供公共服务水平的支持程度等，且从财务和资产管理、行政效能、可持续影响等方面衡量和分析部门（单位）整体主要业务的实施效果和所产生的影响，其结果主要呈现部门（单位）预算管理资金执行情况、运行成本和效能、管理效率、履职效能、社会效益、可持续发展能力以及受益对象满意度等。转移支付绩效评价关注转移支付资金的总体规模和结构，其结果呈现转移支付资金的使用水平。政府综合支出绩效评价主要针对某一级政府或地区的整体财政性支出为该区域提供的公共服务和公共产品，其结果呈现整体财政性支出资金为该区域所带来的经济增长、社会有序发展、生态环境改善等影响[②③④]。目前，项目支出绩效评价是政府整体绩效评价工作的突破口，将项目支出绩效评价视为预算绩效管理的基础和重点，分析和应用评价结果，可从大方向上把握好资金的使用效益，为部门（单位）整体支出绩效评价以及综合支出绩效评价的效益分析奠定科学准确的分析依据，其原因可概括为以下三个方面：一是项目支出是各级政府职能部门财政资金的主要表现形态；二是预算项目具有周期长、数额大、类型多、项目间差异较大的特点[⑤]，是部门预算绩效管理工作的重点和难点，优化项目预算是预算改革

---

① 白景明，程北平，王泽彩，等.中国财政绩效报告——理论与实践（2018）[M].北京：中国财政经济出版社，2018：69–70.

② 侯孝国，李云庆.试论财政支出绩效评价结果应用[J].中国财政，2003（10）：13–15.

③ 李燕.政府预算管理[M].北京：北京大学出版社，2016：219–220.

④ 财政部干部教育中心.现代预算制度研究[M].北京：经济科学出版社，2017：245.

⑤ 马蔡琛，陈蕾宇.关于构建项目支出预算绩效评价指标框架的思考[J].河北学刊，2018（4）：133–140.

的“元”问题[1]；相较于部门预算绩效管理和政府绩效管理，项目绩效评价工作的开展和管理难度较小；三是部门整体支出绩效评价结果应用尚处于试点阶段，在市县层面，仍以部门项目支出绩效评价为主，绩效评价结果应用一般停留在项目支出领域，部门整体支出绩效评价结果应用还较为少见，距离评价结果应用的全覆盖仍存在较大距离[2]；而转移支付绩效评价结果应用以及政府综合支出绩效评价结果应用的研究和实践仍需进一步探索。因此，本书在进一步的研究中主要以全过程项目支出绩效评价结果应用为研究对象。

第二，全过程预算绩效评价结果应用的研究范围。开展预算绩效评价活动的目的和落脚点是形成预算绩效评价结果和应用预算绩效评价结果，提供财政资金的使用效益。根据利益相关方的应用目的，预算绩效评价结果应用范围包括：为预算资金分配提供参考依据、行政问责、信息公开、绩效目标管理、项目管理、数据库管理、专家库管理等。其中，为预算资金分配提供参考依据、建立结果与行政问责之间的联系以及绩效评价结果信息公开是应用预算绩效评价结果的主要研究方向：一方面，利用绩效评价结果为预算资金分配提供参考依据，基于激励约束机制的前提条件，根据绩效评价结果的优劣追责/奖励相关人员，从而倒逼/激励责任人员重视资金绩效，从源头上把控好资金的使用，实现财政可持续发展，从而助力经济的可持续健康增长；另一方面，对绩效评价结果不理想的责任人员进行相应惩罚，有助于减少腐败，提高政府的行政管理效率。此外，公开绩效评价结果等信息依据其不同的公开方式和公开内容（见图1–6）实现社会监督，保障公民的积极参与。因此，本书在考核绩效目标审核结果应用情况、事前评价结果应用情况、事中绩效评价结果应用情况以及全过程预算绩效评价结果应用时，其研究范围主要集中在为预算资金分配提供参考依据、建立评价结果与行政问责的联系以及绩效评价结果信息公开三个方面。

三、主要研究内容

（一）研究思路

本书依照“理论分析——实证分析——对策建议”的规范研究思路，旨在围绕全过程预算绩效评价结果应用的“理论框架、影响因素分析、全过程预算绩效评价结果应用通用型指标设计以及对策建议”展开研究，以全过程预算绩效评价结果应

① 马国贤.论“全面绩效管理”下的预算项目管理［J］.财政监督，2018（1）：23–28.

② 陈志勇，毛晖，张春雨，等.部门预算绩效评价结果应用［J］.财政监督，2019（24）：27–35.

用理论框架为逻辑起点，分析当前预算绩效评价结果应用的现状和存在的问题；深入剖析现存问题的原因，构建影响因素的解释结构模型（ISM），将影响绩效评价结果应用的相关因素进行层次划分，明确各影响因素对绩效评价结果应用的影响程度与作用范围，并基于结构方程模型（SEM）对各影响因素之间的关系进行验证；之后，基于全过程预算绩效管理内容构建全过程预算绩效评价结果应用通用型指标体系，并运用层次分析法计算指标权重；最后针对性借鉴西方国家的做法和经验，提出推动全过程预算绩效评价结果应用的对策建议（见图1-8）。

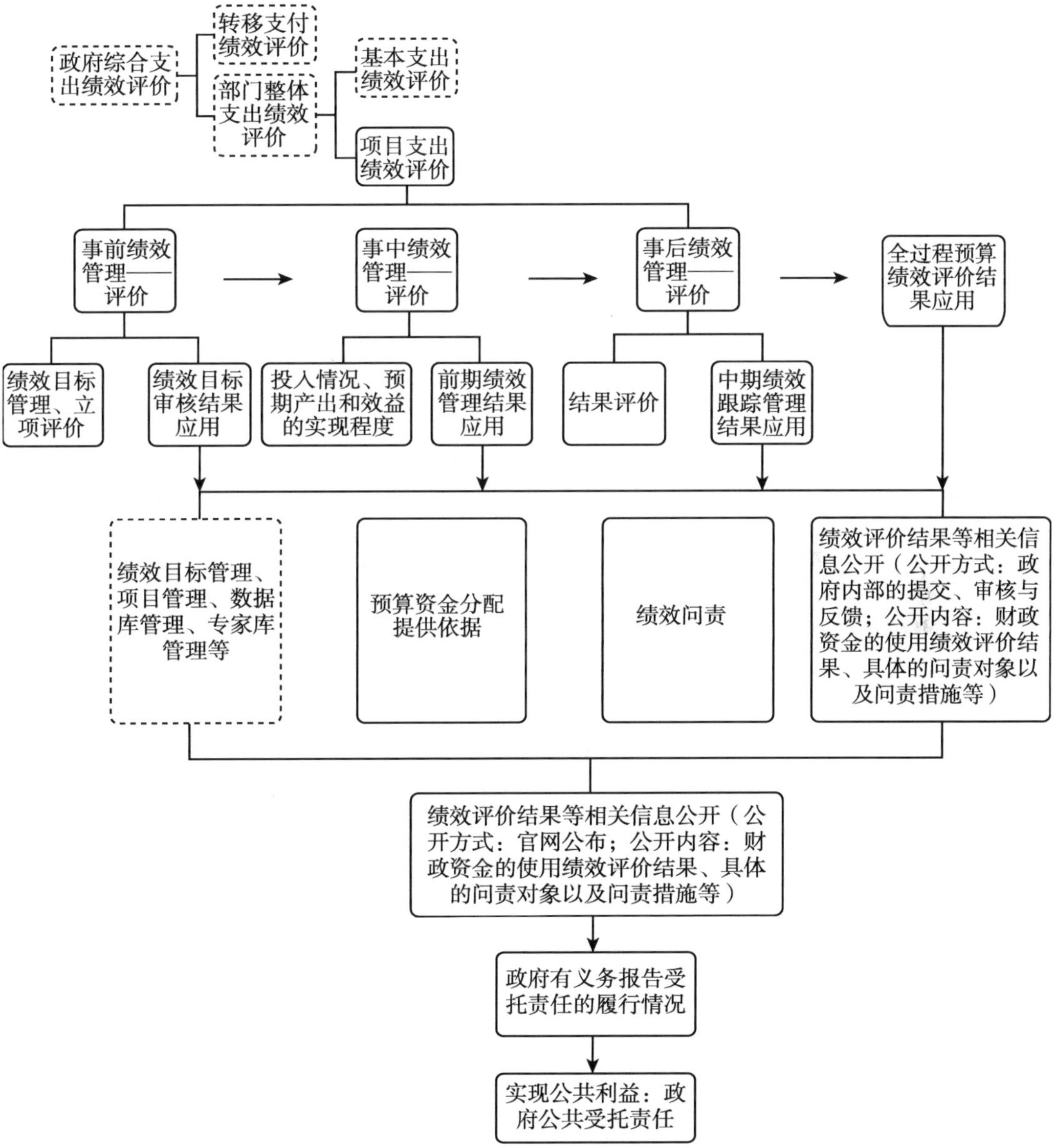

图1-6　本书研究范围

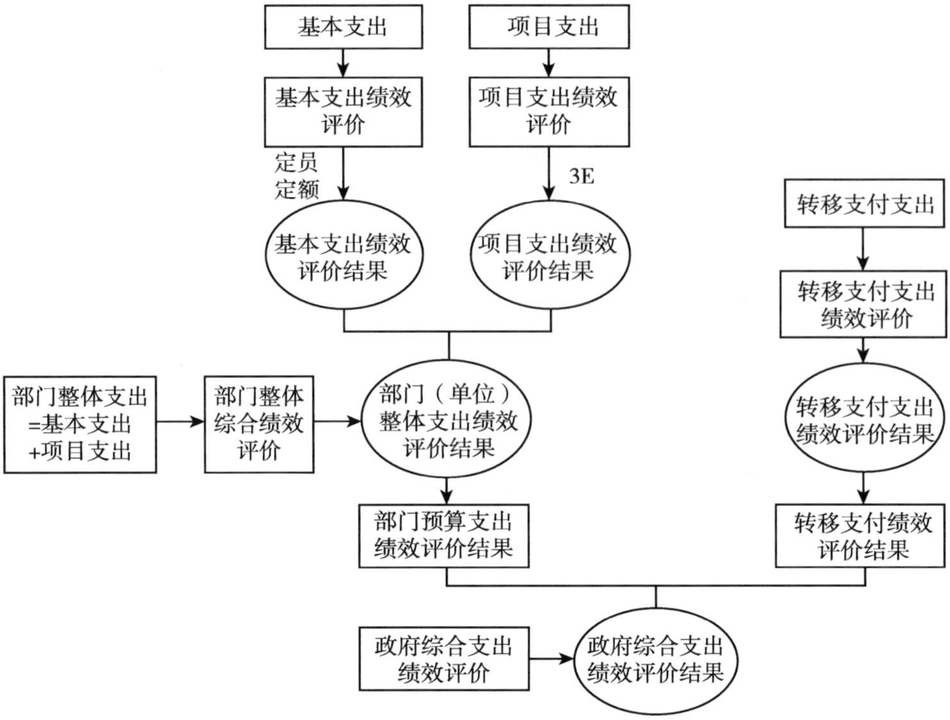

图1-7　政府综合支出绩效评价关系

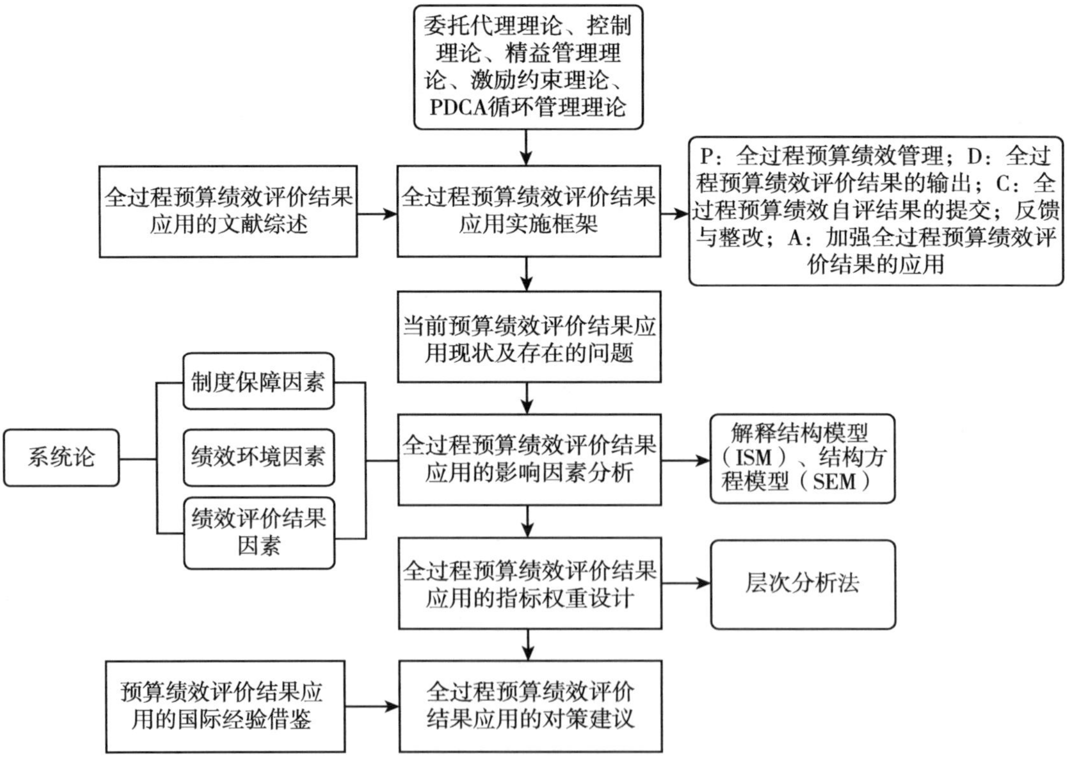

图1-8　本书研究思路

（二）主要研究内容

本书主要内容共八章。

第一章　导论。一是描述全过程预算绩效评价结果应用的研究背景与意义；二是界定相关概念、划定研究范围以及梳理研究思路；三是归纳本文采用的研究方法和拟解决的关键问题以及可能的创新之处。

第二章　全过程预算绩效评价结果应用的文献综述。一是国外关于全过程预算绩效评价结果应用的相关研究；二是国内关于全过程预算绩效评价结果应用的相关研究；三是文献述评。

第三章　全过程预算绩效评价结果应用的理论框架。一是追溯全过程预算绩效评价结果应用理论：委托代理理论、控制理论、精益管理理论、激励约束理论、PDCA循环管理理论和系统论；二是利用PDCA模型构建全过程预算绩效评价结果应用实施框架。

第四章　当前预算绩效评价结果应用的现状及存在的问题。一是描述预算绩效评价结果应用的政策演进过程；二是详细阐述当前预算绩效评价结果应用的地方模式，包括事前绩效评估及评估结果应用、事中绩效运行监控及监控结果应用、事后绩效评价及评价结果应用等；三是剖析存在的主要问题，包括未形成全过程预算绩效评价结果应用理念、事前绩效评估结果与事中绩效运行监控结果应用不足、事后绩效评价结果应用偏弱等。

第五章　全过程预算绩效评价结果应用的影响因素。一是从理论上分析绩效评价结果应用的影响因素，包括制度保障因素、绩效环境因素与绩效评价结果因素三个方面；二是基于解释结构模型（ISM）将影响因素进行层次划分；三是利用调查问卷统计数据进行结构方程模型（SEM）的影响因素验证。

第六章　全过程预算绩效评价结果应用的指标权重设计。基于全过程预算绩效管理内容，构建全过程预算绩效评价结果应用通用型指标体系，并通过问卷调查，搜集和整理调查结果计算指标权重。

第七章　预算绩效评价结果应用的国际经验借鉴。分析英国、美国和韩国预算绩效评价结果应用的借鉴意义，提出我国在推动全过程预算绩效评价结果应用时应注重制度建设、注重形成全过程预算绩效评价结果应用理念以及协调各方形成合力。

第八章　全过程预算绩效评价结果应用的对策建议。为加强全过程预算绩效评价结果应用，还需作出三方面的努力：一是构建全过程预算绩效评价结果应用机制；二是加强法制建设以及相关配套措施的改革；三是培育绩效管理专业人才与完善预算绩效管理信息系统建设。

第三节 研究方法与拟解决的关键问题

一、研究方法

本书采用定性与定量分析相结合、实证分析与规范分析相结合、理论分析与实证分析相结合的方法。其中，主要采用的分析方法包括：

（一）文献梳理与理论研究相结合

有关全过程预算绩效评价结果应用研究，从绩效评价结果应用的意义到绩效评价结果应用模式以及影响因素的探讨都需建立在大量的文献阅读基础之上。为探索全过程预算绩效评价结果应用的实施，本书基于委托—代理理论、控制理论、精益管理理论、激励约束理论、PDCA循环管理理论、系统论追溯全过程预算绩效评价结果应用的形成过程，并利用激励约束理论、PDCA循环管理理论分别设计全过程预算绩效评价结果应用机制和全过程预算绩效评价结果应用实施框架。

（二）量化分析与实证研究相结合

通过发放、搜集与整理调查问卷数据，运用解释结构模型法（ISM）将全过程预算绩效评价结果应用的影响因素形成一个多级递阶结构模型，且判断影响因素之间的相互关系；采用结构方程模型（SEM）验证全过程预算绩效评价结果应用的影响因素之间的关系，对模型假设提出正确的评价；采用层次分析法（AHP），计算全过程预算绩效评价结果应用通用型指标权重，判断各指标的占比情况。

（三）归纳法与比较分析法相结合

在理论和实证分析基础上，借鉴西方国家关于全过程绩效评价结果应用管理的经典做法和先进经验，总结规律，并作出横向比较，以提出推进我国全过程预算绩效评价结果应用的对策建议。

二、拟解决的关键问题

（一）构建全过程预算绩效评价结果应用实施框架

利用PDCA模型构建全过程预算绩效评价结果应用实施框架，根据全过程预算绩效管理内容（Plan），设计全过程预算绩效管理通用型评价指标体系，输出全过程预算绩效评价结果（全过程绩效自评报告）（Do），在经过自评结果的提交、反馈与整改过程后（Check），加强全过程预算绩效评价结果应用（Action）。

（二）设计全过程预算绩效评价结果应用机制

基于激励约束机制设计全过程预算绩效评价结果应用机制，根据评价结果的形成过程和应用方向，形成由识别噪声机制、多方沟通机制、结果公开机制、结果问责机制以及结果与资金分配挂钩机制构成的全过程预算绩效评价结果应用机制。

（三）全过程预算绩效评价结果应用的影响因素分析

基于全过程预算绩效评价结果应用存在的问题，从理论与实证两方面分析全过程预算绩效评价结果应用的影响因素。理论上阐述制度保障因素、绩效环境因素与绩效评价结果因素是阻碍全过程预算绩效评价结果应用的主要原因；通过发放、搜集与整理调查问卷数据，运用解释结构模型法（ISM）将全过程预算绩效评价结果应用影响因素形成多级递阶结构模型，判断影响因素之间的相互关系；采用结构方程模型（SEM）验证全过程预算绩效评价结果应用的影响因素之间的关系，并对模型假设提出正确的评价。

（四）设计全过程预算绩效评价结果应用的指标权重

基于全过程预算绩效管理内容构建全过程预算绩效评价结果应用通用型指标体系，从而输出全过程预算绩效评价结果。具体包括：事前绩效管理、事中绩效管理、事后绩效管理，通过发放、搜集和整理调查问卷，利用层次分析法（AHP）计算全过程预算绩效评价结果应用通用型指标体系的权重。

三、可能的创新之处

（一）提出全过程预算绩效评价结果应用理念

利用PDCA模型构建全过程预算绩效评价结果应用实施框架，强调考核事前绩效管理、事中绩效管理和事后绩效管理内容，及时调整、纠偏绩效目标、锁定责任主体，输出和应用高质量全过程预算绩效评价结果，最大程度加强预算绩效评价结果应用，促进全过程预算绩效管理链条的形成。

（二）分别利用解释结构模型与结构方程模型验证全过程预算绩效评价结果应用的影响因素

通过分析全过程预算绩效评价结果应用的主要模式和存在问题，从理论上分析全过程预算绩效评价结果应用的影响因素，包括制度保障因素、绩效环境因素与绩效评价结果因素三个方面；基于解释结构模型（ISM）将影响因素进行层次划分；并利用调查问卷统计数据进行结构方程模型（SEM）的影响因素验证。

（三）构建全过程预算绩效评价结果应用通用型指标体系及指标权重设计

基于事前绩效管理、事中绩效管理和事后绩效管理内容，构建全过程预算绩效评价结果应用通用型指标体系，通过发放、搜集和整理调查问卷，利用层次分析法（AHP）计算指标权重。

本章小结

本章阐述全过程预算绩效评价结果应用的研究背景与意义。首先，界定相关概念、确定本书的研究范围和研究思路；其次，介绍研究方法和拟解决的关键问题；最后，提出本书的可能创新之处。

▶ 第二章

全过程预算绩效评价结果应用的文献综述

内容提要

关于全过程预算绩效评价结果应用，国内外学者主要集中于对事后（预算资金执行完成后的经济性、效率性和效益性评价）绩效评价结果应用展开讨论：从评价结果的应用方向来看，国外学者主要集中于预算绩效评价结果应用于预算决策研究、预算绩效评价结果应用于问责中研究、预算绩效信息公开与公众参与研究；国内学者主要集中于应用预算绩效评价结果于预算分配研究、建立预算绩效评价结果与问责的联系研究、预算绩效信息的公开研究；从应用评价结果的影响因素分析，国内外许多学者认为绩效评价目标的确定、绩效评价指标的设置、绩效评价标准和评价方法的选择、衡量和判断绩效结果、参评人员的意识形态和综合素质、完善的法律规章制度以及健全的配套政策措施等均会影响预算绩效评价结果的质量，配套措施尚需完善因素、不同利益相关者之间的博弈、绩效理念因素等均会影响预算绩效评价结果的应用成效。

第一节 国外关于全过程预算绩效评价结果应用的相关研究

一、预算绩效评价结果应用于预算决策

Shick（1990）[①]认为一个国家的预算能力决定了该国的治理能力，如果一个国家的预算能力缺失，中央政府不可能强大，也无法行使其权利，更好地服务人民。构建以结果为导向的预算制度使得欧洲国家成功跨越行政管理效率不高和政治问责程度较低的“前预算模式”阶段，进入为实现经济、效率和效益目标，行使国家权利，发挥预算能力治理国家的新时期（Webber和Wildavsky，1986[②]；Caiden，1988[③]；Wildavsky，1988[④]；Shick，1990）。20世纪70年代末和80年代初，在财政危机、削减支出的社会压力以及公民对政府的信任下降等压力之下，英国、新西兰及澳大利亚等国率先启动了为结果而预算的改革（Shick，1990；Cothran，1993[⑤]；

---

① Shick A. Budgeting for Results: Recent Development in Five Industrialized Countries［J］. Public Administration Review, 1990（50）: 26–34.

② Webber C, Wildavsky A. A History if Taxation and Expenditure in the Western World［M］. New York: Simon and Schuster, 1986: 565–573.

③ Caiden N. Shaping things to come: super–budgeters as heroes in the late–tewentieth century［M］. New York: State University of York Press, 1988.

④ Wildvasky A. If you can not budget, how can you govern［M］. Stanford: Hoover Institute Press, 1988.

⑤ Cothran D A. Entrepreneurial budgeting: An emerging reform［J］.Public Administration Review, 1993, 53（5）: 445–454.

Wang，1999[①]；Mcnab，2003[②]；Mikesell，2007[③]），在强调控制财经纪律、强化预算约束的同时，建立预算和绩效结果之间的联系并赋予支出机构更大自由度的方式（Shick，1998[④]；Webber和Wildavsky，1986；Caiden，1988[⑤]）。这种新型预算模式是将可衡量的数据结果与配置的公共资金相联系，建立预算资金和绩效之间的某种关系（Khan和Hildreth,2002[⑥]；OECD,2005[⑦]），以预算绩效评价结果作为参考依据，分配财政资金给评价结果较好的部门或计划项目，从而实现政府职能，发挥公共财政资金最大货币价值（Marc，2007）[⑧]。进入20世纪90年代，美国、澳大利亚等发达国家以及部分发展中国家陆续构建以结果为导向的预算改革，以解决财政危机和提升公众对政府的信任度，发挥预算的治国能力，如美国1990年通过的《财务总监法案》（以下简称"CFO"）和1993年颁布的《政府绩效与成果法案》（以下简称"GPRA"）要求相关部门提供相关绩效信息为国会和预算部门提供帮助，为2001年"项目评定级别工具"（以下简称"PART"）的实施奠定了基础，PART要求预算资金决策需参考项目评估相关绩效信息。

Joyce（1993）[⑨]、Broom（1995）[⑩]、Berman和Wang（2000）[⑪]、Moynihan和Pandey（2005）[⑫]、Breul和Moravitz（2007）[⑬]认为利用预算绩效评价所形成的绩效信息来分配公共资源是必然发生也会持续存在的事情，预算绩效评价结果与预算决策建立联系有三个方面的作用：第一，增加预算决策的科学性与合理性，有效使用政府

① Wang X H. Conditions to implement outcome-oriented performance budgeting［J］. Journal of public budgeting, Accounting and Financial Management，1999，11（4）：533-552.

② Mcnab R M，Melese F. Implementing the GPRA：Examining the Prospects for Performance Budgeting in the Federal Government［J］. Public Budgeting and Finance，2003，23（2）：73-95.

③ Mikesell J. Fiscal Administration［M］. New York：Harcourt Brace College Publishers，2007.

④ Shick A. A Contemporary Approach of Public Expenditure Management［J］. Washington，D.C.：World Bank，1998，113-114.

⑤ Caiden N. Shaping things to come：super-budgeters as heroes in the late-tewentieth century［M］. New York：State University of York Press，1988.

⑥ Khan A，Hildreth W B. Budget Theroy in the Public Sector［M］. Westport：Quoyum Books，2002.

⑦ OECD. Modernnising government：The way forward［M］. Paris：OECD Publishing，2005.

⑧ Marc R. Performance budgeting：Linking funding and results［M］. New York：Palgrave Macmillan，2007.

⑨ Joyce P G. Using Performance Measures for Federal Budgeting：Proposals and Prospects［J］. Public Budgeting and Finance，1993，13（4）：3-17.

⑩ Broom C A. Performance-based Government Models：Building A Track Record［J］. Public Budgeting and Finance，1995，15（4）：3-17.

⑪ Berman E M，Wang X H. Performance Measurement in U.S. Counties：Capacity for Reform［J］. Public Administration Review，2000，60（5）：409-420.

⑫ Moynihan D P，Pandey S K. Testing How Management Matters in An Era of Government by Performance Management［J］. Journal of Public Administration Research and Theory，2005，15（3）：421-439.

⑬ Breul J D，Moravitz C. Integrating Performance and Budgets：The Budget Office of Tomorrow［M］. Rowan and Littlefield Publishers，Inc，2007.

资源；第二，增加利益相关者从公共服务和政府活动中获得“资金价值”（value for money）；第三，基于绩效测量结果进行的预算资金分配额不论是增加还是减少，都可在政府绩效管理过程中得到某种程度的实现。Breul（1999）[①]通过分析预算资金分配和校园绩效挂钩情况，认为校园评价结果绩效信息可以作为下一年度预算资金分配的依据。Gilmour和Lewis（2006）[②]认为在预算编制过程中，绩效信息对决策者最有用；Gilmour和Lewis（2006）[③]通过利用美国绩效评价数据对2005财年预算产生的影响，验证了预算绩效信息可以给决策者提供帮助。

然而，2005年在OECD国家开展的问卷调查中，2/3的答卷者认为绩效结果与拨款没有必然联系。Lauth（1985）[④]、Heinrich（2002）[⑤]认为“拥有绩效信息”和“使用绩效信息制定决策”是两个概念，如美国国会获得PART分值衡量的项目绩效评价结果并不意味着国会最终批准的预算分配方案由PART分值衡量的项目绩效评价结果来决定。林鸿潮通过分析美国政府绩效与结果法案的内容，认为美国的支出分为自主性支出和强制性支出，实施新绩效预算主要体现在自主性支出性预算上，而强制性支出根据相关预算法规定使用资金，并不以绩效结果的好坏作为拨款依据。Broom（1995）[⑥]检验了美国州政府的绩效评价结果使用情况，发现将预算绩效评价结果纳入预算编制程序并不意味着根据预算绩效评价结果可以改变预算决策制定的方法，而仅仅是取其最有价值的绩效指标作为影响预算拨款的因素之一。Poister（2003）[⑦]、Jordan（1999）[⑧]、Wang（2000）[⑨]、Frisco（2008）[⑩]以及Heinrich（2012）[⑪]认

① Burke J C，Modarresi S. Performance Funding and Budgeting：Popularity and Volatility–The Third Annual Survey［M］. Accountability，1999.

② Gilmour J B，Lewis D E. Political Appointees and the Competence of Federal Program Management［J］. American Politics Research，2006，34（1）：22–50.

③ Gilmour J B，Lewis D E. Does Performance Budgeting Work？ An Examination of the Office of Management and Budget's PART Scores［J］. Public Administration Review，2006，66（5）：742–752.

④ Lauth T P. Performance Evaluation in the Georgia Budgetary Process［J］. Public Budgeting and Finance，1985（1）：67–82.

⑤ Heinrich C J. Outcomes–Based Performance Management in the Public Sector：Implications for Government Accountability and Effectiveness［J］.Public Administration Review，2002，62（6）：712–725.

⑥ Broom C A. Performance–based Government Models：Building A Track Record［J］. Public Budgeting and Finance，1995，15（4）：3–17.

⑦ Poister T H. Measuring Performance in Public and Nonprofit Organizations［M］.San Franciso：Jossey–Bass Press，2003.

⑧ Joedan M M，Hackbart M.Performance Budgeting and Performance Funding in the States：A States Assessment［J］. Public Budgeting&Finance，1999，19（1）：68–88.

⑨ Wang X.Performance Measurement in Budgeting：A Study of County Governments［J］.Public Budgeting & Finance，2000，20（3）：102–118.

⑩ Frisco V，Stalebrink OJ. Congressional Use of the Program Assessment Rating Tool［J］.Public Budgeting& Finance，2008，28（2）：1–19.

⑪ Heinrich C J.Hoe Credible Is the Evidence，and Dose It Matter？ An Analysis of the Program Assessment Rating Tool［J］.Public Administration Review，2012，72（1）：123–134.

为“绩效信息能使预算决策更加明晰，但并不能驱动预算决策”。Joyce（1993）①、Frisco和Stalebrink（2008）②、Moynihan（2008）③、Huang和Chen（2010）④、Heinrich（2010）⑤等认为以下三个因素制约了绩效评价结果与预算决策的联系：第一，预算绩效信息的质量，Berman等（2000）⑥强调数据可信度对于地方政府绩效信息使用的重要性，测量预算绩效信息结果的困难决定了政府要改变现有的责任方式和奖励机制，如GPRA缺乏一种改变预算过程、激励成本节约和提高效率行为的运行机制，那么以获取的绩效信息结果执行GPRA就不一定能成功地改变联邦预算程序（Mcnab和Melese，2003）⑦；第二，收集预算绩效信息的成本付出，Hatry等（1981）⑧认为在众多绩效信息中收集与绩效指标有关的绩效数据需付出较高的人力成本和物质成本；第三，预算绩效信息质量与预算决策的逻辑相关性，由于预算过程的高度复杂性和独立性特征，绩效评价结果和资金分配之间缺乏明确界定的逻辑相关性。

因此，将预算绩效信息作为项目拨款的决策因素之一，虽然系统性结合绩效信息和预算决策的目标尚未实现，但是这场关于以绩效结果为导向的预算管理制度改进增强了管理者的“责任”思考方式，提升了项目运行效率，将项目资源的分配关注点从以产出为重点转移到以结果为主上，更重要的是加强了政府与公众之间、执行部门和立法部门之间、执行部门与管理部门之间、执行部门与执行部门之间的沟通与交流（Currristine等，2007）⑨。

---

① Joyce P G. Using Performance Measures for Federal Budgeting: Proposals and Prospects [J]. Public Budgeting and Finance, 1993, 13 (4): 3-17.

② Frisco V, Stalebrink O J. Congressional Use of the Program Assessment Rating Tool [J]. Public Budgeting and Finance, 2008, 28 (2): 1-19.

③ Moynihan D P. The Dynamics of Performance Management: Constructing Information and Reform [M]. Georgetown University Press, 2008.

④ Huang C L, Chen M L. Playing Devious Games, Budget-Emphasis in Performance Evaluation, and Attitude Towards the Budgetary Process [J]. Management Decision, 2010, 48(6): 940-951.

⑤ Heinrich C J. How Credible is the Evidence, and Does It Matter? An Analysis of the Program Assessment Rating Tool [J]. Public Administration Review, 2010, 72 (1): 123-134.

⑥ Berman E M, Wang X H. Performance Measurement in U.S. Counties: Capacity for Reform [J]. Public Administration Review, 2000, 60 (5): 409-420.

⑦ Mcnab R M, Melese F. Implementing the GPRA: Examining the Prospects for Performance Budgeting in the Federal Government [J]. Public Budgeting and Finance, 2003, 23 (2): 73-95.

⑧ Hatry H P, Winnie R E, Fisk D E, Blair L H. Practical program evaluation for state and local government [M]. Urban Institute press, 1981.

⑨ Curristine T, Linti Z, Joumard I. Improving Public Sector Efficiency: Challenges and Opportunities [M]. OECD Journal on Budgeting, 2007.

二、预算绩效评价结果应用于问责

问责是现代西方民主治理和公共管理的核心，它是一个视情境不同、社会发展变化决定的概念，这决定了它含义和形式的多样化（Glynn和Murphy，1996①；Dubnick，2005②）。在新公共管理与绩效预算改革背景下，Leon（1970）③、Rivera和Heady（2006）④、Tilbury（2006）⑤、Kluvers（2003）⑥、Tan（2014）⑦等认为基于预算绩效评价结果进行问责，建立统一问责制并公开相关预算绩效信息是非常重要的，基于绩效评价结果实施问责有以下几个方面的作用：第一，加强中央政府和地方政府的问责强度；第二，管理者和相关负责人可获得分配资源的自主权；第三，推进预算绩效评价和行政问责一体化，促使利益相关者接受政府组织及其成员对绩效结果做出的说明和制度安排（Kettl，1997⑧；Ingraham，2005⑨；Eckarft，2008⑩；Chen和Sheng，2012⑪）；第四，Glynn和Murphy（1996）⑫、Kloot（1999）⑬、Kluvers（2003）⑭、

---

① Glynn J J, Murphy M P. Public Management: Failing Accountabilities and Failing Performance Review [J]. International Journal of Public Sector Management, 1996, 9 (5): 125-137.

② Dubnick M J. Accountability and the Promise of Performance: In Search of the Mechanism [J]. Public Administration Performance and Management Review, 2005, 28 (3): 376-417.

③ Leon J R. Project Evaluation and The Project Appraisal Reporting System [D]. Agency for International Development, 1970.

④ Rivera M A, Heady F. Comparative Program-performance Evaluation and Government Accountability in New Mexico: Some Applied Lessons for Intergovernmental Relations [J]. Journal of Public Affairs Education, 2006, 12 (4): 557-562.

⑤ Tibury C. Accountability via Performance Measurement: The Case of Child Protection Sevices [J]. Australian Journal of Public Administration, 2006, 65 (3): 48-61.

⑥ Kluvers R. Accountability for performance in local government [J]. Australian Journal of Public Administration, 2003, 62 (1): 57-69.

⑦ Tan X X. Constructing a Performance-based Accountability System for the Chinese government [J]. Journal of Public Affairs, 2014, 14 (2): 154-163.

⑧ Kettl D F. The Global Revolution in Public Management: Driving Themes, Missing Links [J]. Journal of Policy Analysis and Management, 1997, 16 (3): 446-462.

⑨ Ingraham P W. "You Talking to Me ? " Accountability and the Modern Public Service [J].Political science and Politics, 2005, 38 (1): 17-21.

⑩ Eckardt S. Political Accountability, Fiscal Conditions and Local Government Performance--Cross-Sectional Evidence from Indonesia [J]. Public Administration and Development, 2008, 28 (1): 1-17.

⑪ Chen W, Sheng M K. On the Integration of the Performance Evaluation of Fovernment and the Administration Accountability [J]. Journal of Social Science of Hunan Normal University, 2012, 26 (3): 139-145.

⑫ Glynn J J, Murphy M P. Public Management: Failing Accountabilities and Failing Performance Review [J]. International Journal of Public Sector Management, 1996, 9 (5): 125-137.

⑬ Kloot L. Performance Measurement and Accountability in Victorian Local Government [J]. International Journal of Public Sector Management, 1999, 12 (7): 565-584.

⑭ Kluvers R. Accountability for performance in local government [J]. Australian Journal of Public Administration, 2003, 62 (1): 57-69.

Heinrich（2002）[①]、Gilmour和Lewis（2006）[②]、Quinlivan（2014）[③]等认为通过建立预算绩效评估结果和问责的联系，可以发现绩效评估的使用水平的提高程度、政府对该部门的问责以及对组织改革的关注程度。对此，Jamal等（2014）[④]认为建立基于预算绩效评价结果的问责制需要：第一，通过建立相应任务之间的相互关系，通过对顺序动作的详细阐述，形成实现组织目标的结果结构；第二，建立一种问责制结构，结合问责制，对执行任务的结果负责的结构措施，以及与每项任务相关的技能；第三，在组织中宣布对任务绩效承担责任的责任结构和奖励条件；第四，通过选拔条件确定合适的员工作为完成工作的协调者或者执行者；第五，在组织中建立基于绩效结果的问责制度，该环节需通过对员工的灵活奖励来完成。

然而，一些学者却认为预算绩效评价结果与问责之间的相互作用是难以明确认定的。Chan和Gao（2009）[⑤]通过探讨中国语境下预算绩效评价结果与问责之间的关系，利用案例分析发现问责并不能促进政府绩效的提升，反而会导致政府重视短期问责而忽视政府的长期能力建设问题。Dubnick（2005）[⑥]认为在预算绩效评价结果与问责之间建立联系是不现实的，因为他们并没有在理论上或是实证上得到严格的审查和判定，从而预算绩效评价结果与问责两种之间的关系只是一种假定的、不受挑战的假设。Shelley（2006）[⑦]认为在使用绩效信息时希望同时实现绩效问责和绩效改进两个目标，当绩效评价系统侧重于绩效问责时，管理者可能会在设置绩效目标时降低标准。Hall和Frink（2017）[⑧]认为建立问责制是非常重要的，但同时它又是一个复杂的体系，既有优势，也有“阴暗面”，也就是说，建立绩效问责，并不能激励负责人员更好地工作，反而会使他们产生抵触心理。

---

① Heinrich C J. Outcomes - Based Performance Management in the Public Sector: Implications for Government Accountability and Effectiveness [J]. Public Administration Review, 2002, 62 (6): 712-725.

② Gilmour J B, Lewis D E. Does Performance Budgeting Work? An Examination of the Office of Management and Budget's PART Scores [J]. Public Administration Review, 2006, 66 (5): 742-752.

③ Quinlivan D, Nowak M, Klass D. From Accountability to Assurance-Stakeholder Perspectives in local Government [J]. Australian Journal of Public Administration, 2014, 73 (2): 206-217.

④ Jamal A, Essawi M, Tilchin O. Building Result-Based Accountability in an Organization [J]. Open Journal of Business and Management, 2014, 2 (3): 195-203.

⑤ Chan H S, Gao J. Putting the Cart before the Horse: Accountability or Performance [J]. Australian Journal of Public Administration, 2009, 68 (S1): S51-S61.

⑥ Dubnick M J. Accountability and the Promise of Performance: In Search of the Mechanisms [J]. Public Performance and Management Review, 2005, 27 (3): 376-417.

⑦ Shelley H M. Performance Accountability: The Fice Building Blocke and Six Essential Practies [M]. IBM Center for The Business of Govenment, 2006.

⑧ Hall A T, Frink D D. An accountability account: A review and synthesis of the theoretical and empirical research on felt accountability [J]. Journal of Organizational Behavior, 2017, 38 (2): 204-224.

三、预算绩效信息公开与公众参与

Hagen和Harden(1995)① 认为通过构建公开透明制度，公布预算绩效相关信息，如预算过程、宏观数据、低水平债务等数据不仅可以监管预算编制和决策过程，还能激发公民对政府工作的关注度，激励公民积极主动参与。Miller和Evers（2002）② 认为公民的参与会增加政府官员的责任，由此可能对年度预算规划造成影响；尤其在预算主体和外部利益方忽视信息公开问题的情况下，预算绩效信息的公开可以为会议议程制定发挥关键作用（Halachmi，2005③；Crotty等，2006④）。在政治决策过程中，Lu（2011）⑤ 认为利益相关者的建设性参与是一个可行的选择，可以启发管理者的思维习惯并向他们传达共同的期望；外部专家、公民、负有共同责任的部门和机构、行政机关和立法机构披露不同目的的相关信息也可能是整合相关绩效信息、管理和优化预算过程的有效模式。而不同机构、部门及公民参与的政治社会环境、参与方式、意识程度、期望和期望的真实性和相异性决定了预算绩效评价结果会对公民的参与程度有一定影响（Franklin等，2009⑥；Keating，2001⑦；Bernstein，2001⑧）。因此Blondal（2003）⑨、Eugeni和Guillem（2004）⑩、Stein等（1998）⑪、Alt和Lassen

① Hagen J V，Harden I. Budget Processes and Commitment to Fiscal Discipline［J］. European Economic Review，1995，39（3）：771–779.

② Miller G J，Evers L. Budgeting Structures and Citizen Participation［J］. Journal of Public Budgeting，Accounting and Financial Management，2002，14（2）：233–272.

③ Halachmi A. Performance Measurement：Test the Water Before You Dive In［J］. International Review of Administrative Sciences，2005，71（2）：255–266.

④ Crotty S N，Theobald N A，Crotty J N. ‘Disparate Measures：Public Managers and and Performance–measurement Strategies［J］. Public Administration Review，2006，66（1）：101–113.

⑤ Lu Y. Individual Engagement to Collective Participation：The Dynamics of Participation Pattern in Performance Budgeting［J］. Public Budgeting and Finance，2011，31（2）：79–98.

⑥ Franklin A L，Ho A T，Ebdon C. Participatory Budgeting in Midwestern States：Democratic Connection or Citizen Disconnection［J］. Public Budgeting and Finance，2009，29（3）：52–73.

⑦ Keating M. Public Management Reform and Economic and Social Development［J］. OECD Journal on Budgeting，2001，1（2）：141–212.

⑧ Bernstein D J. Local government measurement use to focus on performance and results［J］. Evaluation and Program Planning，2001，24（1）：95–101.

⑨ Blondal J R. Budget Reform in OECD Member Countries：Common Trends［J］. OECD Journal on Budgeting，2003，2（4）：7 –26.

⑩ Eugeni G，Guillem L. The Effects of Poor Financial Information Systems on the Long Term Sustainability of Local Public Services［J］. Empirical Evidence from the Catalan Municipalities，2004（2）：11–32.

⑪ Stein E，Talvi E，Grisanti A. Institutional Arrangements and Fiscal Performance：The Latin American Experience［J］. National Bureau of Economic Research，1998：103–104.

（2006）[①]、Hagen和Harden（1995）[②]等认为政府项目的绩效评价结果可提供可靠和有效的信息资源，并利用有效措施来记录公民和民选官员的利益结果，可以为缺乏经验的政府提供帮助。发挥立法机构、媒体以及非政府机构的作用以提高财政信息的公开透明度就变得尤为重要。

四、预算绩效评价结果应用的影响因素

获取和应用有效的预算绩效评价结果是实施绩效预算的关键。一些学者通过问卷调查、文献搜集和对照已有研究数据进行比对分析，发现获取与应用有效的预算绩效评价结果并不容易，究其原因概括为以下三个方面：一是领导因素，Curristine（2006）[③]通过问卷调查对2005年OECD国家进行预算绩效评价结果使用情况调查，分析发现领导能力的高低以及政治压力会对信息使用者产生心理负担，是影响相关利益方获取以及应用预算绩效评价结果的主要因素；同时，Gilmour和Lewis（2006）[④]也认为管理者的政治偏好会对绩效测量中的评估值产生影响。二是来源于组织、环境因素的影响，Schick（1966）[⑤]、Melkers和Willoughby（2001）[⑥]、Moynihan和Pandey（2004）等[⑦]认为由于政府组织机构、组织性质以及周围环境情况的因素可能会间接阻碍信息使用者的获取和应用，Melkers和Willoughby（2005）[⑧]认为领导的支持能够为促进绩效信息应用提供有利的环境，杜尔[⑨]以美国联邦审计署1997—2000年的数据进行实证分析论证了领导力对于绩效信息使用的有利影响。三是相关负责人员

① Alt J E，Lassen D D. Transparency，Political Polarization，and Political Budget Cycles in OECD Countries［J］. American Journal of Political Science，2006，50（3）：530–550.

② Hagen J V，Harden I. Budget Processes and Commitment to Fiscal Discipline［J］. European Economic Review，1995，39（3）：771–779.

③ Curristine T. Performance Information in the Budget Process：Results of the OECD 2005 Questionnaire［J］. OECD Journal on Budgeting，2006，2（2）：87–131.

④ Gilmour J B，Lewis D E. Does Performance Budgeting Work ？ An Examination of the Office of Management and Budget's PART scores［J］. Public Administration Review，2006，66（5）：742–752.

⑤ Schick A . The Road to PBB：The Stages of Budget Reform［J］. Public Administration Review，1966，26（4）：243–258.

⑥ Mekers J E，Willoughby K G. Budgets' Views of State Performance–Budgeting Systems：Distinctions across Branches［J］. Public Administration Review，2001，61（1）：54–64.

⑦ Moynihan D P，Pandey S K. Testing How Management Matters in An Era of Government by Performance Management［J］. Journal of Public Administration Research and Theory，2004，15（3）：421–439.

⑧ Melkers J，Willoughby K G. Models of Performance–Measurement Use in Local Governments：Understanding Budgeting，Communication，and Lasting Effects［J］. Public Administration Review，2005，65（2）：180–190.

⑨ Dull M. Results–model Reform Leadership：Questions of Credible Commitment［J］. Journal of Public Administration Research and Theory，2008，19（2）：255–284.

的综合专业能力以及管理能力，Behn（2003）[①]、Nouri和Kyj（2008）[②]、Andrews和Boyne（2010）[③]等认为相关管理人员可以依据自身绩效经验使用绩效评价方法来评价项目绩效，其综合专业能力以及管理能力会影响他们对海量信息的判断以及抉择，且会影响预算绩效评价过程以及相关人员的参与。在实践中，为获取与应用有效的预算绩效评价结果，需考虑领导能力与政治压力、组织环境因素以及相关负责人员的综合专业能力和管理能力，发挥绩效信息的功能，并与具体领域结合进行有效管理。

① Behn R D. Why Measure Performance？ Different Purposes Require Different Measures［J］. Public Administration Review，2003，63（5）：586–606.

② Nouri H，Kyj L. The Effect of Performance Feedback on Prior Budgetary Participative Research Using Survey Methodology：An Empirical Study［J］. Critical Perspectives on Accounting，2008，19（8）：1431–1453.

③ Andrews R W，Boyne G A. Capacity，Leadership，and Organizational Performance：Testing the Black Box Model of public Management［J］. Public Administration Review，2010，70（3）：443–454.

第二节 国内关于全过程预算绩效评价结果应用的相关研究

一、预算绩效评价结果应用于预算分配

昝志宏、王京亮（1989）[①]利用预算支出结果考察工作完成的成绩和效率，首次运用绩效预算模式对预算资金进行管理。2001—2004年，湖北省财政厅通过对预算绩效评价工作的试点和逐步推广，建立了一套预算绩效评价工作流程，部分单位不仅将预算绩效评价结果作为上级部门验收项目成果的主要依据，且为申报新项目提高了参考[②]。从2004年开始，预算绩效评价试点工作在全国范围内逐渐展开，获取与应用有效的预算绩效评价结果开始受到学者们的重视。马骏（2004）[③]在总结绩效预算所展现的控制、分权以及对结果负责三个基本特征基础上强调预算绩效评价结果应用的重要性，认为新绩效预算可以有助于解决公共资源配置低效率的状态。蒋会强（2005）[④]、赵明亚（2007）[⑤]、卓越等（2008）[⑥]、晁毓欣等（2016）[⑦]等认为预算绩效评价结果是实施预算绩效管理和政府绩效管理的重要组成部分，它可以减少政府政策制定的不确定性，增强公共管理的理性和科学性，促进问责，

---

① 昝志宏，王京亮.行政事业单位应建立绩效预算制度［J］.山西财经学院学报，1989（3）：47-48.

② 湖北省财政厅.财政支出绩效评价工作的实践与思考［J］.中国财政，2003（10）：16-18.

③ 马骏.新绩效预算［J］.中央财经大学学报，2004（8）：1-6.

④ 蒋会强.绩效信息：绩效预算和绩效评价的实现基础［J］.中国财政，2005（3）：42-44.

⑤ 赵明亚.绩效管理三要素［J］.中国电力企业管理，2007（12）：24.

⑥ 卓越，赵蕾.绩效评估：政府绩效管理系统中的元工具［J］.公共管理研究，2008（6）：207-217.

⑦ 晁毓欣，赵文芳.现阶段我国预算绩效信息利用的主要模式与问题［J］.财政科学，2016（10）：100-107.

推进政府责任治理。孙克竞（2011）[①]、马蔡琛等（2018）[②]分别利用高校专项资金案例、部门资金支出案例以及具体项目支出案例研究预算绩效评价结果对运作绩效预算模式的重要性，研究结果发现预算绩效评价是实施绩效预算的主要载体，绩效预算是改革政府管理的重要措施（白文杰,2011）[③]，预算绩效评价结果是实施绩效预算的重要保障。

中华人民共和国财政部预算司（2013）[④]认为我国的预算管理模式是基于传统型预算和投入式预算，借鉴和结合西方绩效预算的理念和方法，根据绩效评价结果调整预算分配以起到优化资源配置作用的预算绩效管理。应用预算绩效评价结果进行预算分配不仅可以量化和考核资金的使用效率，还可以通过绩效目标和绩效指标来考察项目的完成程度。因此，应用预算绩效评价结果于预算分配需要做到以下四点：第一，王淑慧等（2011）[⑤]认为应根据我国公共管理的具体情况，深入分析和设置完备的预算绩效评价体系；第二，郑永生等（2011）[⑥]、许剑雄（2011）[⑦]、曹欣等（2013）[⑧]、童伟（2018）[⑨]等提出绩效考核需进入部门预算管理过程，形成绩效考核结果与部门预算相结合的应用机制，优先将绩效考核较好的项目纳入下一年度预算安排中；对业绩不佳的项目，理顺业绩评价结果，认真考虑明年的预算安排；同时，邀请人民代表大会对财政信息数据库和预算的执行情况进监督；第三，卓越等（2012）[⑩]认为预算绩效评价结果的质量是实施预算绩效管理的关键，在预算绩效管理过程中引入权责发生制，可以提高绩效信息的质量，使绩效信息更加清晰、完整、有效；第四，建立预算激励与约束机制，北京市财政局（2012）[⑪]规定对于事前项目，其评价建议可作为分配资金的参考依据；对于已执行的项目，可依据其评价结果合理进行分配；加拿大政府规定减少或注销业绩绩效得分低于5%的预算资金；韩国以绩效评价结果为依据，对无效项目减少第二年预算分配的10%，甚至减少更多的规定；新西兰国会根据审计署的绩效评价结果分配下一年度的预算（赵

① 孙克竞.政府部门预算支出绩效管理改革框架分析［J］.审计研究，2011（3）：102-108.

② 马蔡琛，陈蕾宇.关于构建项目支出预算绩效评价指标框架的思考［J］.河北学刊，2018（4）：133-140.

③ 白文杰.财政支出绩效评价内涵解析［J］.地方财政研究，2011（1）：42-59.

④ 中华人民共和国财政部预算司.中国预算绩效管理探索与实践［M］.北京：经济科学出版社，2013：82.

⑤ 王淑慧，周昭，胡景男，等.绩效预算的财政项目支出绩效评价指标体系构建［J］.财政研究，2011（5）：18-21.

⑥ 郑永生，廖立云.我国财政预算支出绩效考评存在的问题与对策［J］.财会月刊，2011（3）：50-52.

⑦ 许剑雄.论加强财政支出绩效评价结果应用［J］.行政事业资产与财务，2011（21）：20-21.

⑧ 曹欣，王涛.绩效评价结果的应用——财政支出绩效评价结果为例分析［J］.中国外资，2013（6）：96.

⑨ 童伟.完善结果应用激励机制建设　提高预算资金使用效益［J］.经济研究参考，2018（23）：23-28.

⑩ 卓越，徐国冲.2005—2011：西方政府绩效预算最新趋势［J］.新视野，2012（3）：70-74.

⑪ 北京市财政局.以结果应用强化绩效管理实效［J］.中国财政，2012（17）：34-35.

丹，2015[①]；黄贞，2017[②]）。

二、建立预算绩效评价结果与问责的联系

将预算绩效评价结果与问责建立联系，是增强预算部门和责任人员责任意识、提高资金使用效益的重要措施（孙欣,2018）[③]。各级政府在组织预算和匹配资金时，资本利用效率的警惕性较低，导致大部分资金被浪费，许剑雄（2011）[④]、陈德萍等（2012）[⑤]、北京市财政局（2012）[⑥]、曹欣、王涛（2013）[⑦]、吕侠（2013）[⑧]、祁化森（2016）[⑨]等认为将预算绩效评价结果与问责建立联系是当前绩效预算改革的关键。

对此，学者们认为基于预算绩效评价结果的问责应做到以下四点：首先，在编制预算时，相关部门提高对绩效的关注程度，钱晓明（2015）[⑩]认为，在预算编制中，如果财政资金和执行绩效达不到预期的标准，相关人员应当对其绩效负责；对于考核结果不达标的部门应从紧预算分配。第二，区别预算绩效问责和传统的行政问责，陈治（2016）[⑪]提出基于预算绩效评价结果的问责与传统的行政问责实施路径不同：实施基于预算绩效评价结果的问责应遵循确定绩效目标到明确现实状态再到承担责任后果的逻辑过程；而行政问责应遵照法律适用范围内的法定义务到明确实施状态再到承担责任后果的逻辑推进过程。第三，纳入政府行政问责制程序，上海市青浦区财政局课题组等（2016）[⑫]认为可将绩效考核的结果纳入政府问责制，建立面试和劝告机制。第四，签订绩效协议，赵丹（2015）[⑬]认为可通过签订绩效协议规范部门产出绩效目标，依托绩效目标建立因果链，通过搜集和应用科学准确的绩效信息，改进政府管理。

---

① 赵丹.我国财政支出绩效评价结果应用的问题与对策建议［J］.时代金融，2015（5）：227-228.

② 黄贞.探析全过程预算绩效管理的评价结果应用［J］.广东经济，2017（12）：116-117.

③ 孙欣.财政支出绩效评价结果应用于问责的困境与出路［J］.财政监督，2018（13）：44-52.

④ 许剑雄.论加强财政支出绩效评价结果应用［J］.行政事业资产与财务，2011（21）：20-21.

⑤ 陈德萍，曾智海.建立完善的财政绩效管理模式［J］.经济研究参考，2012（48）：19-20.

⑥ 北京市财政局.以结果应用强化绩效管理实效［J］.中国财政，2012（17）：34-35.

⑦ 曹欣，王涛.绩效评价结果的应用——财政支出绩效评价结果为例分析［J］.中国外资，2013（6）：96.

⑧ 吕侠.论预算绩效问责机制构建［J］.中南财经政法大学学报，2013（1）：66-70.

⑨ 祁化森.预算绩效评价结果之应用价值［J］.新理财（政府理财），2016（4）：76-77.

⑩ 钱晓明.如何强化绩效评价结果的应用［J］.财经界（学术版），2015（5）：75.

⑪ 陈治.预算问责的制度省思与矫正——克服部门法思维局限［J］.经济法论坛，2016，17（2）：83-99.

⑫ 上海市青浦区财政局课题组，马铭，丁爱云.加强预算绩效管理结果应用的实践与思考［J］.预算管理与会计，2016(6)：17-20.

⑬ 赵丹.我国财政支出绩效评价结果应用的问题与对策建议［J］.时代金融，2015（5）：227-228.

三、预算绩效信息的公开

利用媒介公开绩效信息能够使大众了解政府活动范围和活动方向，对此，上海市青浦区财政局课题组（2013）[①]认为打破传统的封闭、任意的行政管理，消除政府与公众之间的信息不对称是有益的。姚凤民（2006）[②]认为，业绩信息的披露可以接收媒体和公众的监督和评价以及公众的反馈，使政府部门和预算单位可以相互学习，相互借鉴（许剑雄，2011[③]；曹欣、王涛，2013[④]；王泽彩，2016[⑤]），有效利用大众的监督作用，提高政府行政效率和资金使用效益（上海市青浦区财政局课题组等，2016；钱晓明，2015[⑥]；陈志勇等，2019[⑦]）。

预算绩效信息的公开应该做到以下几点：第一，评价信息质量控制时应形成参与性原则（赵敏、王蕾,2016）[⑧]，为保证绩效信息的公开透明，且与各方产生关联作用，在评价过程中，参评人员应与利益相关方保持沟通和联系，掌握利益相关方对于项目的设计以及实施过程，全方位体现项目的真实性和全面性，同时，双方的互通和交流更能保障所有利益相关方对绩效评价结果达成共识，避免不必要的误解。第二，马海涛（2014）[⑨]认为绩效信息的公开需拓宽内容，包括：政府内部结构、部门、单位在提供公共服务中明确职责、财政收支基础等宏观经济分析模型、财政收入预测模型和财政支出预测模型。第三，在财政办公平台网站上公开绩效信息，市预算部门及相关人员均可上网查询（北京市财政局，2012[⑩]；钱晓明，2015；上海市青浦区财政局课题组，2016）。例如，2014年9月，财政部公布了龙口市、寿光市、沭阳县、汶上县、五指山市、琼海市、泗洪县、无为县、洞头县、石台县、北安市等200多个全国绩效管理优秀的县（市）名单。第四，绩效评价结果的反馈以及形成绩效评价报告，钱晓明（2015）认为在绩效评价工作结束后，及时形成绩效评价报告，及时向被评价单位通报结果，并向市政府和市人大进行报告；陈志勇等（2019）[⑪]认为应将绩效目标、绩效评价结果与预决算草案同步报

---

① 上海市青浦区财政局课题组.财政支出绩效评价结果应用研究［J］.当代农村财经，2013（1）：27–29.

② 姚凤民.财政支出绩效评价：国际比较与借鉴［J］.财政研究，2006（8）：77–79.

③ 许剑雄.论加强财政支出绩效评价结果应用［J］.行政事业资产与财务，2011（21）：20–21.

④ 曹欣，王涛.绩效评价结果的应用——财政支出绩效评价结果为例分析［J］.中国外资，2013（6）：96.

⑤ 王泽彩.绩效：政府预算的起点与终点［M］.上海：立信会计出版社，2016：213–214.

⑥ 钱晓明.如何强化绩效评价结果的应用［J］.财经界（学术版），2015（5）：75.

⑦⑪ 陈志勇，毛晖，张春雨，等.部门预算绩效评价结果应用：现状与展望［J］.财政监督，2019（24）：27–35.

⑧ 赵敏，王蕾.财政支出绩效评价的质量标准及控制体系研究——国际绩效评价的经验与启示［J］.财政研究，2016（10）：76–84.

⑨ 马海涛.中国分税制改革20周年：回顾与展望［M］.北京：经济科学出版社，2014：218.

⑩ 北京市财政局.以结果应用强化绩效管理实效［J］.中国财政，2012（17）：34–35.

送同级人大。

四、预算绩效评价结果应用的影响因素

对于预算绩效评价结果的应用主体来说，获取和有效应用预算绩效评价结果并不容易，预算绩效评价自身复杂性、绩效理念的缺失以及激励机制的不健全、相关配套措施尚需完善、不同利益相关者之间的博弈等因素都有可能会影响预算绩效评价结果与预算资金分配之间关系的建立、预算绩效问责的乏力以及预算绩效信息公开不彻底的问题。总的来看，其影响因素主要包括以下四个方面：第一，预算绩效评价的复杂性，首先，蒋悟真等（2017）①认为实施绩效评价的预算资金范围尚未统一规定，其资金评价对象不仅包括全部纳入政府预算管理的资金，也包括各地根据实际情况所规定且超过一定数额的预算资金以及部分专项资金；其次，上海市青浦区财政局课题组（2016）②、唐文娟（2017）③、黄贞（2017）④等认为由于公共产品的产出与效益较难量化，预算绩效评价数据收集和整理较困难（孙欣，2018⑤；孙欣等，2019⑥；何文盛等，2019⑦）；再次，蒋悟真等（2017）认为由于绩效目标的多重性与模糊性，政府的组织结构、评价指标的设置以及评估过程的技术支持（张创新等，2006）⑧，绩效噪声的影响（王雍君，2016）⑨，预算绩效评价结果应用的时滞性（童伟,2019）⑩会导致预算绩效评估结果存在理想值、真实值和评估值的三维视角（何文盛等，2013）⑪；最后，李红霞等（2019）⑫认为我国以基数为基础的预算决策机制以及绩效评价方式会影响预算绩效评价结果的应用。第二，配套机制建设尚需完善，通过分析新西兰、美国、爱沙尼亚、新加坡、瑞典、英国的绩效预

① 蒋悟真，李其成，郭创拓.绩效预算：基于善治的预算治理［J］.当代财经，2017（11）：26-35.

② 上海市青浦区财政局课题组，马铭，丁爱云.加强预算绩效管理结果应用的实践与思考［J］.预算管理与会计，2016（6）：17-20.

③ 唐文娟.加强财政支出绩效评价结果应用的探索与建议［J］.预算管理与会计，2017（7）：12-17.

④ 黄贞.探析全过程预算绩效管理的评价结果应用［J］.广东经济，2017（12）：116-117.

⑤ 孙欣.财政支出绩效评价结果应用于问责的困境与出路［J］.财政监督，2018（13）：44-52.

⑥ 孙欣，马海涛.预算绩效评价结果应用：主要模式、问题及对策［J］.经济研究参考，2019（11）：5-17.

⑦ 何文盛，蔡泽山.新时期预算绩效管理中的评价结果应用：挑战与进路［J］.财政监督，2019（4）：21-27.

⑧ 张创新，芦刚.地方政府绩效评估信息失真的成因及其治理［J］.学术探索，2006（12）：25-29.

⑨ 王雍君.财政绩效评价盲点［J］.新理财，2016（10）：26-27.

⑩ 童伟.基于编制本文和流程再造的预算绩效激励机制构建［J］.财政研究，2019（6）：45-56.

⑪ 何文盛，王焱，蔡明君.政府绩效评估结果偏差探索：基于一种三维视角［J］.中国行政管理，2013（1）：12-16.

⑫ 李红霞，周全林.事中预算框架下预算绩效改革：逻辑起点与路径选择［J］.当代财经，2019（1）：27-35.

算特点，万新（2003）[①]、牛美丽等（2006）[②]、朱春奎（2008）[③]、王晓明等（2010）[④]、赵永全（2010）[⑤]、吕昕阳（2011）[⑥]、姜爱华等（2019）[⑦]认为与法律体制相适应的各种机制建设对中国实施预算绩效管理具有重要借鉴意义，而与此相配套的激励约束机制、绩效问责机制、监控机制、监督机制等尚未构建或尚待完善。第三，绩效理念的缺失，曹欣和王涛（2013）[⑧]、朱静（2014）[⑨]、赵丹（2015）[⑩]、上海市青浦区财政局课题组等（2016）、唐文娟（2017）、黄贞（2017）、孙欣（2018）、孙欣和马海涛（2019）、童伟（2019）等认为预算绩效评价结果难以与公共部门下一年度的预算计划或决策挂钩，评价结果好或坏都不会对相关利益者造成过多损失或者受到任何奖励，由于激励和惩罚机制的不完善，使项目负责人以及评价人员将预算绩效评价结果应用作为本职工作的额外任务，在形式上完成此项工作以应付差事，将影响科学真实有效的预算绩效评价结果的获取和应用。第四，不同利益相关者之间的博弈，毕鹏志（2007）[⑪]认为预算绩效信息提供者和使用者双方的博弈会影响预算绩效信息的客观性；魏四海等（2011）[⑫]认为官员的晋升环境是导致地方政府虚报绩效信息的因素之一。

---

① 万新.爱沙尼亚对绩效预算进行的实验性探索［J］.工业审计与会计，2003（5）：39–42.

② 牛美丽，马骏.新西兰的预算改革［J］.武汉大学学报，2006（3）：802–810.

③ 朱春奎.政府绩效预算——美国经验与中国方略［M］.北京：中国财政经济出版社，2008.

④ 王晓明，谭静.新加坡的绩效预算管理［J］.中国财政，2010（5）：75–76.

⑤ 赵永全.瑞典绩效预算改革的研究［J］.理论界，2010（10）：199–201.

⑥ 吕昕阳.英国绩效预算改革研究［J］.经济研究导刊，2011（22）：24–26.

⑦ 姜爱华，卢真，孙欣，等.绩效评价结果应用于部门预算编制的研究［J］.财政科学，2019（1）：77–87.

⑧ 曹欣，王涛.绩效评价结果的应用——财政支出绩效评价结果为例分析［J］.中国外资，2013（6）：96.

⑨ 朱静.夯实绩效评价结果应用［J］.新理财：政府理财，2014（1）：74–75.

⑩ 赵丹.我国财政支出绩效评价结果应用的问题与对策建议［J］.时代金融，2015（5）：227–228.

⑪ 毕鹏志.绩效信息失真的博弈分析［J］.科技情报开发与经济，2007（7）：83–85.

⑫ 魏四海，郭立宏.晋升激励下地方政府虚假绩效信息产生与治理［J］.科技管理与研究，2011（6）：202–205.

▶ 第三节 文献述评

通过文献梳理可知，国内外学者侧重理论性阐述事后（预算资金执行完成后的经济性、效率性和效益性评价）预算绩效评价结果应用对推动预算绩效管理、行政治理以及间接提升国家治理能力的重要意义，较少系统性分析有关预算绩效评价结果与预算资金的分配、预算绩效评价结果应用问责的办法、预算绩效评价信息的公开程度和公开对象等，特别是没有将不同的绩效评价结果应用途径作为一个体系来研究，在中国特色预算绩效评价结果应用研究上仍待加强。同时，由于组织环境的制约、领导管理能力和参评人员的综合素质参差不齐、缺乏健全的配套政策措施以及相关利益者之间的博弈等因素的影响，事后预算绩效评价结果的质量和结果应用成效并不理想。因此，本书提出全过程预算绩效评价结果应用理念，并尝试从以下三个方面展开研究。

一、构建全过程预算绩效评价结果应用实施框架

构建全过程预算绩效评价结果应用实施框架，基于事前绩效管理、事中绩效管理和事后绩效管理内容，分别在事前绩效管理阶段、事中绩效管理阶段以及事后绩效管理阶段分别考核绩效目标审核结果应用情况、事前绩效管理结果应用情况和事中绩效监控管理结果应用情况，及时调整、纠偏绩效目标、锁定与督促责任主体，输出和应用全过程预算绩效评价结果，以最大程度提升财政部门和预算部门（单位）管理预算绩效评价结果的工作能力，促进全过程预算绩效管理链条的形成，从而实现全面实施预算绩效管理的目标。

二、分析全过程预算绩效评价结果应用的影响因素

预算绩效评价结果应用是当前实施预算绩效管理机制的薄弱环节，分析其影响因素，探寻有效对策是完善预算绩效管理机制，加快推进全过程预算绩效管理链条建立的重要研究内容。为此，国内外学者分别从组织环境、机制保障、人员配备、思想意识等多角度展开论述，然而，这些因素均是针对事后绩效评价结果应用提出；对于全过程预算绩效评价结果应用，应涉及事前绩效管理内容考核、事中绩效管理内容考核和事后绩效管理内容考核的最终结果输出和应用，以全面剖析全过程预算绩效评价结果的输出和应用。因此，通过梳理当前预算绩效评价结果应用现状及存在问题，分析全过程预算绩效评价结果应用的影响因素，并明确各影响因素对评价结果应用的影响程度与作用范围，从而提出推动全过程预算绩效评价结果应用的有效对策。

三、设计全过程预算绩效评价结果应用通用型指标体系

由预算绩效评价结果定义可知，绩效指标是细化和量化的绩效目标，更是体现预算资金使用效益的测量工具。设计全过程预算绩效评价结果应用通用型指标体系是输出和应用高质量全过程预算绩效评价结果应用的重要前提之一。为此，结合绩效评价结果应用途径，基于事前绩效管理内容、事中绩效管理内容和事后绩效管理内容，构建一套能够体现项目资金的立项条件、资金落实、财务管理和业务管理、产出和效益、责任明确、追踪全过程预算绩效评价结果应用情况等的全过程预算绩效评价结果应用通用型指标体系尤为必要。

▶ 本章小结

本章首先从预算绩效评价结果应用于决策、预算绩效评价结果应用于问责、预算绩效信息公开与公众参与以及预算绩效评价结果应用的影响因素四个方面梳理国外关于全过程预算绩效评价结果应用相关研究；其次，从预算绩效评价结果应用于预算分配、建立预算绩效评价结果与问责的联系、预算绩效信息的公开以及预算绩效评价结果应用的影响因素四个方面梳理国内关于全过程预算绩效评价结果应用相关研究；最后，基于现有文献提出本文的研究方向：构建全过程预算绩效评价结果应用实施框架，分析全过程预算绩效评价结果应用的影响因素以及设计全过程预算绩效评价结果应用通用型指标体系。

▶ 第三章
全过程预算绩效评价结果应用的理论框架

内容提要

全过程预算绩效管理应当是一个包含事前绩效管理、事中绩效管理、事后绩效管理，对预算编制、执行、决算等各个阶段起到监督和指导作用，并对事前绩效管理阶段、事中绩效管理阶段、事后管理阶段进行评价且输出与应用全过程绩效评价结果的一种预算管理方法。在全面实施预算绩效管理进程下，有效地应用全过程预算绩效评价结果于预算决策、问责和绩效信息公开等，可以驱动预算资金得到更加合理的应用、政府行政效率得到进一步的提高以及公众的决策参与权得到保障。本章在追溯全过程预算绩效评价结果应用理论渊源的基础上，构建全过程预算绩效评价结果应用实施框架，输出和应用全过程预算绩效评价结果，以最大程度加强绩效评价结果的应用。

▶ 第一节 全过程预算绩效评价结果应用的理论渊源

预算绩效评价的最终目的是输出绩效评价结果，通过构建信息透明机制公开绩效评价结果，建立绩效评价结果与预算资金分配、问责的联系，一方面，缓解财政部门与预算部门（单位）之间、部门负责人与具体经办人之间的信息不对称问题；另一方面，实现政府对公众的承诺，提供更好更多的公共产品和公共服务。为最大程度加强预算绩效评价结果应用，对资金投入事前绩效、运行绩效以及完成绩效进行跟踪控制，考核绩效目标审核结果应用情况、事前绩效管理结果应用情况和事中绩效监控管理结果应用情况，一方面，加大对全过程预算绩效管理每阶段绩效运行情况的管理和控制；另一方面，利用激励约束措施对责任主体进行锁定与督促，从而输出高质量的全过程预算绩效评价结果，为预算资金申请提供参考依据，让预算绩效管理工作形成闭合循环，从而提高预算资金的使用效益。输出全过程预算绩效评价结果，是参评人员（预算部门、资金使用单位、财政部门）的专业技能、绩效评价数据的搜集、预算资金投入事前绩效目标的确定、绩效指标的选择等要素共同作用的结果；同时，基于政府绩效管理视角，应用全过程预算绩效评价结果也会受到政府行政管理制度、政府预算管理制度以及预算绩效管理法规等制度环境，社会文化、传统观念、社会政治制度等因素的制约和影响（见图3-1）。因此，追溯全过程预算绩效评价结果应用的理论渊源，可基于委托—代理理论、控制理论、精益管理理论、激励约束理论、PDCA循环管理理论以及系统论展开讨论。

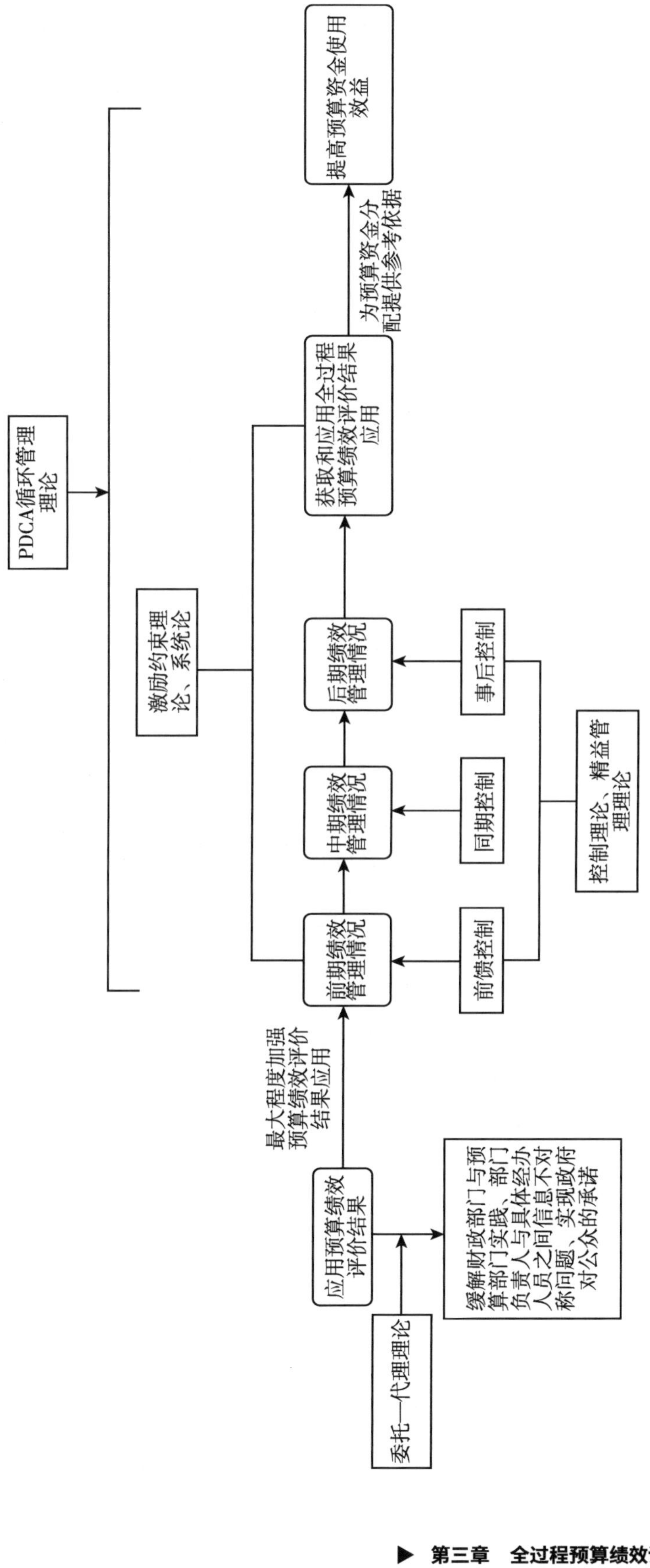

图3-1 全过程预算绩效评价结果应用的理论渊源

一、委托—代理理论

（一）委托—代理理论的基本原理

委托—代理理论是以解决信息不对称问题为核心，合理控制代理成本为目的，从而形成委托人与代理人之间最优的契约关系。由于非对称信息情况的存在，相较于委托人，代理人掌握更多的信息，从而导致道德风险、逆向选择等问题的产生[①②]。

（二）委托—代理理论与预算绩效评价结果应用

在公共资源分配使用过程中，各利益主体形成了多层次委托—代理关系：一是公众与政府之间的委托—代理关系，作为公众的代理人，政府理应利用财政资金为社会提供更好更多的公共产品和公共服务，这层委托—代理关系的重点是：政府实现对公众的承诺，提供公众所需的公共产品和公共服务，公开政府相关预算信息、以接受社会监督；二是政府内部之间的委托—代理关系，一方面是财政部门与预算部门（单位）之间的委托—代理关系，预算主管部门（单位）作为施行国家职能和资金安排的具体代理人，基于部门扩张冲动，在具体资金执行过程中可能会出现损害委托人（财政部门）利益的行为，这层委托—代理关系的重点是：财政部门如何有效监督和评价预算部门（单位）的资金使用情况，应用绩效评价结果，以提高财政资金的使用效益；另一方面是责任主体之间的委托—代理关系，预算部门负责人的职位晋升以及部门预算的扩张是其努力的主要目标，经办人员作为预算项目实际操作人员，为获取更多的物质奖励（绩效工资等），可能与预算部门负责人利益出现冲突，这层委托—代理关系的重点是：预算部门（单位）负责人如何将预算绩效评价结果与个人绩效考核建立联系，从而激励和约束具体经办人员，从而实现预算绩效的提升。在全面实施预算绩效管理背景下，通过绩效目标的设定以及目标的量化、运行和评价，公开评价结果、与预算安排挂钩、与政府绩效、干部政绩考核、个人绩效考核挂钩，以解决委托人和代理人在预算管理上的信息不对称问题，实现对各层代理人的激励约束，反映代理经济责任的具体履行过程以及受托经济责任的最终履行结果，从而实现支出效益最大化。

---

① 白景明，程北平，王泽彩，等.中国财政绩效报告——理论与实践（2018）[M].北京：中国财政经济出版社，2018：28-31.

② 中华人民共和国财政部预算司.中国预算绩效管理探索与实践[M].北京：经济科学出版社，2013：34-36.

二、控制理论

（一）控制理论的基本原理

控制理论以纠偏为核心，管理人员为实现组织目标采取的一切活动。控制由三种类型构成：一是前馈控制，即利用搜集的最新信息、积累的经验教训对影响实际工作开展的各种因素进行控制；二是同期控制，即通过对活动实施过程中的人和事务进行监控和管理，以便决策者能够在出现问题时及时采取适当的措施进行纠正和改进；三是事后控制，通过对输出产品或服务的总结以及顾客和市场的反映，为未来工作计划和活动安排提供参考依据①。

（二）控制理论与全过程预算绩效评价结果应用

建立评价结果与资金分配的联系是当前预算绩效管理的主要目标之一，为此，输出高质量的预算绩效评价结果是应用绩效评价结果的重要前提，与此同时，高质量预算绩效评价结果的输出依赖于预算资金评价的过程控制管理。对此，为最大程度加强预算绩效评价结果应用，对资金投入事前绩效、资金运行过程绩效以及资金执行完成绩效进行控制，加大预算资金在投入事前的绩效评估考核、绩效目标考核，资金运行过程中的绩效显现程度考核以及资金执行完成后的效益考核，从而输出和应用全过程预算绩效评价结果，提高预算资金的使用效益（见图3–2）。

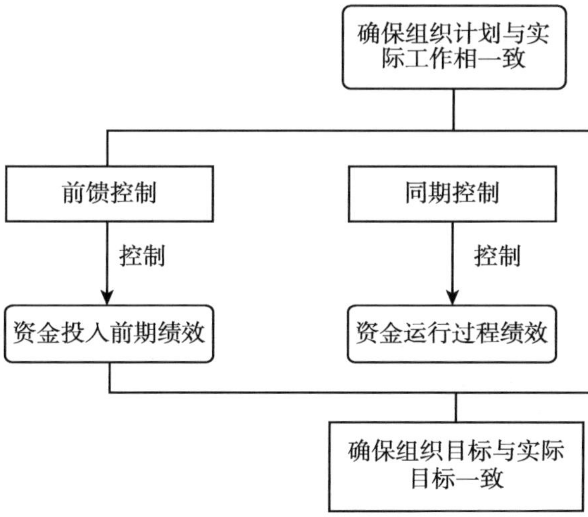

图3–2　控制理论

①［美］斯蒂芬·P.罗宾斯.管理学（第四版）［M］.北京：中国人民大学出版社，2002：476–483.

三、精益管理理论

（一）精益管理理论的基本原理

精益管理理论的核心内容包括两个方面：一是管理过程中，通过持续不断的全员参与以寻求改善和行动的机会；二是结合精益工具方法与管理过程，以最少的成本耗费创造出尽可能多的价值，提供及时的新产品和服务供顾客使用。与此同时，尽量把浪费降到最低程度，如减少提供有缺陷的产品或顾客不需要的产品和服务、降低成本、取消责任人员不必要的行为或工作等[①]。

（二）精益管理理论与全过程预算绩效评价结果应用

为把人力、财力、物力、时间及空间等成本浪费降到最低程度，加强对资金投入事前绩效、资金运行过程绩效以及资金执行完成绩效进行控制，同时，在事前绩效管理阶段、事中绩效管理阶段以及事后绩效管理阶段考核绩效目标审核结果应用情况（是否根据绩效目标的审核结果调整项目支出资金或是否对不按规定编报绩效目标的责任主体进行相关处置）、事前绩效管理结果应用情况（是否上报事前绩效管理情况、是否根据事前绩效管理情况相应调整预算资金或是否对事前绩效管理评价结果不理想的责任主体进行相关处置）和事中绩效监控管理结果应用情况（是否上报事中绩效监控管理情况、是否根据事中绩效监控管理结果相应调整预算资金或是否对事中绩效监控评价结果较差的责任主体进行相关处置），及时调整、纠偏绩效目标、锁定与督促责任主体，减少不必要的资金浪费，为公众提供更需要的公共产品和公共服务（见图3–3）。

四、激励约束理论

（一）激励约束理论的基本原理

激励约束理论即激励约束主体根据组织目标、人的行为规律，通过采取合适的方式，激发责任主体内在动力，使其迸发出积极性、主动性和创造性，朝着激励主体和责任主体所期望目标前进的过程。在一定的环境条件下，激励主体为组织达成某种目标利用适当的物质激励或精神激励方式激发责任主体的内在积极性以朝着所期望的目标努力，与此同时，责任主体也要对其行为结果负责，其行动要受到相应

① 牛占文，杨福东.精益管理的理论方法体系及实践研究［M］.北京：科学出版社，2019：4–5.

的约束，如道德约束、经济约束、行政约束等，只有结合二者，调动责任主体的积极性，从而实现集体利益和公共利益最大化[①②]。

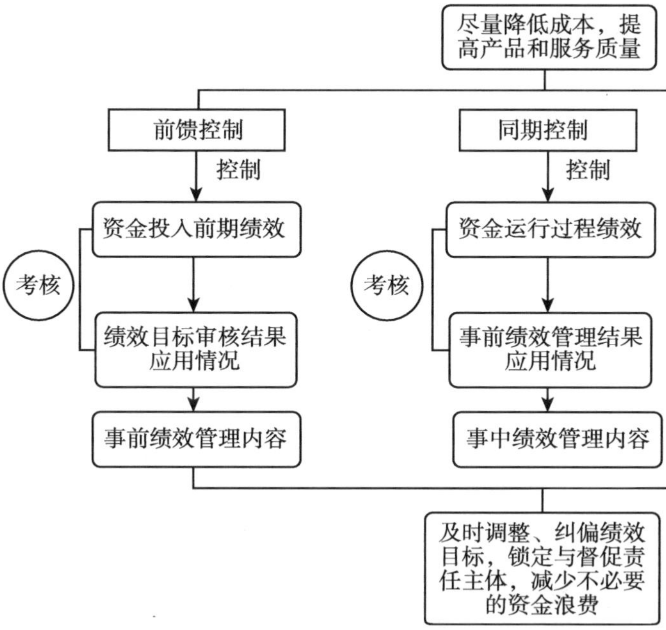

图3-3　精益管理

（二）激励约束理论与全过程预算绩效评价结果应用

全过程预算绩效评价结果（绩效评价报告）的输出有两种形式：一是支出部门的自评报告，二是财政部门组织第三方进行绩效评价再评报告。对于支出部门，参评人员的目标是获取良好的预算绩效评价结果以期为部门申请到更多的预算拨款。在我国政府绩效评价体系下，预算绩效评价结果是行政绩效评价结果指标的一部分，因此，获取良好的预算绩效评价结果可以提升部门的工作完成率，由此给个人带来的精神激励和物质激励是确定的；在此情况下，参评人员对于参与预算绩效评价以及使用预算绩效评价结果的积极性很高。当财政部门组织第三方对支出部门资金使用情况进行绩效评价时，财政部门的目标是在满足公共产品和公共服务提供的前提下控制支出，而支出部门的目标是申请更多的预算拨款。为了在“一上一下”的提交反馈过程中与第三方评价结果保持一致，支出部门主动与第三方评价机构进行沟通；若对其评价报告结果产生质疑，为了不影响自己绩效评价结果质量从而减少项目拨款，支出部门会再次与第三方评价机构进行沟通协调，且向财政部门并提

① 童伟.基于编制本文和流程再造的预算绩效激励机制构建［J］.财政研究，2019（6）：45-56.

②［美］斯蒂芬·P.罗宾斯.组织行为学（第七版）［M］.北京：中国人民大学出版社，2002：183-184.

出申诉，经过沟通协调最终形成较为满意的绩效评价结果。若绩效评价结果不理想，在激励约束方案确定以及识别绩效噪声的前提下，责任主体（部门/个人）会因为不理想的绩效评价结果受到一定的行政约束与物质约束；因此，为了获得相应的物质奖励/精神奖励，责任主体会努力工作，积极改进绩效，提高资金的使用效益，从而推动全过程预算绩效评价结果应用工作的推行（见图3–4）。

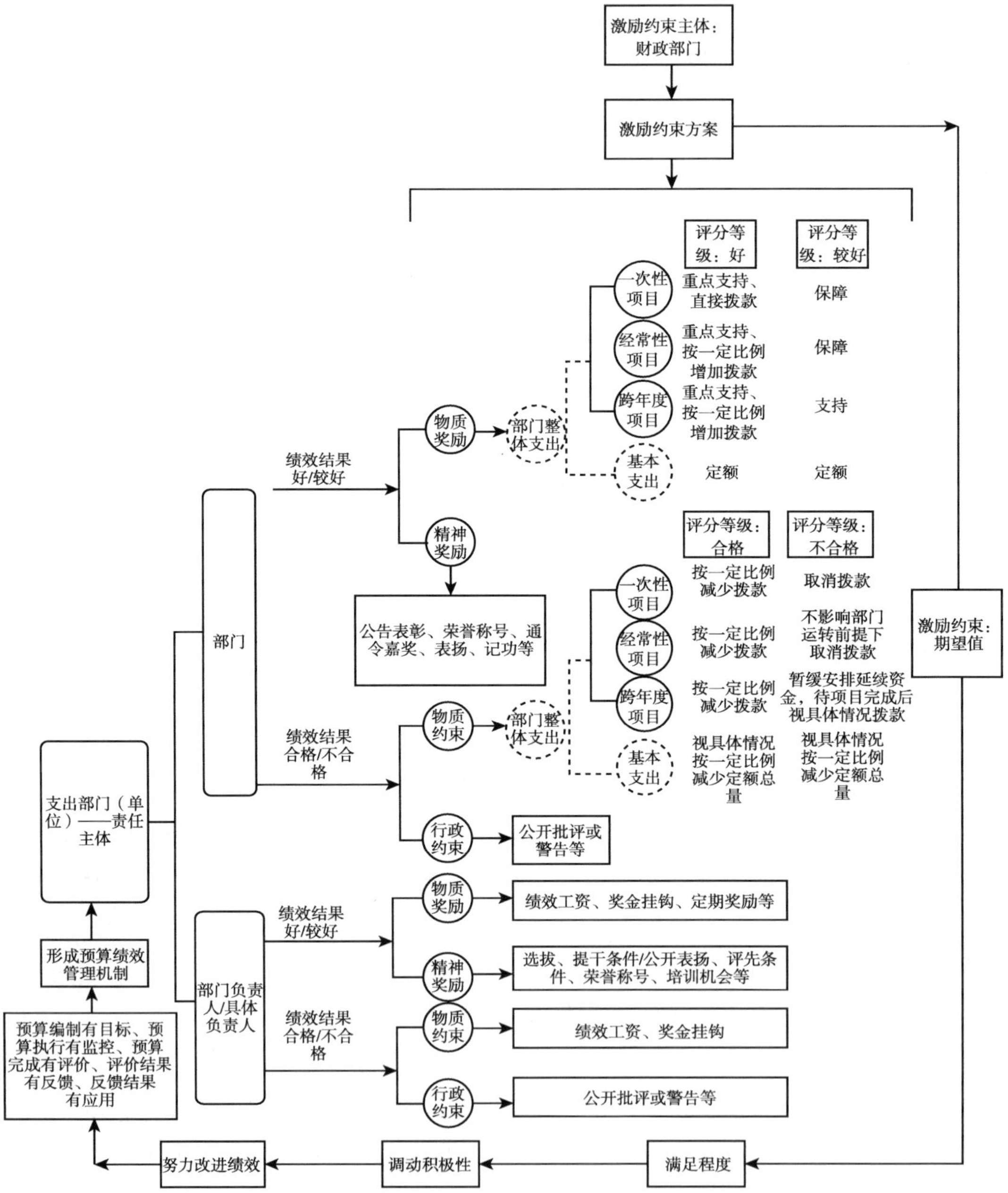

图3–4　激励约束机制

五、PDCA循环管理理论

（一）PDCA循环管理理论的基本原理

PDCA循环管理理论的宗旨是把各项工作按照计划（Plan）阶段、计划实施（Do）阶段、检验（Check）阶段、新一轮管理跟进和调整（Action）阶段进行循环管理，以提高工作的质量管理。同时，P（Plan）（A_0）是第一轮次循环的结果跟进和调整，也是第二轮次循环管理的起点，经过D（Do）、C（Check）、A（Action）完成一个完整的循环；A（Action）（P_1）是第二轮次循环结果的根据和调整，亦是第三轮次循环管理的起点，经过D_1（Do）、C_1（Check）、A_1（Action）循环管理进入另一个新阶段，呈阶梯型上升，通过周而复始的管理过程，实现质量管理的不断提升（见图3–5）[①]。

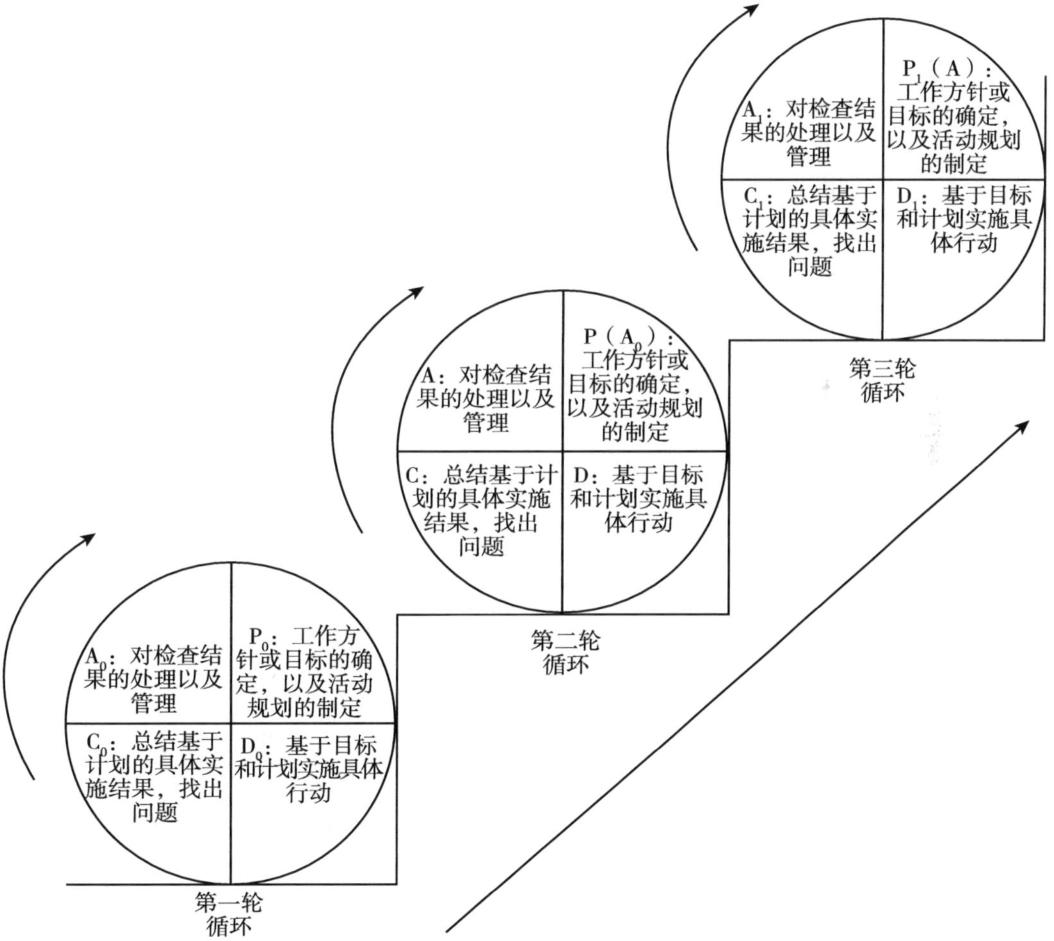

图3–5 PDCA循环管理

① 万融.商品学概论（第四版）[M].北京：中国人民大学出版社，2013：6.

（二）PDCA循环管理理论与全过程预算绩效评价结果应用

为预算绩效管理工作形成闭合循环，利用计划（Plan）阶段、计划实施（Do）阶段、检验（Check）阶段以及新一轮管理跟进和调整（Action）阶段，形成以全过程预算绩效管理为基础，输出全过程预算绩效评价结果为落脚点，最大限度加强预算绩效评价结果应用为目标，奖优劣罚、实现公共责任和社会监督为衡量标准，围绕实施计划（Plan）——全过程预算绩效管理、执行（Do）——全过程绩效评价结果的输出、检查（Check）——全过程绩效自评结果的提交、反馈与整改、纠正（Action）——加强全过程绩效评价结果应用等步骤的全过程预算绩效评价结果应用实施框架。

六、系统论

（一）系统论的基本原理

系统论是指将研究对象视为一个整体，分析其结构和功能，研究其组成要素之间的相互关系和变动的规律性。系统的构成需具备四个条件：一是具备两个以上的要素，不同要素构成系统是系统存在和发展的基础；二是要素之间存在相互关联和相互作用的关系；三是要素之间的相互联系和作用产生整体功能，促使系统得以存在和发展；四是系统处于一定环境中，与所处环境相互关联、相互作用[①②]。

（二）系统论与全过程预算绩效评价结果应用

利用系统论可从整体性和宏观角度分析全过程预算绩效评价结果应用。基于政府绩效管理视角，全过程预算绩效评价结果应用是预算管理的模式之一，是政府绩效评价运行系统中的重要组成部分，预算部门（单位）、财政部门等的行为方式受政府行政管理体制、政府预算管理体制以及预算绩效管理法规等制度环境的影响和制约，同时，在社会运行大环境下，政府绩效管理又受到社会文化、传统观念、社会政治制度等因素的制约和影响，从而对其互动方式和参与形式产生影响。若将全过程预算绩效评价结果应用视为一个整体，输出高质量的全过程预算绩效评价结果是其基本前提，它也是参评人员（预算部门、资金使用单位、财政部门）的专业技能、绩效评价数据的搜集、预算资金投入事前绩效目标的确定、绩效指标的选择等

① 马媛.政府绩效预算中的绩效信息［M］.北京：国家行政学院出版社，2014：36.

② 龚传洲.系统论视角下的预算绩效管理体系建设［J］.财政监督，2019（22）：54-58.

要素共同作用的结果。因此，全过程预算绩效评价结果的有效应用不仅取决于参评人员的专业技能、绩效评价数据的搜集、明确可行的绩效目标、全面科学的绩效评价指标体系等要素；同时还会受到政府行政管理制度、政府预算管理制度以及预算绩效管理法规等制度环境，社会文化、传统观念、社会政治制度等因素的制约和影响（见图3-6）。

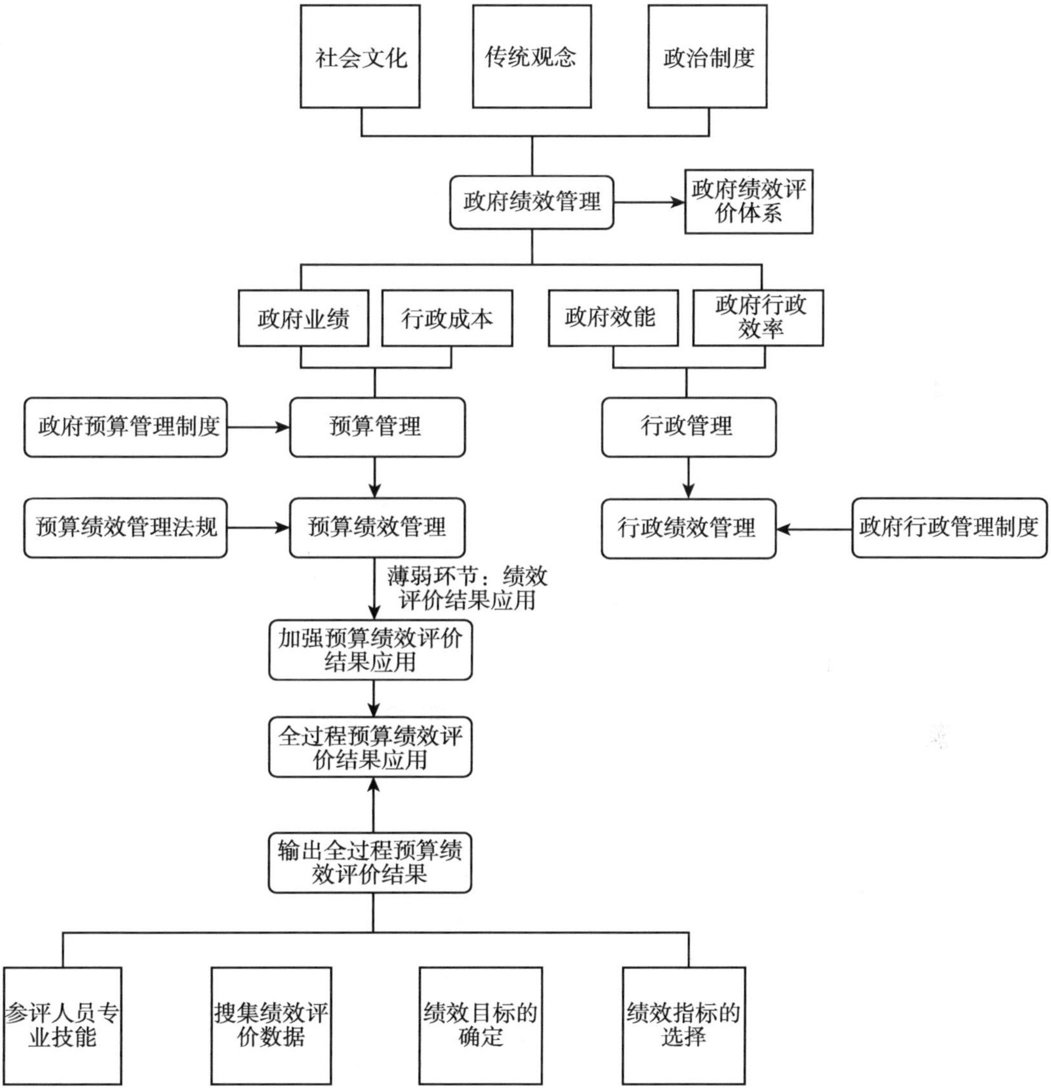

图3-6　系统论

第二节 全过程预算绩效评价结果应用实施框架构建

为预算绩效管理工作形成闭合循环，基于过程控制、精益管理以及激励约束机制，利用PDCA循环管理理论，构建以全过程预算绩效管理为基础，输出全过程预算绩效评价结果为落脚点，最大限度加强预算绩效评价结果应用为目标，奖优劣罚、实现公共责任和社会监督为衡量标准，围绕实施计划（Plan）——全过程预算绩效管理，执行（Do）——全过程绩效评价结果的输出，检查（Check）——全过程绩效自评结果的提交、反馈与整改，纠正（Action）——加强全过程绩效评价结果应用的全过程预算绩效评价结果应用实施框架，如图3-7和图3-8所示。

一、Plan：全过程预算绩效管理

从完善预算绩效管理机制角度分析，全过程预算绩效管理是将绩效理念和方法与预算管理全过程相融合，逐步实现“预算编制有目标、预算执行有监控、预算完成有评价、评价结果有反馈、反馈结果有应用”的预算绩效管理机制[①]；从建立全过程预算绩效管理链条来看，全过程预算绩效管理是实现对职能部门（单位）财政资金事前、事中和事后绩效管理，实现建立绩效评估机制（开展事前绩效评估，将评估结果作为申请预算的必备条件），强化绩效目标管理（加强绩效

① 刘天琦，李红霞.地方全过程预算绩效管理改革逻辑与现实——以粤京沪为例［J］.当代经济管理，2019（12）：76–82.

目标审核，将绩效目标与预算同步批复下达），监控绩效运行（事中）过程（建立预算执行监控机制，对问责政策或项目资金暂缓或停止预算拨款），事后绩效评价和评价结果应用（对预算完成情况进行效益评价，并根据评分和等级结果改善项目管理、实施绩效问责、作为资金分配的重要依据等）等目标的预算管理模式。为最大程度加强预算绩效评价结果应用、全面实施预算绩效管理，全过程预算绩效管理应从建立全过程预算绩效管理链条角度分析，不断丰富和拓展事前、事中和事后绩效管理各阶段的内容，形成不同阶段侧重点不一，全过程跟踪事前、事中和事后绩效管理结果应用情况，形成全过程预算绩效评价结果应用模式（见图3-8），具体内容如下：

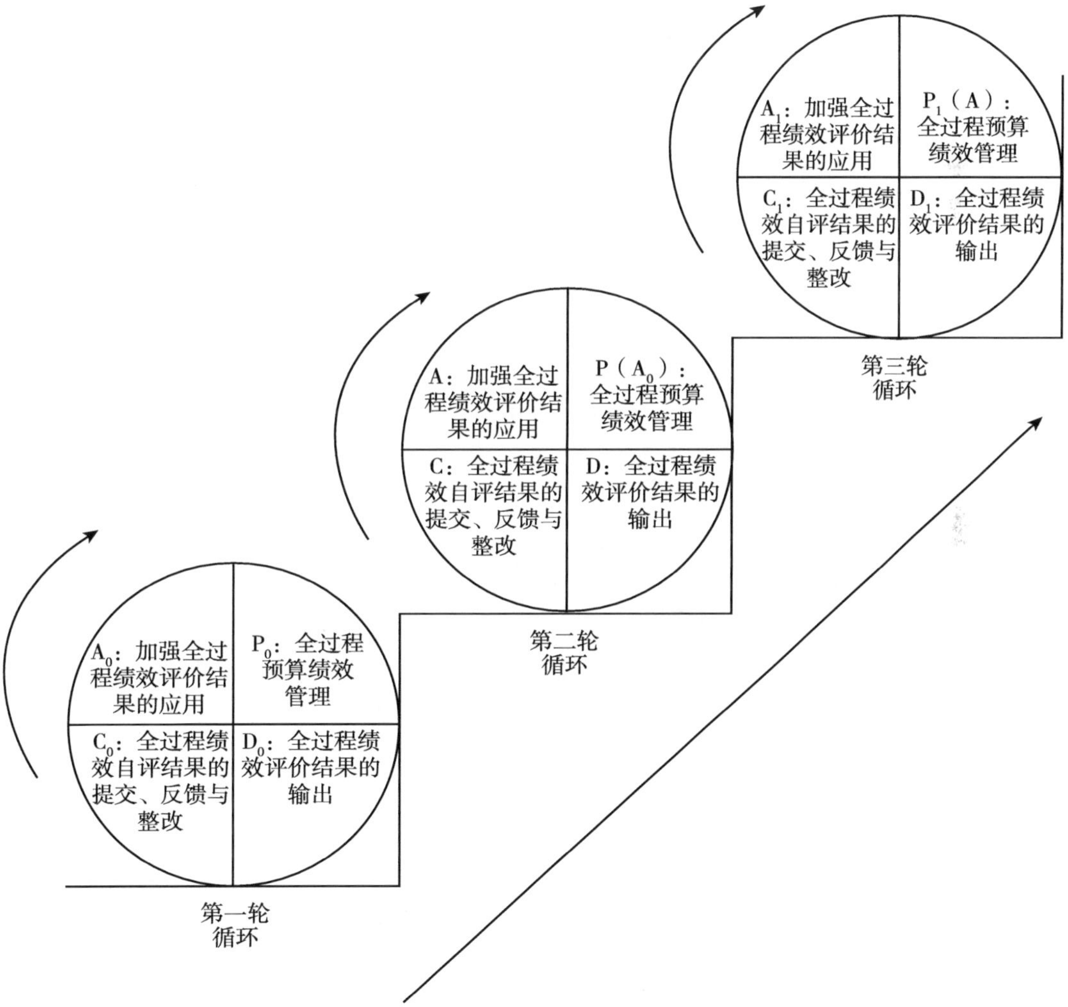

图3-7　基于PDCA循环管理的全过程预算绩效评价结果应用实施框架（1）

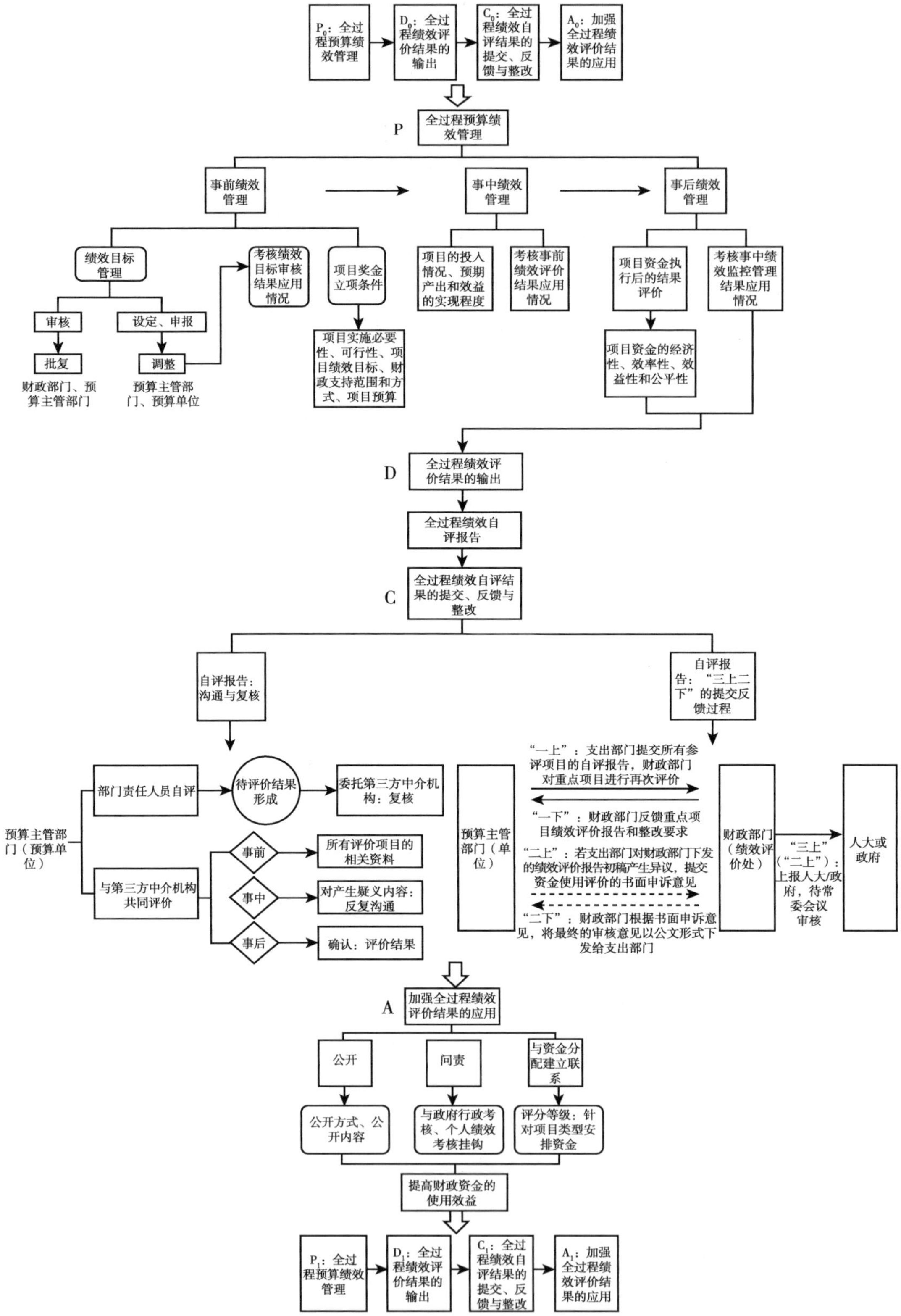

图3-8　基于PDCA循环管理的全过程预算绩效评价结果应用实施框架（2）

（一）事前绩效管理

1.绩效目标管理。绩效目标管理是财政部门、各预算主管部门（预算单位）以绩效目标为对象，以绩效目标的设定、审核、批复等为主要内容所展开的预算管理活动。

（1）绩效目标的设定。各预算部门（单位）投入预算资金，评价预算资金的重要前提是设置明确可行的项目绩效目标。首先，设定明确可行的绩效目标不仅应与本部门（单位）的职能范围和工作目标相一致，绩效目标收益对象和责任主体的精准定位也是保证评价结果客观性的重要基础；其次，依据部门（单位）实现目标的确定，设置的相关指标需满足两方面要求：一方面是与绩效目标相符合的产出指标要与效果指标有较强的联系；另一方面则是结合定性和定量的方法，尽可能的设置可细化和可量化的，能够反映项目资金决策指标、过程指标、产出指标以及结果指标等的绩效评价指标体系。如上海市“徐浦大桥项目”绩效目标的设定情况，如表3–1所示。

表3–1　　上海市“徐浦大桥项目”绩效目标设定情况

绩效总目标：通过对徐浦大桥进行全面大修，实施内容包括对主桥车道九车道改建为八车道，对整个桥面进行全面维修，对钢结构进行涂装翻新，对桥梁斜拉索进行缠绕护套，对斜升降机及养护桁车进行改建，同时对电气和监控设施进行全面更新改造，以消除大桥混凝土结构、钢结构病害，并提高大桥管理信息化水平，以保障大桥安全运行，延长大桥使用寿命。 产出数量目标包括：主桥车道改建数量2132米、桥面维修数量138800平方米、涂装翻新数量102207平方米、斜拉索护套数量20000平方米、斜升降机及养护桁车改建数量10台、新建风障设施数量1100米；产出时效目标：完成及时性——在2016年10月15日完成建设任务。 产出质量目标包括：主桥车道改建质量为优良、桥面维修质量为优良、涂装翻新质量为优良、斜拉索护套质量为优良、斜升降机及养护桁车改建质量为优良、电气设施改造质量为优良、监控设施改造质量为优良、新建风障设施质量为优良。 产出成本目标包括：建安费不超批复金额、其他工程费不超批复金额。 社会效益目标包括：提高通行能力可较大程度提高、延长桥梁使用寿命可较大程度延长、改善司乘人员通行体验可较大程度改善。 影响力目标包括：运行养护管理可持续性为满足运行养护要求、新技术新工艺新材料的使用效果为良好。 满意度目标：司乘人员满意度为100%。

资料来源：“上海财政”门户网站：上海市“徐浦大桥大修项目”绩效评价报告（https：// www.czj.sh.gov.cn）。

（2）绩效目标的编制、申报和调整。项目支出绩效目标的编制、申报和调整主体主要包括预算主管部门和预算资金使用单位。第一，预算资金使用单位编制绩效目标，包括预期产出、预期效果、服务对象的满意程度、成本投入、表现项目支出预期产出以及效果和服务对象满意程度的绩效指标等；第二，预算资金使用单位向预算主管部门申报绩效目标，包括项目的基本概况、项目支出资金来源及支出明细、项目支出绩效目标、以前年度该类项目支出的绩效评价情况等；第三，预算主管部门将项目支出绩效目标上报财政部门；最后，预算单位和预算主管部门根据财政部门的审核意见进行项目支出绩效目标的调整。

（3）绩效目标的审核和批复。项目支出绩效目标的审核和下达主体包括预算主管部门和财政部门，一方面，预算主管部门将预算资金使用单位的绩效目标申报审核结果上报财政部门；另一方面，财政部门审核预算主管部门和预算资金使用单位的项目支出绩效目标，审核通过直接批复进入预算安排流程，审核不通过则反馈给预算主管部门和预算资金使用单位，并要求进行整改和调整。

2.考核绩效目标审核结果应用情况。在事前预算绩效管理阶段，考核预算部门（单位）是否根据绩效目标审核结果调整项目资金，是否对不按规定编报绩效目标的责任主体进行相关处置，一方面，可减少不必要的资金支出；另一方面，锁定和督促责任主体行为以有效运行项目资金。例如，A地区人才柔性流动项目所涉及的98个子项目根据绩效目标审核结果调减预算资金，从2468.85万元调整至1338.48万元，调整幅度为45.79%，且删除了其中23个“不可行项目”[①]。因此，在事前绩效管理阶段，若对A地区人才柔性流动项目的绩效目标审核结果应用情况进行评价，则“根据绩效目标的审核结果调整项目支出资金（定性指标）”可以利用专家调查法对该指标进行认定。

3.项目资金立项（事前）条件。项目资金立项（事前）条件考核与结果评价（事后评价）都是对预算决策和资金的投入使用起到引导和支撑作用的管理方法，但从绩效理念形成角度分析，两者对于绩效理念形成所产生的力度和承受的机会成本存在显著差异。结果评价（事后评价）侧重于评价结果形成后对新一轮绩效理念的形成，项目资金立项（事前）条件考核和考核结果的输出将会为项目资金申报、项目执行和追踪评价、项目完成和产出、效果评价提供基础和保障，也会加强预算主管部门及责任人员的绩效意识和责任意识，对于职能部门而言，若项目资金立项（事前）评价结果较好，则投入资金开展活动；若结果较差，则向上级主管部门汇报，并协商沟通是否相应调整项目资金的申请。从节约成本角度分析，依据项目资金立项（事前）评价结果调整预算决策和资金的投入使用所耗费的机会成本远低于依据事后绩效评价结果对项目或部门整体所产生的影响成本。

项目资金立项条件一般包括五个方面：一是项目实施的必要性，如立项充分性、现实需求性；二是项目实施的可行性，如职责分工的明确性；三是项目绩效目

① 刘国永.预算绩效管理案例解读［M］.南京：江苏大学出版社，2014：10.

标，如与部门职能的匹配性；四是财政支持范围、方式，如资金渠道的理论性；五是项目预算，如预算编制的精确性和合理性。

（二）事中绩效管理

预算绩效运行监控管理，是事中绩效管理的重要体现，它是围绕财政资金的使用过程，对项目资金实际投入、实际使用情况、预期产出和实现效益的显现程度进行监控①，对绩效目标偏离、资金使用过程中存在资金到账不及时、资金使用不规范、事前根据绩效目标审核结果调整资金等情况起到及时发现、纠偏的作用，利用追踪数据及时发现偏差，分析计划滞后的原因并督促改正的过程。同时，形成实现预定目标可能性的分析和评价，衡量和估算可能出现的产出、效果和影响等，进而提出绩效改进建议。由此可见，纠偏措施是实现绩效目标的重要举措。同时，它也是促进财政与预算主管部门（单位）绩效责任统一的重要措施，在项目执行期内监控并查找资金使用和管理的薄弱环节，及时发现问题；考察立项评价结果是否向上级汇报的情况、是否根据立项评价结果相应调整预算资金或对立项评价结果不理想的相关主体进行处置，以提高相关部门（单位）管理及决策能力。

对项目支出进行绩效运行监控管理是必要的，尤其针对一些具有持续时间长、投入大、影响力大、实施环境较易变化等特征的中长期项目，如政策、工程类项目，事中绩效监控尤为重要。中长期项目的绩效运行监控评价可在项目实施一年后进行（或每年进行一次），若评价结果较差，则可追责相关责任主体，调整后续资金的投入；若在评价过程中发现存在重大问题和重大缺陷，在与各相关利益主体沟通的前提下，应及时停止项目的实施或重新立项。综合来看，事中绩效管理内容包括以下两个方面：

1.项目的投入情况、预期产出和效益的实现程度。对项目投入情况的考察主要包括人力、物力和财力的投入。财力投入主要包括财政资金的来源和数量、资金的到位情况和资金到位及时情况、财务管理情况等；人力和物力投入主要体现在项目的实施管理方面，包括制度执行情况、项目支出财务管理规定情况、财务监控机制、项目变更等情况。对项目的预期产出进行管理，主要关注项目产出的数量、质量和时效性，项目产出数量要与实施阶段相匹配，考察现阶段的完成情况。以C地区直管公房全项目修缮工程的阶段完成程度为例：如表3–2所示，该项目的“产出目标”存在偏差，偏差度是10%，该项目负责人通过综合考虑项目工期设计因素后，在排除政策、经济、社会、自然因素的影响下项目可以及时完工。

---

①《中央部门预算绩效运行监控管理暂行办法》（财预〔2019〕136号）。

表3-2　　C地区直管公房全项目修缮工程绩效完成程度

类型	修订后指标	修订后目标值	监控目标值	实际值	偏差度
投入目标	组织机构健全性	健全、明确	健全、明确	健全、明确	0
	重大施工安全事故发生次数	0次	0次	0次	0
产出目标	项目及时完工率	201×年11月30日前	按期开工率100%	90%	10
效果目标	热线投诉处理率	100%	100%	100%	0
影响力目标	政策业务学习情况	完成	完成	完成	0

资料来源：刘国永.预算绩效管理案例解读［M］.南京：江苏大学出版社，2014：40.

2.考核事前绩效评价结果应用情况。由上述分析可知，事中绩效监控管理阶段就是一个纠偏改进的过程。因此，是否基于立项评价结果调整项目资金的运行，锁定相关责任主体，对立项评价结果应用情况的度量，有利于发挥立项评价结果的作用，从源头上把控好资金的使用。事中绩效管理应考核立项评价结果的应用情况，包括是否向上级汇报的情况、是否根据立项评价结果相应调整预算资金或对立项评价结果不理想的相关主体进行处置。

（三）事后绩效管理

与项目资金立项条件考核以及事中绩效监控管理不同，项目完工验收后的结果评价是财政部门和预算部门（单位）对项目运行实际绩效的考察；同时，事中绩效监控结果应用情况的度量，为项目运行实际绩效的考察提供了参考依据。因此，事后绩效管理阶段包括两方面内容：

1.结果评价。结果评价是公共项目建成竣工验收并运行一段时间后，为检查确定项目活动达到预期效果的程度以及为新项目的战略导向、政策选择和预算管理反馈信息。结果评价主要考核项目支出实施的产出情况，如数量、质量、时效、成本节约程度，以及项目支出所产生的影响：经济效益、社会效益、生态效益、可持续影响和服务对象的满意程度。

（1）数量。项目支出的数量目标是指在公共项目建成竣工验收并运行一段时间后，该项目能为项目实施范围内提供的公共产品和公共服务数量，主要包括该项目能够为项目实施范围内提供的公共产品和公共服务的种类以及数量，例如，上海市“徐浦大桥大修项目”：改建主桥车道2132米、维修徐浦大桥桥面138800平方米、对桥面涂装翻新102207平方米、安装斜拉索护套20000平方米、改建斜升降机及养护桁车10台以及新建风障设施1100米（见表3-3-1）；项目实施范围内提供公共产品和公共服务的受益对象：通过大桥的司乘人员。

表3-3-1　　上海市“徐浦大桥大修项目”产出数量目标

产出数量： · 主桥车道改建数量2132米； · 桥面维修数量138800平方米； · 涂装翻新数量102207平方米； · 斜拉索护套数量20000平方米； · 斜升降机及养护桁车改建数量10台； · 新建风障设施数量1100米。 受益对象： · 通过大桥的司乘人员。

资料来源：由“上海财政”门户网站公布的上海市“徐浦大桥大修项目”绩效评价报告资料整理所得（https：//www.czj.sh.gov.cn）。

（2）质量。项目支出的质量目标是指在公共项目建成竣工验收并运行一段时间后，该项目为项目实施范围内提供的公共产品和公共服务要达到一定的质量标准，并且需要提出所提供的全部公共产品和公共服务能达到质量标准的比率目标，主要包括该项目能够为项目实施范围内提供公共产品和公共服务的质量标准以及整体达标率，如上海市“徐浦大桥大修项目”实施的质量目标包括主桥车到改建质量应达到“优良”、桥面维修质量应达到“优良”、涂装翻新质量应达到“优良”、斜拉索护套质量应达到“优良”、斜升降机及养护桁车改建质量应达到“优良”、电器设施改造质量应达到“优良”、监控设施改造数量质量应达到“优良”、新建风障设施质量应达到“优良”（见表3-3-2）；“上海‘十二五’城镇污水处理厂主要污染物超量消减补贴项目”的产出质量目标是补贴发放金额的准确率应达到100%（见表3-3-3）。

表3-3-2　　上海市“徐浦大桥大修项目”产出质量目标

产出质量： · 主桥车道改建质量——优良； · 桥面维修质量——优良； · 涂装翻新质量——优良； · 斜拉索护套质量——优良； · 斜升降机及养护桁车改建质量——优良； · 电器设施改造质量——优良； · 监控设施改造数量质量——优良； · 新建风障设施质量——优良

资料来源：由“上海财政”门户网站公布的上海市“徐浦大桥大修项目”绩效评价报告资料整理所得（https：// www.czj.sh.gov.cn）。

表3-3-3　　“上海‘十二五’城镇污水处理厂主要污染物超量消减补贴项目”产出质量目标

产出质量： · 补贴发放金额准确率——100%。

资料来源：由“上海财政”门户网站公布的“上海‘十二五’城镇污水处理厂主要污染物超量消减补贴项目”绩效评价报告资料整理所得（https：// www. czj.sh.gov.cn）。

（3）时效。项目支出的时效目标是指在公共项目建成竣工验收并运行一段时间后，该项目在项目实施范围内提供公共产品和公共服务的时间和人民群众受益的时间，主要包括该项目实施范围内提供公共产品和公共服务的产出时间，例如上海市“徐浦大桥大修项目”项目于2015年8月开工，要求在2016年10月15日完成该项目的建设任务（见表3-3-4）；项目工作完成的及时率，例如“2016年促进上海电影发展扶持资金”项目的产出时效目标是项目工作的及时完成率应达到100%（见表3-3-5）。

表3-3-4　　上海市“徐浦大桥大修项目”产出时效目标

产出时效： · 完成及时性——在2016年10月15日完成建设任务。

资料来源：由“上海财政”门户网站公布的上海市“徐浦大桥大修项目”绩效评价报告资料整理所得（https：//www.czj.sh.gov.cn）。

表3-3-5　　“2016年促进上海电影发展扶持资金”项目产出时效目标

产出时效： · 项目工作及时完成率——100%。

资料来源：由“上海财政”门户网站公布的“2016年促进上海电影发展扶持资金”项目绩效评价报告资料整理所得（https：//www.czj.sh.gov.cn）。

（4）成本。项目支出的时效目标是指在公共项目建成竣工验收并运行一段时间后，该项目在项目实施范围内提供公共产品和公共服务的产出成本，它是判断项目资金安排是否合理的重要据，主要包括该项目实施范围内提供公共产品和公共服务的单位成本、项目资金中纯管理费用所占比例、项目资金扣除纯管理费用后的单位公共产品及公共服务的直接成本，如上海市“徐浦大桥大修项目”项目产出成本目标为建安费以及其他的工程费用不应超过预算所批复的金额（见表3-3-6）。

表3-3-6　　上海市“徐浦大桥大修项目”产出成本目标

产出成本： · 建安费——不超批复金额； · 其他工程费——不超批复金额。

资料来源：由“上海财政”门户网站公布的上海市“徐浦大桥大修项目”绩效评价报告资料整理所得（https：//www.czj.sh.gov.cn）。

（5）效益。效益目标是预算资金的执行和完成对整个社会所起到的作用，如经济效益、社会效益、生态效益、可持续影响和社会公众或受益对象对项目的满意程度等。其中，经济效益是指通过资金投入实施对国家或地区的经济发展所做的贡献和产生的影响，如对国家或地区经济增长的促进作用、对国家或地区居民收入增长的促进作用、对国家或地区特定产业发展的促进作用或对实施范围内消费能力提升的促进作用等；社会效益是指通过资金投入实施对国家或地区的社会发展所做贡献和产生的影响，如对国家或地区的物质文明和精神文明建设所发挥的积极作用、对国家或地区的居民道德素养提高所发挥的积极作用、对国家或地区的社会结构和社会进步所发挥的积极作用等；生态效益是指通过资金投入实施对国家或地区的生态平衡和生态系统的良性、高效循环所做的贡献和产生的影响，如对国家或地区的生态平衡所起到的促进作用或对国家或地区的生态系统的良性、高效循环所起到的促进作用等；可持续性影响是指通过资金投入实施对国家或地区所产生长久性、持续性的经济、社会、生态环境等影响，如对国家或地区产生了哪些可持续性影响、对国家或地区的经济、社会、生态环境等影响的持续时间长短或对国家或地区在多大程度上促进了经济、社会和生态平衡的发展等；社会公众或受益对象对资金投入的满意程度目标是指通过资金投入实施让绝大多数受益对象满意，如项目实施能够被大多数受益对或项目实施的措施以及结果能够被大多数受益对象接受等。表3-3-7列出了“上海‘十二五’城镇污水处理厂主要污染物超量消减补贴项目”的经济效益目标、生态效益目标、社会效益目标、持续性影响以及满意度，通过这些产出效益目标的设定，以期能够落实国家关于环境保护和生态建设要求，为人类的可持续发展提供保障。

2.考核事中绩效监控管理结果应用情况。事中绩效监控结果应用情况的度量，为项目运行实际绩效的考察提供了参考依据。尤其对于政策性较强、周期长或者是金额较大的项目，当对其运行过程进行监控且对资金的投入、使用以及产出和效果的显现情况进行评价，若评价结果不理想，应及时上报相关部门，或是与相关负责人协商调整资金的后续安排，甚至是项目停止运行，以终止不必要的成本耗费，在已排除“客观噪声”[①]的前提下，可追责项目负责人。因此，在事后绩效管理阶段，预算主管部门或财政部门需考察事中绩效评价结果应用情况，如将项目执行情况向上级汇报、是否根据项目执行情况相应调整预算资金、是否对项目执行不到位的相关主体进行处置等。

① 孙欣，马海涛.我国预算绩效评价结果应用：主要模式、问题及对策［J］.经济研究参考，2019（11）：5-17.

表3-3-7　　“上海‘十二五’城镇污水处理厂主要污染物超量消减补贴项目”产出效益目标

产出效益： ·经济效益——综合经济效益：很好。 ·生态效益——城镇污水处理率：85%以上； ——全市日均污水处理量：697万立方米； ——城镇污水处理厂平均化学需氧量出水浓度：达到一级A标准； ——上海市城镇污水处理厂平均氨氮出水浓度：达到一级A标准； ——上海市城镇污水处理厂平均总磷出水浓度：达到一级A标准； ——上海市化学需氧量排放总量较上年削减率：2%； ——上海市氨氮排放总量较上年削减率：2%； ——上海市“十二五”期间化学需氧量排放总量削减率：10%； ——上海市“十二五”期间氨氮排放总量削减率：12.9%。 ·社会效益——促进污水处理厂管理水平提高：很大程度上促进； ——提高污水处理厂出水水质达标保证率：100%。 ·持续性——“十三五”期间继续实行超量消减补贴政策的必要性：必要。 ·满意度——污水处理满意度：90%。

资料来源：由“上海财政”门户网站公布的“上海‘十二五’城镇污水处理厂主要污染物超量消减补贴项目”绩效评价报告资料整理所得（https：//www.czj.sh.gov.cn）。

二、Do：全过程绩效评价结果的输出

基于考核全过程预算绩效管理体系内容，输出全过程预算绩效评价结果，即全过程预算绩效自评报告。全过程预算绩效自评报告是预算主管部门（预算单位）对项目进行全过程绩效管理的正式总结，主要包括六个方面的内容：一是项目的基本情况，包括项目概况、项目的绩效目标、评价指标、资金的使用情况和运行情况等；二是全过程预算绩效评价的实施过程，包括全过程预算绩效评价的实施方案、绩效评价的原则和方法、数据采集方法及搜集过程、绩效目标审核结果的输出和应用情况、立项评估结果的输出和应用情况、事中绩效监控管理及结果应用情况、事后绩效评价等；三是评价结论和绩效分析，包括绩效目标审核结果应用情况、事前绩效评估结果应用情况、事中绩效监控结果应用情况以及全过程预算绩效评价结果的输出和应用情况等；四是绩效评价实施结束后的经验总结和主要做法，分析全过程预算绩效评价结果应用过程中出现的问题以及提出相应的建议；五是其他需要对项目实施全过程预算绩效评价结果应用进行解释的问题；六是附件，例如全过程预算绩效评价指标及评价标准列表、相关说明或调查问卷等。其中，全过程预算绩效评价结论通常以评分的形式呈现，按照“好”与“较好”、“合格”与“不合格”等级划分不同分值，如“好”（90—100分）、“较好”（80—90分，不含90分）、“合

格”（60—80分，不含80分）、“不合格”（60分以下，不含60分）。

三、Check：全过程绩效自评结果的提交、反馈与整改

相关利益方应用绩效评价结果的基本前提是获取具有公信力的全过程绩效评价结果，预算主管部门（预算单位）可通过两种形式检验全过程绩效自评结果（见图3-8）。

（一）自评报告：沟通与复核

预算主管部门（预算单位）可根据行政工作量、专业能力、技术支持等情况选择部门相关责任人员自评，或邀请第三方中介机构共同参与评价。若选择部门责任人员自评，待评价结果完成后，可委托第三方中介机构对项目概况、项目的绩效目标和绩效指标、数据搜集方式、评价方法和过程以及结果的形成等进行复核；若与第三方中介结构共同评价，评价事前，部门责任人员应向第三方中介机构提供所有评价项目的相关资料；评价事中，若第三方中介机构对项目的相关内容产生疑义，应即时与部门责任人员取得联系，如绩效目标的明确、绩效指标的设置等，通过与部门责任人员的反复沟通，最终确定项目的绩效目标、绩效指标设置等问题；评价事后，在确认部门责任人员对评价结果无疑义的前提下，与部门责任人共同输出项目绩效评价结果。

（二）自评报告：“三上二下”的提交反馈过程

经过“三上二下”的提交反馈过程，预算主管部门（预算单位）的自评报告最终形成项目支出绩效评价报告及全过程绩效评价结果。“一上”：预算主管部门（预算单位）将参评的所有项目提交财政部门，财政部门选择重点项目、民生项目、与政策相关性大或资金数额较大的项目进行再次评价，财政部门可组成绩效评价小组，或委托第三方中介机构参与评价，或邀请审计部门、监察部门、人事部门等进行抽查评价，最终形成项目支出绩效评价报告；在委托第三方中介机构、邀请审计部门、监察部门、人事部门等参与评价过程中，应及时与各方反复沟通，以综合各方意见，形成具有高公信力的绩效评价结果。“一下”：财政部门将项目支出绩效评价报告和整改要求反馈给预算主管部门（预算单位）；若预算主管部门（预算单位）对反馈意见产生异议，向财政部门提交资金使用评价的书面申诉意见，即“二上”，财政部门根据书面申诉意见，将最终的审核意见以公文形式下发给支出部门，即

“二下”；与此同时，财政部门将最终的评价报告则上报人大/政府，待常委会议审核，即“三上”（若预算部门对财政部门的反馈意见无异议，财政部门则将“一上一下”过程的评价报告呈报人大/政府，即“二上”）。

四、Action：加强全过程绩效评价结果的应用

财政部门、预算主管部门（预算单位）、人大/政府通过多种方式充分运用全过程绩效评价结果，并将其转化为提高项目资金使用绩效的具体活动，如公开全过程绩效评价结果、基于全过程绩效评价结果实施问责、为下一年度预算资金分配提供参考依据。

（一）公开全过程绩效评价结果

公开全过程绩效评价结果是实现公众监督财政资金使用效益的主要渠道，也是建设责任型政府的必然选择。财政部门可按照政府信息公开有关规定，利用财政部门官网、政府官方网站公开全过程绩效评价结果的相关信息，包括年度所有参评项目个数、金额、名称以及每个项目的基本情况、绩效评价的实施过程、评价结论和绩效分析、绩效评价实施结束后的经验总结和主要做法、附件等内容。

（二）全过程绩效评价结果问责

如表3–4所示，对于全过程绩效评价结果较好的预算主管部门（预算单位），财政部门给予表彰和奖励，并建立评价结果与下一年度本部门同类项目宽检或增拨的关联机制；同时，对于部门负责人，可以作为其选拔任用的基本条件之一，也可作为项目负责人绩效工资、奖金分发的重要依据。对于结果较差的预算主管部门（预算单位），财政部门会适度削减其部门经费；对于部门负责人与项目负责人，追究其责任，采取相应的行政问责措施，如通报批评等。

表3–4　　全过程绩效评价结果与行政问责建立联系

		部门行政考核	个人绩效考核	
			部门负责人	项目负责人
全过程绩效评价结果与行政问责建立联系	绩效评价结果较好（“好”“较好”）	表彰、奖励、项目宽检或增拨	选拔任用的基本条件之一	绩效工资、奖金分发的重要依据
	绩效评价结果较差（“合格”“不合格”）	削减部门经费	追究责任，选择适当的行政问责措施：如通报批评等	

（三）为下一年度预算资金分配提供参考依据

如表3–5所示，针对一次性项目，可根据评分等级调整下一年度资金，若评价等级为“好”，财政部门可视实际需要对同类或新增项目资金进行重点支持，或者审核人员宽检该类项目甚至不经相关管理部门审核直接通过并拨款；若评价等级为“较好”，财政部门可视具体情况对该类资金予以保障；若评价等级为“合格”，原则上对该类项目按一定比例减少安排；若评价等级为“不合格”，则视项目实际情况，决定取消安排该类项目资金安排。针对经常性项目，若评价等级为“好”，财政部门可视实际需要重点支持或按一定比例增加预算资金安排；若评价等级为“较好”，财政部门可视具体情况对该类资金予以保障；若评价等级为“合格”，原则上对该类项目按一定比例减少安排；若评价等级为“不合格”，则视项目实际情况，在不影响部门正常运转的基础上取消资金安排。针对跨年度项目，若评价等级为“好”，财政部门可视实际需要重点支持或按一定比例增加延续性资金安排；若评价等级为“较好”，财政部门可视实际需要对下一年度的延续性预算资金予以支持；若评价等级为“合格”，原则上对延续性资金按一定比例减少投入；若评价等级为“不合格”，暂缓安排延续性资金，待项目整改完成后，视具体情况安排预算资金。

表3–5　　全过程绩效评价结果与预算资金分配的联系

		好（90—100分）	较好（80—90分，不含90分）	合格（60—80分，不含80分）	不合格（60分以下，不含60分）
项目支出绩效评价结果与预算资金分配建立联系	一次性项目	重点支持、宽检、直接拨款	保障	按一定比例减少安排	取消安排
	经常性项目	重点支持或按一定比例增加预算资金安排	保障	按一定比例减少安排	在不影响部门正常运转的基础上取消资金安排
	跨年度项目	重点支持或按一定比例增加预算资金安排	支持	按一定比例减少安排	暂缓安排延续性资金，待项目整改完成后，视具体情况安排预算资金

▶ 本章小结

本章在追溯全过程预算绩效评价结果应用基础理论的基础上，利用PDCA循环管理理论构建全过程预算绩效评价结果应用实施框架，基于事前绩效管理（管理内容：绩效目标管理，项目资金立项评价，考核绩效目标审核结果应用情况），事中绩效管理（管理内容：投入情况、预期产出和效益的实现程度，考核事前绩效管理结果应用情况）和事后绩效管理（管理内容：结果评价，考核事中绩效监控管理结果应用情况），考核绩效目标审核结果应用、事前绩效管理结果应用、事中绩效监控管理结果应用情况，及时调整、纠偏绩效目标、锁定责任主体，输出和应用全过程预算绩效评价结果，最大程度加强预算绩效评价结果应用。从而为进一步探讨和研究我国预算绩效评价结果应用现状、分析全过程预算绩效评价结果应用影响因素、设计全过程预算绩效评价结果应用通用型指标体系以及探索推动全过程预算绩效评价结果应用的对策建议等提供重要的理论依据。

▶ 第四章
当前预算绩效评价结果应用的现状及存在的问题

内容提要

本章首先描述预算绩效评价结果应用的政策演进过程；其次，结合当前预算绩效管理工作开展现状，总结当前预算绩效评价结果应用的地方模式；最后，分析当前预算部门（单位）应用预算绩效评价结果存在的问题。

▶ 第一节 预算绩效评价结果应用的政策演进

新中国成立至改革开放初期，中国一直实行“计划经济+统收统支”模式。从1978年开始，我国进行了一系列财税体制改革，建立了以市场为导向的经济体制改革，打破了之前以计划经济占据统治地位、财政实行统收统支的局面，但此阶段的侧重点主要是调整分配关系和改革分配体制，财政的支出管理绩效尚未引起重视。1994年，分税制改革不仅提高了财政收入的增长速度，财政收支矛盾也得到较大缓解；恰逢西方国家的新绩效预算改革，1999年，中央启动了包括部门预算、国库集中收付体制改革、政府采购等一系列预算改革，财政管理的重心也逐渐由收入层面向支出层面转移，强调财政支出的合法性、科学性以及合规性等，且侧重从财政投入角度控制和提高资金的使用绩效。此阶段虽未构建一套适用于财政支出事后绩效评价的有效措施，但却为预算支出绩效评价以及评价结果的应用提供了制度支撑。

2003年，“建立预算绩效评价体系”标志着预算绩效评价活动正式在我国拉开序幕，各级预算部门（单位）在财政部门的组织和指引下积极探索和展开绩效评价工作，为提高资金的使用效益寻找切实可行的新途径、新方法。广东省、江苏省等作为第一批试点的省级政府，与财政部门共同开展绩效评价工作，并出台了相应的绩效评价管理办法（见表4–1），办法中对绩效评价结果应用作出了大方向上的规定；通过试点地区对试点领域（如江苏省的义务教育支出和高等教育支出）实施绩效评价，揭示了资金运行中存在的问题，并提出了相应的政策建议。同时，财政部积极进行制度探索，2005年，

《中央部门预算支出绩效考评管理办法（试行）》要求建立绩效考评结果与年度预算之间的联系，且在一定范围内公开绩效考评结果；这一办法的出台即为中央各部门开展绩效评价工作、应用绩效评价结果提供了制度保障，同时，也为地方各级预算部门开展绩效评价工作、应用绩效评价结果以及制定相关办法提供了统一的指导性文件[①]。

2009年，全国性、统一性的《财政支出绩效评价管理暂行办法》（2011年重新修订）出台，四川省、湖南省、江西省、河南省、青海省等地方省级政府也积极制定地方相关办法，以期在全国性和地方性管理办法的指导下展开绩效评价工作、应用绩效评价结果；2011年，财政部印发《关于推进预算绩效管理的指导意见》，进一步强调预算绩效评价工作、应用绩效评价结果的重要性，要求各级预算部门在开展绩效评价工作、输出和应用绩效评价结果的基础上，逐步形成“预算编制有目标、预算执行有监控、预算完成有评价、评价结果有反馈、反馈结果有应用”的预算绩效管理机制。为此，北京市、河北省率先探索绩效评价结果与问责的联系，出台绩效问责管理办法（见表4-1），要求预算部门（单位）根据绩效评价结果决定是否追责相关责任主体。可以说，全国性文件的陆续出台标志着我国预算绩效评价工作正逐步步入规范化、制度化的轨道。

表4-1　中央和地方关于预算绩效评价结果应用的相关管理办法

年份	中央相关管理办法	地方相关管理办法
2004		《广东省财政支出绩效评价试行方案》
2005	《中央部门预算支出绩效考评管理办法（试行）》（财预〔2005〕86号）	《湖南省财政支出绩效评价管理（试行）办法》 《安徽省本级项目支出绩效评价管理办法》 《江苏省财政支出绩效评价办法（试行）》
2007	《中央本级项目支出预算管理办法》（财预〔2007〕38号）	
2009	《财政支出绩效评价管理暂行办法》	《贵州省财政支出绩效评价管理办法（暂行）》 《四川省财政支出绩效评价管理暂行办法》 《湖南省财政支出绩效评价管理办法》 《江西省财政支出绩效评价办法（试行）》 《安徽省预算支出绩效评价实施办法》 《浙江省财政支出绩效评价实施办法》
2010		《河南省财政支出绩效评价试行办法》 《河北省预算绩效管理办法（试行）》

① 中华人民共和国财政部网.财政部关于印发《中央部门预算支出绩效考评管理办法（试行）》的通知［EB/OL］. http://jl.mof.gov.cn/，2005-5-25.

续表

年份	中央相关管理办法	地方相关管理办法
2011	《财政支出绩效评价管理暂行办法》（2011年修订）（财预〔2011〕285号） 《关于推进预算绩效管理的指导意见》（财预〔2011〕416号）	《青海省人民政府关于建立财政预算管理综合绩效考评机制的指导意见》 《山东省省级财政支出绩效评价管理暂行办法》 《福建省财政支出绩效评价管理暂行办法》 《福建省财政支出绩效评价操作指南》 《重庆市财政专项资金绩效评价管理暂行办法》 《北京市市级财政支出绩效评价管理暂行办法》 《北京市预算绩效管理问责办法（试行）》 《河北省预算绩效管理问责办法（试行）》 《上海市财政支出绩效评价管理暂行办法》 《广西壮族自治区财政支出绩效评价暂行办法》 《新疆维吾尔自治区财政支出绩效评价管理暂行办法》
2012	《预算绩效管理工作规划（2012—2015年）》	《青海省预算绩效评价结果应用暂行办法》 《天津市财政支出绩效评价管理办法》 《湖北省省级财政项目资金绩效评价实施暂行办法》
2013	《预算绩效评价共性指标体系框架》（财预〔2013〕53号）	《陕西省省级财政专项资金预算绩效管理办法》 《北京市市级预算部门组织财政项目支出绩效评价规范》
2014	《国务院关于深化预算管理制度改革的决定》（国发〔2014〕45号）	《甘肃省省级预算绩效目标管理办法》 《甘肃省革命老区转移支付绩效评价暂行办法》 《陕西省省级部门预算管理综合评价暂行办法》 《湖南省预算绩效评价结果应用管理办法》 《山西省预算绩效评价管理办法》 《上海市预算绩效管理实施办法》
2015	《预算绩效管理工作考核办法》（财预〔2015〕25号） 《中央部门预算绩效目标管理办法》（财预〔2015〕88号） 《中央对地方专项转移支付绩效目标管理办法》（财预〔2015〕163号）	《辽宁省省级预算绩效管理结果应用暂行办法》 《河北省省级预算支出绩效评价管理办法（试行）》 《广西壮族自治区预算绩效评价结果应用暂行办法》 《黑龙江省省级财政支出预算绩效管理办法（试行）》
2016	《关于开展2016年度中央部门项目支出绩效目标执行监控试点工作的通知》（财办预〔2016〕85号） 《关于开展中央部门项目支出绩效自评工作的通知》（财办预〔2016〕123号）	《云南省省级部门财政支出绩效自评暂行办法》 《吉林省预算绩效管理办法》 《湖北省省级财政支出绩效评价结果应用暂行办法》 《内蒙古自治区财政支出绩效评价管理办法》
2017		《海南省财政专项资金绩效评价暂行办法》 《北京市市级财政支出绩效评价结果应用暂行办法》 《西藏自治区财政支出预算绩效管理暂行办法》 《西藏自治区财政支出预算绩效评价管理暂行办法》 《西藏自治区财政支出预算绩效评价结果应用管理暂行办法》

续表

年份	中央相关管理办法	地方相关管理办法
2018	《中共中央　国务院关于全面实施预算绩效管理的意见》（中发〔2018〕34号）	《安徽省省级部门预算绩效目标管理暂行办法》 《新疆维吾尔自治区财政支出绩效评价结果应用暂行办法》 《新疆维吾尔自治区区委　自治区人民政府关于全面实施预算绩效管理的实施意见》 《广西壮族自治区本级财政支出绩效评价结果应用暂行办法》
2019	《中央部门预算绩效运行监控管理暂行办法》（财预〔2019〕136号）	《中共浙江省委　浙江省人民政府关于全面落实预算绩效管理的实施意见》 《重庆市市级预算安排与监督检查和绩效评价结果挂钩办法的通知》 《广东省省级财政预算安排与绩效评价结果、审计意见、支出进度挂钩暂行办法》 《宁夏回族自治区党委　人民政府关于全面实施预算绩效管理的实施意见》
2020	《项目支出绩效评价管理办法》（财预〔2020〕10号）	

注：该表中，中央和地方关于出台的有关绩效评价暂行办法和绩效管理办法都明确指出绩效评价结果的应用方向：包括为以后年度编制和安排预算的重要参考依据，在一定范围内公布绩效评价信息、对于发现的问题及时整改、对在绩效评价中发现的违法行为进行追责、优化预算支出管理等；其中，部分地方政府出台了相关绩效评价结果应用办法，在结合当地实际情况下，将绩效评价结果与预算资金分配、问责等进行挂钩。

2012年，在形成预算绩效管理机制和开展预算绩效管理工作的要求下，《预算绩效管理工作规划（2012—2015）》（以下简称《规划》）要求绩效评价结果应用应实现实质性突破，《规划》不仅扩展了对预算绩效管理各环节深度和广度的要求，也将预算绩效管理工作推到一个新的发展时期，即绩效评价结果应用是预算绩效管理机制运行的重要环节，各级预算部门（单位）、财政部门必须引起高度重视，并将绩效评价结果应用落到实处且取得实质性突破。为落实《规划》，湖北省、广西壮族自治区、北京市、湖南省、青海省、西藏自治区等一批省级政府制定了预算绩效评价结果应用的相关实施办法。由表4–1可知，中央政府相继出台一系列办法和措施以不断完善预算绩效管理机制，如加强部门的绩效目标管理、资金运行的监控管理、部门自评管理以及指标体系的构建等。为进一步完善全国的预算绩效管理工作，2018年9月，《中共中央　国务院关于全面实施预算绩效管理的意见》要求各级政府到2020年底要基本建成全方位、全过程和全覆盖的预算绩效管理体系，再次强调绩效评价结果应用对于建成预算绩效管理体系的重要性，且要求绩效评价结果与预算决策建立直接的联系，并形成挂钩机制；同时，《项目支出绩效评价管理办法》（财预〔2020〕10号）将建立绩效评价结果与预算安排、问责以及政策调整等作为应遵循的基本原则。一些省级政府也印发了相关管理办法，如浙江省委、省政府为贯彻中共中央关于全面实施预算绩效管理的要求，印发了《中共浙江省委 浙江省人民政府关于全面落实预算绩效管理的实施意见》，提出了全面实施预算绩效管理“1+3+5”的总体要求①；重庆市人民政府为落实建立预算绩效评价结果与预算资金的关系，印发了《重庆市市级预算安排与监督检查和绩效评价结果挂钩办法》，对于挂钩机制指标、排名靠前的奖励措施、排名靠后的惩罚措施、审计问题的扣分标准等做出了相关规定。为强化绩效评价结果运用，广东省出台《广东省省级财政预算安排与绩效评价结果、审计意见、支出进度挂钩暂行办法》，对专项资金等事业发展性支出，绩效评价结果为“中”的，按不低于20%的比例扣减对应项目支出；评价结果为“低”的，按不低于50%的比例扣减；评价结果为“差”的，原则上不再安排下年度预算或终止项目执行，使绩效评价结果产生硬约束，提升绩效评价结果的应用效力，从而提高财政资金使用效益②。

① 中华人民共和国财政部网.浙江省出台关于全面落实预算绩效管理的实施意见［EB/OL］.http：//www.mof.gov.cn/xin wenlianbo/zhejiangcaizheng xinxi lianbo/201901/t20190124_3131963.htm，2019-1-24.

② 中华人民共和国农业农村部.2019全国农业农村计划财务工作会议经验交流材料之六［EB/OL］.http：//www.moa. gov. cn/xw/bmdt/ 201910/t20191010_ 6329655.htm，2019-10-10.

第二节 预算绩效评价结果应用的地方模式

预算绩效评价结果应用是财政部门、预算部门和被评价单位等通过多种途径充分运用绩效评价结果，并将其转化为提高预算资金使用绩效的具体活动。从全过程预算绩效管理运行过程分析，我国预算绩效评价结果应用分别呈现出事前绩效评估及评估结果应用、事中绩效运行监控及监控结果应用、事后绩效评价及评价结果应用的模式。

一、事前绩效评估及评估结果应用

事前绩效评估是财政部门和预算部门结合相关部门（单位）客观性资料（如项目概括、职能方向、部门规划、事业计划等内容），利用量化指标对项目立项的必要性、可行性、绩效目标合理性、预算编制合理性等方面进行客观、公正地评估，输出事前绩效评估结果，为项目投入和运行提供基本依据①②。事前绩效评估及评估结果应用，是评价环节、评估结果应用的前移，有利于源头上锁定和督促责任主体，监督责任主体行为，把控资金分配和使用，完善指标体系和实施流程，从而优化财政资源配置、提高预算管理水平、提升公共服务质量，推进“责任政府”和“效率政府”的建设。2010年，北京市为持续推进预算绩效管理工作，建立项目支出事前绩效评估模式，于2012年、2014年分别印发《北京市市级项目支出事前绩效评估管理暂行办法》（京财预〔2012〕2892号）、《北京市市级项目支出事前绩效评估管理

① 吴晶，杜艳瑞.事前绩效评估管理探析［J］.财政监督，2019（18）：61-63.

② 施青军.开展事前绩效评估的思路与方法［J］.中国财政，2019（14）：49-51.

实施细则》(京财绩效〔2014〕1933号),对事前评估对象和内容、组织管理、评估方式和方法、评估结果及其应用、评估程序、预期绩效报告和事前评估报告格式以及行为规范等做出明确规定(见表4-2),截至2018年,北京市已开展事前绩效评估项目300多项,涉及资金320亿元,较好的从源头上提高了财政资金的使用效益①。湖北省荆州市将事前绩效评估结果应用于项目库建设,在项目入库前,选取相关专家采用打分制对项目进行评审,分数低的项目和未经评审的项目直接淘汰,2018年湖北省荆州市依据项目事前绩效评估结果减少运行项目393项(纳入预算项目907项)②。

表4-2　　北京市市级项目支出事前绩效评估及结果应用模式

定义	财政部门根据部门战略规划、事业发展规划、项目申报理由等内容,通过委托第三方的方式,运用科学、合理的评估方法,对项目实施的必要性、可行性、绩效目标设置的科学性、财政支持的方式、项目预算的合理性等方面进行客观、公正的评估。
财政性资金	纳入财政综合预算管理的各项预算资金和以政府信誉或财产担保的借贷资金以及属政府所有或由政府管理的其他资金。
评估对象	民生类、城市管理服务和城市建设类等社会关注度较高、金额较大或年度新增的项目及重大政策为重点。
评估时间	每年9—11月,年中申请追加的项目于财政部门下达评估任务后2个月内完成
评估重点	必要性、可行性、项目绩效目标、财政支持范围和方式、项目预算等内容。
组织管理	由财政部门统一领导,通过委托第三方的方式进行;主管部门、预算单位配合第三方具体实施。
工作程序	事前评估准备阶段:1.确定对象;2.下达任务;3.成立工作组; 事前评估实施阶段:1.拟定工作方案;2.入户调研;3.组建专家组;4.收集审核资料;5.进行预评估;6.召开真实专家评估会; 事前评估总结及应用阶段:1.撰写报告;2.提交报告;3.结果反馈与应用;4.结果汇报。
评估结果及应用	评估结果:"建议予以支持""建议调整完善后予以支持""建议部分支持""建议不予支持"; 评估结果应用:安排预算,在一定范围内公布、改进管理工作。

资料来源:整理《北京市市级项目支出事前绩效评估管理实施细则》(京财绩效〔2014〕1933号)得出。

二、事中绩效运行监控及监控结果应用

在项目资金运行期间(尤其是中长期项目),预算部门(单位)依据科学的量

① 中国财政学会绩效管理研究专业委员会课题组.中国财政绩效报告(2019)——地方经验[M].北京:经济科学出版社,2019:303.

② 陈志勇,毛晖,张春雨,等.部门预算绩效评价结果应用[J].财政监督,2019(24):27-35.

化指标对项目资金执行的预期绩效进行衡量和估算，从而输出绩效运行监控结果；一方面，进一步落实项目支出责任，及时纠偏绩效目标；另一方面，将绩效运行监控结果作为事后绩效评价的重要参考依据，以完善预算管理，调整财政支出结构，实现公共资源的合理配置。海南省在绩效管理实践中采取由项目管理人员根据《项目绩效目标跟踪分析表》确定的16个绩效分析要点（见表4–3），围绕“是否存在绩效问题”展开自查，逐项分析填列，于每个季度结束后20天内由预算主管部门汇总且上报；省财政厅围绕项目绩效关键点，对纳入跟踪项目绩效目标的实现情况等进行检查分析，对未按时报送《项目绩效目标监控分析表》或者存在绩效问题的项目，组织进行重点检查，提出整改落实意见，以纠正项目绩效偏差[①]。2011年，北京市逐步建立预算执行绩效运行监控管理，通过对预算的执行、绩效目标的运行情况进行监控管理和督促检查，2013年，出台《北京市市级财政支出绩效跟踪管理办法》（京财预〔2013〕1205号），对绩效监控主体、遵循原则、监控方式和内容以及监控结果应用做出了明确规定，如表4–4所示。《中央部门预算绩效运行监控管理暂行办法》（财预〔2019〕136号）要求实施和应用绩效运行监控（包括绩效目标完成情况、资金执行情况、对于重点政策和重大项目的绩效延伸监控等），将绩效监控结果作为实施财政绩效评价的重要参考因素，同时，完善预算管理，调整支出结构，合理配置资源。

表4–3　　海南省项目绩效目标跟踪要点

绩效分析要点	填报说明
1.开展了哪些事前准备工作，有没有遗漏	列出具体工作内容，并分析到位程度
2.项目针对需求是否发生变化	社会和公众对公共产品在功能、数量、标准、时效等方面的需求变化，以及变化的原因
3.项目设计是否发生了调整	调整内容以及需求变化的对应关系
4.应修改、完善哪些绩效目标和绩效指标	提出应细化补充的指标和应修改的目标值
5.是否制定了实施计划或实施方案	列出具体文件名称和文号
6.项目是否有节约成本的措施	每个支出节点分别采取了哪些措施
7.项目已完成哪些产出	列出已完成的产出并分析产出目标实现程度
8.项目实现预期成效方面是否有效果	是否与预期一致，效果具体体现在哪些方面
9.实际进度与计划进度是否滞后及原因	外部因素和内部
10.项目收益群体	具体是谁，与计划有什么偏差

① 海南省财政厅.海南省财政厅关于开展2014年项目执行绩效分析的通知［EB/OL］.http：//mof.hainan.gov. cn/sc zt/ysjx/ 201512/233f59d98c914708820b73cbadda2038.shtml，2015–12–18.

续表

绩效分析要点	填报说明
11.合同执行情况	是否实施政府采购程序，是否按照合同内容、标准和工期执行，是否有合同纠纷，原因是什么
12.项目是否进行阶段性验收	验收程序、方法和结果
13.项目能否按期完成	根据以上问题进行综合
14.项目是否存在损失	工作失误、外部因素或需求变化导致的损失
15.项目是否闲置	说明具体原因
16.项目的远期预测	项目选择是否正确、是否超预算、能否成功、投资是否值得

资料来源：海南省财政厅.海南省财政厅关于开展2014年项目执行绩效分析的通知［EB/OL］. http：//mof.hainan.gov.cn/sczt/ysjx/201512/233f59 d98c914708820b7 3cbadda2038. shtml，2015-12-18.

表4-4　　北京市预算绩效运行监控及监控结果应用

监控主体	财政局、预算部门（单位）、第三方
原则	目标管理、权责统一、突出重点
监控方式	日常监控、半年总结分析
监控内容	预算执行情况、预算管理情况、绩效目标的实现程度
监控结果应用	1.作为实施财政绩效评价的重要参考因素；2.完善预算管理，调整支出结构，合理配置资源

资料来源：整理《北京市市级财政支出绩效跟踪管理办法》(京财预〔2013〕1205号）有关内容得出。

三、事后绩效评价及评价结果应用

事后绩效评价是预算部门（单位）和财政部门对资金执行结束后经济性、效率性、效益性及公平性的自评和再评价。施行事后绩效评价结果应用是各级财政部门和预算部门（单位）实施全过程预算绩效管理的主要关注节点。根据各级财政部门和预算部门（单位）开展预算绩效管理实践情况分析，事后绩效评价结果应用模式包括：预算资金分配提供参考与依据、预算绩效问责和预算绩效评价结果公开。

（一）预算资金分配提供参考与依据

应用预算绩效评价结果进行预算资金分配不仅可以量化和考核资金的使用效

率，还能通过绩效目标和绩效指标来考察项目的完成程度，减少财政预算的随意性和盲目性，从一定程度上确保政策资金向最急需和最有效的领域倾斜。新《预算法》第三十二条要求："各级预算应当根据……，参考有关支出绩效评价结果和……，进行编制。"《中华人民共和国预算法实施条例》(新修订）第二十条要求："绩效评价结果应当按照规定作为改进管理和编制以后年度预算的依据。"财政部门、预算部门和单位在编制预算时，应将绩效评价结果与预算资金安排挂钩作为开展绩效评价活动须遵循的基本原则，将预算绩效评价结果作为编制预算的参考依据，基于拨款激励（王雍君，2019）[①]的前提，原则上依据项目评价结果的优劣进行项目排序，对评价结果较好的项目（评价等级为"优"或"良"）资金给予预算资金的优先安排或新增资金予以保障，对于评价结果较差的项目（评价等级为"中"或"差"）相应核减预算资金安排；对于不进行整改或整改不到位的相关部门，根据情况应调减预算或整改到位后再予以安排[②]。广西壮族自治区、重庆市等省级政府积极探索建立绩效评价结果与资金分配的联系，出台了相关管理办法，以制度化形式对两者之间的联系进行规定。例如，广西壮族自治区按照评分等级针对不同的绩效评价结果决定调增或是调减预算资金安排，广西壮族自治区在安排2019年预算时，根据制定办法中有关绩效评价结果与预算安排结合的相关规定（见表4–5），针对2018年预算绩效评价结果调减了2019年部门预算2996万元[③]。重庆市为有效运用监督检查结果和绩效评价结果，激励约束市级各部门、各区县提高财政使用资金使用效益，印发《重庆市市级预算安排与监督检查和绩效评价结果挂钩办法的通知》(渝府办发〔2019〕3号），依据奖惩结合原则、公开公平原则和分类挂钩原则建立了市级部门整体绩效评价结果、区县财政运行情况综合绩效评价结果与预算安排的联系，如表4–6所示。湖北省某些省直部门或事业单位将前一年的绩效评价结果（排名情况）与下一年预算编制、奖励资金建立联系，如省卫生健康委将2018年全省基本公共卫生服务项目资金绩效评价排名结果的扣减资金用于奖励排名结果靠前的县和市；黄冈师范学院根据绩效评价结果动态调减预算项目20多个，以不断加强评价结果的应用，提高省内财政资金的使用效益[④]。

① 王雍君认为拨款管理包括拨款决策和拨款激励两个方面，拨款决策受政策驱动，服从政策的重要性，无论绩效评价结果的好坏；拨款激励受绩效驱动，服从于绩效评价结果质量，无论政策重要性如何。

② 《项目支出绩效评价管理办法》(财预〔2020〕10号）.

③ 广西壮族自治区财政厅网.广西壮族自治区财政厅2018年工作总结［EB/OL］.http：//czt. gxzf. gov.cn/xwdt/tzgg /20181 210–1301118.shtml，2018–12–10.

④ 湖北省财政厅网.湖北省直部门绩效评价结果应用呈现新变化［EB/OL］.http：//czt.hubei.gov.cn/bmdt/dtyw /202006/t20200624_2402655.shtml，2020–6–22.

表4-5　　广西壮族自治区有关绩效评价结果与预算资金挂钩情况

结果＼等级		一等（90—100分）	二等（80—90分，不含90分）	三等（60—80分，不含80分）	四等（60分以下，不含60分）
项目支出绩效再评价结果	一次性项目	视实际需要对同类或新增项目资金重点支持	视实际需要对同类或新增项目资金予以保障	在核定下一预算年度同类或新增项目资金预算的基础上，原则上按不低于5%的比例减少安排	原则上取消安排同类或新增项目资金预算
	经常性项目	视实际需要下一预算年度重点支持或市财力情况增加预算	视实际需要下一预算年度予以保障	在核定下一预算年度该项目资金预算的基础上，原则上按不低于5%的比例减少安排	除直接影响机构正常运转和正常履职外，原则上撤销该项目
	跨年度项目	视实际需要下一预算年度重点支持或市财力情况增加预算	视实际需要下一预算年度予以支持	在核定下一预算年度该项目资金预算的基础上，原则上按不低于5%的比例减少安排	暂缓安排下一预算年度该项目资金预算，待项目整改完成后，视项目具体情况安排其预算
部门整体支出绩效再评价结果		在核定该预算部门（单位）下一预算年度总预算的基础上，考虑其政策性增支需求，视实际适当增加支出总预算	视实际需要保障下一年度预算支出	在核定下一预算年度部门预算支出规模的基础上，原则上按不低于5%的比例扣减部门预算项目支出（中央补助资金安排的项目支出除外）	在核定下一年度部门预算支出规模的基础上，原则上按不低于10%的比例减少安排部门预算项目支出（中央补助资金安排的项目支出除外）
财政支出绩效评价结果		可视财力情况适当增加预算	相关支出安排原则上按零增长控制	原则上应对政策进行调整并相应减少支出安排	原则上予以撤销

资料来源：整理《广西壮族自治区本级财政支出绩效评价结果应用暂行办法》（桂财办〔2018〕89号）所得。

表4-6　　重庆市有关绩效评价结果与预算资金挂钩情况

		排名前3	排名后5
		奖励	惩罚
综合评价	部门整体绩效评价	公用经费及一般性项目支出之和的5%，最高不超过500万元	
	区县财政运行情况综合绩效评价结果	一般性转移支付中的均衡性转移支付下达2000万元	一般性转移支付中的均衡性转移支付扣减2000万元
单项评价	部门整体绩效评价	部门公用经费及一般性项目支出之和的1%，最高不超过100万元	
	区县财政运行情况综合绩效评价结果	一般性转移支付中的均衡性转移支付下达300万元	一般性转移支付中的均衡性转移支付扣减300万元

资料来源：整理《重庆市市级预算安排与监督检查和绩效评价结果挂钩办法的通知》（渝府办发〔2019〕3号）所得。

（二）预算绩效问责

预算绩效问责是行政问责的深化和发展，是预算绩效评价工作与行政问责相结合的产物。从理论上看，开展绩效评价工作是实行绩效问责制的前提和基础，获取的绩效评价结果是实施问责的科学依据和追责凭据；根据发现的问题对相关部门及责任人员进行追责并及时整改既可以发挥绩效评价工作的功能，又能促进预算绩效管理体系的良性循环。从实践意义上看，实施绩效问责是施加在公职人员头上的“紧箍咒”，因为这些无形压力，责任人员在思想上和行动上会产生动力，从而激励他们认真落实各项工作与承担相应的责任，将预算绩效评价结果引入政绩考核体系，不仅提升公职人员对自身使命和责任的认识，也从行政管理上提高了部门的绩效水平①。《项目支出绩效评价管理办法》（财预〔2020〕10号）中要求“对使用财政资金严重低效无效并造成重大损失的责任人，要按照相关规定追责问责”。各级政府也积极探索，实施绩效问责，并根据实际情况制定相关绩效问责办法。如北京市结合《北京市预算绩效管理问责办法（试行）》《北京市市级国家行政机关绩效管理暂行办法》以及《北京市行政问责办法》，将部门预算绩效评价结果作为政府行政绩效评价的重要指标之一，要求财政部门于每年12月底前，按照《北京市市级国家行政机关绩效管理暂行办法》及专项考评实施细则，对相关部门实施预算支出主项考评，并将考评结果报市政府绩效管理办公室；对于不履行、违法履行、不当履行预算绩效管理职责的，由有关部门依照《北京市行政问责办法》中规定的方式追究当事人的责任②；同年，河北省财政厅根据2011年下发《河北省预算绩效管理

① 孙欣.财政支出绩效评价结果应用于问责的困境与出路［J］.财政监督，2018（13）：44-52.

② 法律图书馆网.北京市财政局关于印发《北京市预算绩效管理问责办法（试行）》的通知［EB/OL］.http：//www.law-lib. com/law/law _view.asp？ id =385230，2011-11-10.

问责办法（试行）》（见表4–7），针对资金使用以及绩效管理问题，对“全省小型农田水利建设项目”和“省级信息化建设专项资金项目”的负责主体进行了通报批评和追缴违规资金的行政处罚（河北省财政厅，2012）[①]。

表4–7　　　　河北省预算绩效问责情形与问责方式

问责主体与问责对象	问责主体	问责客体
	预算部门	所属单位、项目
	财政部门	预算部门
	预算绩效管理问责审核委员会	审理预算部门的问责申诉、复核并提出意见和建议
	各级人民政府	审核批准预算绩效管理问责审核委员会的绩效问责建议，形成最终问责决定
问责情形	预算绩效内容编制不规范、由预算绩效编制问责造成的预算决策失误、预算执行与绩效目标发生偏离、绩效评价结果不理想、未履行绩效管理职责、违反相关财政资金管理规定等	
问责方式	警告、通报批评、调减下一年度预算安排、取消责任部门评选各类先进资格等	

资料来源：整理《河北省预算绩效管理问责办法（试行）》中第二章、第三章关于绩效问责的职责分工、问责情形和问责方式整理而得。

广东省佛山市南海区2007年印发《财政专项资金使用绩效问责暂行办法》，要求将绩效评价结果与年度部门绩效作风和考评挂钩，将绩效问责工作情况上报区政府[②]。2009年开始对2008年财政专项支出开展绩效问责活动，共抽取8个项目开展现场问责，追回资金289万元，有力触动各预算单位树立科学的支出责任意识[③④]。2014年，四川省凉山彝族自治州为进一步加强财政支出绩效评价结果的运用，与问责相结合，对资金使用效益不高或是预算绩效管理达不到要求等情况的项目单位实施问责，以使财政资金能够发挥其最大效能。2018年3月，为严格实施绩效问责，按照《凉山州人民政府办公室印发〈凉山州财政支出绩效评问责办法（试行）〉的通知》，凉山州财政局决定对评价结果在70分以下（含70分）的两个项目实施问责，对这两个项目实施单位给予通报批评，并限期整改，包括州旅发委组织实施的“2016年省级旅游发展专项资金项目”（得分为62.42分），州质监局组织实施的“2016年凉山州质量监督体系建设项目”（得分为67.14分）[⑤]。

① 河北省财政厅.强化绩效约束 实施绩效问责［J］.中国财政，2012（9）：36.

②《南海区财政专项资金使用绩效问责暂行办法》摘要［J］.新理财（政府理财），2009（9）：72–73.

③ 马洪范.建立全过程预算绩效管理体系［M］.北京：经济科学出版社，2018：138.

④ 许航敏.绩效问责风起南海［J］.新理财（政府理财），2009（9）：68–71.

⑤ 凉山州财政局网.凉山州财政局强化评价结果应用 提高财政资金使用绩效［EB/OL］.www.czj.lsz.gov.cn，2018年3月30日.

（三）预算绩效评价结果公开

提高财政透明度，是财政管理改革工作中的一项重要任务，绩效评价结果的公开是绩效评价应遵循的基本原则①，是人大、政协监督、审计监督以及公众媒体监督的前提。利用财政部门官网或政府门户网站公布预算绩效管理相关信息，是目前各级政府的主要公开方式。从公开内容上看，中央各部门均在部门决算中汇报年度预算绩效管理情况，包括年度绩效自评和绩效再评项目个数、涉及资金总额以及部分项目的绩效自评结果和绩效自评表；地方政府在门户网站上设置"预算绩效管理""绩效评价报告公开栏"专栏公布预算绩效管理相关信息，如四川省财政厅自2016年开始公布绩效评价报告，2016年公布了4个省级财政专项绩效评价报告和3个省级部门绩效评价报告；2018年首次公布了财政厅2018年整体支出绩效评价报告②；云南省在财政厅门户网站设立"绩效评价报告公开栏"，公布"部门整体支出绩效自评报告""部门项目支出绩效自评报告""财政绩效再评价报告"三类绩效评价结果，自2016年起，公布2016年度绩效再评价报告27个、2017年度部门整体支出绩效再评价报告74个、2017年度部门项目支出绩效自评报告78个、2017年度绩效再评价报告23个、跨年度绩效再评价报告14个③；上海市在"预算绩效管理"专栏公布年度重点预算绩效评价结果和预算绩效评价结果报告④；北京市在"2018年度市级部门决算信息公开专栏"公开市级各部门的项目支出绩效评价情况，包括项目个数、涉及金额以及部分项目的绩效评价结果⑤。截至2020年5月，湖北省139个省直部门中有110个省直部门同步公开评价结果应用情况⑥。

完整有效的绩效评价信息可以引导社会公众对绩效评价工作的有效监督，因此，通过适当的方式公开完整有效的预算绩效评价结果，实现财政支出信息的公开，对于增强省级预算部门使用财政资金的绩效意识，强化社会公众对预算支出的监督，将产生积极推动作用⑦。例如，自2012年起，上海财政门户网站每年定期公布部门重点项目绩效评价结果（见表4-8），根据《上海市预算绩效管理实施办法》

---

① 《项目支出绩效评价管理办法》（财预〔2020〕10号）中强调公开透明是财政部门、预算部门和单位应遵循的基本原则。

② 根据"四川省财政厅"（www.sccz.gov.cn/）门户网站公布相关项目资料整理所得。

③ 根据"云南省财政厅"（www.ynf.gov.cn/）门户网站公布相关项目资料整理所得。

④ 上海市财政局网.预算绩效管理［EB/OL］.https：//www.czj.sh.gov.cn/ zss/zt/ysjxgl_ 9716/zcfg_9717/，2019年9月4日/2015-10-31.

⑤ 根据"北京市人民政府网址"（http：//www.beijing.gov.cn/gongkai/caizheng/czxx/sjbmjs/）门户网站公布相关内容整理所得。

⑥ 湖北省财政厅网.湖北省直部门绩效评价结果应用呈现新变化［EB/OL］.http：//czt.hubei.gov.cn/bmdt/dtyw /202006/t20200624_2402655.shtml，2020-6-22.

⑦ 江苏省财政厅网.省财政积极推动省级部门实施预算绩效评价报告信息公开［EB/OL］.http：//czt.jiangsu.gov.cn /art/ 2017/4/ 14/art 7863_ 5411929.html，2017-4-14.

中《财政项目支出绩效评价结果信息公开》中的规定，公布重点项目的绩效评价结果内容包括九项，以“2018年度上海职工公共文化活动项目”为例，如表4-9所示；2017年尝试选择性的公布绩效评价报告，2018年在门户网站上分别公布每一个重点项目的绩效评价结果和绩效评价报告，如“2018年度上海职工公共文化活动项目”的公布内容包括：项目立项背景及目的、预算资金来源及使用情况、项目实施情况、组织及管理、利益相关方、评价方案制定过程、评价原则和评价方法、数据采集过程、评价实施过程、评价结论和打分情况、具体绩效分析、经验总结和主要做法、问题分析和提出建议、关于评价责任的说明、绩效评价的局限性等内容①。

表4-8　上海市2012—2019年公布重点项目绩效评价结果统计数　单位：个

年份	2012	2013	2014	2015	2016	2017	2018	2019
公布重点项目绩效评价结果数	23	9	18	18	12	19	16	19
绩效评价结果统计数	“优”：3 “良”：20	“优”：1 “良”：4 “合格”：4	“优”：2 “良”：16	“良”：18	“优”：3 “良”：9	“优”：4 “良”：15	“优”：2 “良”：14	“优”：1 “良”：18

资料来源：上海市财政网站（www.caj.sh.gov.cn）预算绩效管理信息公开情况统计所得。

表4-9　2018年度上海职工公共文化活动项目绩效评价结果

项目名称	2018年度上海职工公共文化活动项目
决算金额	1001.2万元
主管部门	上海市总工会
评分价值	85.86
评价结论	良
主要绩效	2018年开展六大类20项活动，总体完成率为93.80%，2018年活动参与人数达61.35万人次，较上年度增长193%；服务人次达82.15万人次，较上年度增长190%；活动种类数较上年度增加42种，演出活动上座率达93%，直播及视频点击量增长率为350%，群众满意度为89.92%，活动人群覆盖率和群众知晓率略有不足，分别为70.00%和74.96%。由于项目基本上延续原工会经费保障内容，未明确财政资金与工会经费支持内容的边界，导致项目的人群覆盖面、财政预算管理、资金使用管理等方面有所欠缺，在一定程度上影响了项目实施的质量和效果。
主要问题	1.项目涵盖人群不全面；2.财政预算管理不完善；3.资金使用管理不规范。
整改建议	1.进一步明确财政资金与工会经费的支持范围；2.进一步理顺财政预算管理关系；3.进一步规范资金使用管理。
评价机构	汉化评值（上海）资产评估有限公司

资料来源：上海市财政网站（www.caj.sh.gov.cn）预算绩效管理信息公开情况统计所得。

① 上海市财政局网.预算绩效管理［EB/OL］.https：//www.czj.sh.gov.cn/ zss/zt/ysjxgl_ 9716/zcfg_9717/，2019年9月4日/2015-10-31.

▶ 第三节 预算绩效评价结果应用的主要问题

由我国预算绩效评价结果应用现状可知，各级政府以节点式管理为主，尚未形成全过程预算绩效评价结果应用理念；同时，事前绩效评估结果与事中绩效运行监控结果应用不足，且事后绩效评价结果应用偏弱。

一、未形成全过程预算绩效评价结果应用理念

建立事前绩效评估、依据评估结果决定是否批复或调整预算，实施绩效监控、将监控结果作为纠偏绩效目标的依据；项目完成后开展经济性、效率性和效益性评价等阶段的最终目的是输出反映同一项目资金全过程的绩效运行情况，依据前一阶段的管理结果，在调整绩效目标的同时，为下一阶段工作的展开提供依据，从而衔接链接事前、事中和事后绩效管理，发挥事前管理、事中管理和事后管理之间的承接关系，输出反映项目资金全过程运行绩效的评价结果，以形成全过程预算绩效评价结果应用理念。

然而，目前各级政府预算绩效评价结果应用以节点式管理为主，未形成全过程预算绩效评价结果应用理念。主要表现在：第一，针对项目属性分别实施事前绩效评估及评估结果应用、事中绩效运行监控及监控结果应用、事后绩效评价及评价结果应用，如对民生类、城市管理服务类、城市建设类等重大项目或政策[①]建立事前绩效评估机制，对项目或政

① 中国财政学会绩效管理研究专业委员会课题组.中国财政绩效报告（2019）——地方经验［M］.北京：经济科学出版社，2019：303.

策立项必要性、绩效目标合理性、资金投入经济性、实施方案可行性、筹资合规性等进行论证，依据评估结果决定是否批复或调整项目资金；对于基建类、补贴类等[①]重大项目或政策开展事中绩效运行监控，将监控结果作为纠偏绩效目标的依据；对一定金额以上、与部门职能密切相关，且有明显社会影响和经济影响的项目开展经济性、效率性和效益性评价，输出并应用绩效评价结果；第二，针对同一项目实施全过程预算绩效评价结果应用尚处于探索阶段，如北京市财政局探索市级全过程政策支出项目绩效评价，设计了事前、事中和事后评价相结合的指标体系[②]；上海市闵行区为探索公共政策实施的全过程，设计公共政策的前评估、事中评估和后评估指标参考体系，其中，在对同一公共政策项目支出进行全过程绩效管理时，实施项目的事中评估和后评估的前提是该项目未实施前评估[③]。

二、事前绩效评估结果与事中绩效运行监控结果应用不足

应用事前绩效评估结果与事中绩效运行监控结果，可细化预算绩效管理工作流程，让责任主体明确所处阶段应实现的目标和努力方向，从而提高责任主体的责任意识、规范行政行为，提高资金的使用效益，从而输出优质的公共产品和公共服务。然而，各级预算部门（单位）存在预算资金的事前绩效评估结果与事中绩效运行监控结果应用不足的情况，主要表现在两个方面：第一，事前绩效评估结果应用、事中绩效运行监控结果应用尚处试点阶段，目前，只有部分城市积极探索事前绩效评估模式、事中绩效运行监控管理，出台相应管理措施，并对事前绩效评估结果和事中绩效运行监控结果应用的途径做出相关规定，如北京市、海南省、上海市、湖北省荆州市等；第二，事前绩效评估结果与事中绩效运行监控结果尚未对外公开，目前，北京市、海南省、上海市、湖北省荆州市等政府官网或财政部户网站尚未公开相关项目资金的事前绩效评估结果与事中绩效运行监控结果。

三、事后绩效评价结果应用偏弱

为预算编制提供参考依据、实现行政人员的权责匹配与提升公众的满意程度是

① 刘国永.预算绩效管理案例解读［M］.南京：江苏大学出版社，2014：29.

② 中国财政学会绩效管理研究专业委员会课题组.中国财政绩效报告（2019）——地方经验［M］.北京：经济科学出版社，2019：346.

③ 中国财政学会绩效管理研究专业委员会课题组.中国财政绩效报告（2019）——地方经验［M］.北京：经济科学出版社，2019：242.

应用事后绩效评价结果以期实现的目标。然而，建立评价结果与问责、资金分配的联系并不容易，主要表现在三个方面：一是绩效评价结果与预算资金安排的关联度较弱；二是绩效问责落实难；三是绩效评价结果的公开程度不够。

（一）绩效评价结果与预算资金安排的关联度较弱

首先，绩效评价结果（评价报告）的应用率不高，尽管各级政府开展了大规模项目绩效评价的实践与探索，并结合实际情况对评价结果不同程度地予以应用，但从整体上看，绩效评价报告的采用率并不高，如某市的30个绩效评价年度报告中，政策建议全部被财政部门和被评单位采用的仅为20%，部分采用的为30%，两者加总占50%，而从全国来看，对于已评价项目的绩效评价报告，其应用率不足15%①；再如，某市营造林工程项目资金，2015年投入资金9924.93万元，截至2016年5月资金仅耗费3057.76万元，若应用绩效评价结果，则应调减2017年预算，而2017年预算安排资金为9438万元②。其次，缺乏对绩效评价结果应用的度量，基于预算绩效评价结果调整预算资金分配是开展绩效管理活动的主要目的之一，然而，基于评价结果是否调整预算资金，调整是否适当，重新安排的奖励或惩罚资金是否对预算部门（单位）形成了激励或约束；若缺乏对绩效评价结果应用的度量，预算部门（单位）也会因不理想的评价结果怠于改正，或为获取更多的预算拨款造成短期行为。最后，规避“预算缩减”现象严重，相关政策设计对如何应用绩效评价结果的具体操作程序表述较为笼统，部分政策措施只能做“原则性”表述，加之对政策效应复杂程度估计不足、对政策对象的宣传动员不足③，面对绩效评价结果，一些预算部门会以“绩效评价结果与实际不吻合”“财政资金主要涉及社会效益”“资金减少会影响公共服务的提供”等为由，想方设法规避因绩效评价结果不佳所面临的“预算缩减”。

（二）绩效问责落实难

对财政资金的管理与使用进行绩效评价，并根据评价结果的优劣进行相应措施的奖惩，改变了项目单位过去重视争取资金、轻视资金管理的现象，使财政部门对资金的监控问效找到了抓手和载体，对专项资金的使用和项目单位的支出行为起到了很好的监督指导作用。然而，实践中，实施绩效问责并不容易。首先，问责主体单一，我国受传统文化和权利体制的影响，根深蒂固的等级秩序理念限制了问

---

① 马国贤. 2016中国财政发展报告：中国政府绩效管理与绩效评价研究［M］. 北京大学出版社，2016：101.

② 李春根，徐乐. 预算绩效评价结果应用的现状与优化［J］. 中国行政管理. 2019（10）：154-155.

③ 王锁明，王明生. 改革落地难，到底难在哪——改革举措落实难的症结与出路［J］. 人民论坛旬刊，2016（11）：10-14.

责主体的多元化，异体问责的缺位使绩效问责主体单一化，由于绩效公开信息有限，社会和工作对政府信息知情权较少；这种局限使政府部门内部评价主体形成了既当“运动员”又当“裁判员”的局面，降低了绩效评价结果的真实可靠性，也损害了绩效评价的导向性和权威性。其次，问责效力较低，当前多数省份尚未出台有关预算绩效问责的管理规定，若对绩效评价结果不理想的责任主体追责，其随意性较大，问责效力也无法保证；即使北京市、河北等少数地方政府出台了预算绩效管理问责的相关办法，由于其规定较为笼统和模糊，也会导致问责效力大打折扣。最后，可能引起反感，仅凭预算绩效评价结果追责相关主体会引起部分资金使用单位和具体责任人员的反感，一方面，预算绩效指标的设立和构建并不能全面和完整的概括项目的实施效果和影响，不同的评价方法、评价标准以及指标权重的设置都会影响评价结果的客观性和科学性；另一方面，在未识别“噪声”以及肯定项目资金使用单位和具体责任人员为项目的产出和效果付出努力和贡献的前提下，依据指标评价结果追责会打击项目资金使用单位和具体责任人员的积极性，同时也会想尽一切“措施”反对预算绩效评价以及预算绩效评价结果问责工作的开展和推进，如修改原始数据、推脱责任、拒绝提供项目原始资料等。

（三）公开程度不够

从当前各级政府门户网站和财政部门官网公开的预算绩效管理情况来看，预算绩效评价结果的公开程度不够，主要表现在三个方面：第一，公开情况不一，总体而言，省级部门信息公开程度普遍优于市级部门。如，有的省财政厅通过召开新闻发布会、绩效工作座谈会以及利用各相关机构门户网站，对自评价、重点评价以及再评价的相关结果主动公开，自觉地让社会各界了解相关绩效评价结果，接受大众对其工作的监督；而省以下的市县，信息公开程度与省级部门存在较大差距，有的市县中，只有部分部门或单位公开绩效评价信息，有些机构甚至还未开展相应的绩效评价工作[①]。第二，绩效评价结果不公开或不完全公开，从中央职能部门决算报告中关于预算绩效管理公开情况来看，23个部门选择性的公开了预算绩效管理情况，如公开年度绩效自评和绩效自评项目个数、涉及金额以及个别项目的绩效自评结果和绩效自评表（见表4–10、表4–11）；从地方政府来看，云南省、湖南省、四川省、福建省、广东省、上海市、湖北省和新疆维吾尔自治区8个省级政府在政府门户网站上公开预算绩效评价结果，且多数针对“优良”的绩效评价结果进行公布，如上海市的绩效评价结果和绩效评价结果报告只针对绩效评价结果为“合格”以上的项目进行公开（见表4–8）。第三，绩效评价结果应用情况选择性公开，首

---

① 陈志勇，毛晖，张春雨，等.部门预算绩效评价结果应用［J］.财政监督，2019（24）：27–35.

先，总结性描述绩效评价结果与预算安排挂钩情况，如广西壮族自治区财政厅在2018年预算绩效管理工作总结中公开2018年绩效评价结果与2019年预算安排挂钩情况，总结性指出将部门整体支出绩效评价报告与2019年度部门预算安排挂钩且调减预算安排2996万元[①]，而未进一步说明具体调减内容以及调减比例；其次，不公开预算绩效问责情况，截止到目前，各级政府尚未在官方网站上公开预算绩效评价结果的问责情况；最后，绩效评价成本信息尚未公开，目前，只有少数省份（市、自治区）公开聘请专家的原则和费用规定，如表4-12所示。

表4-10　　中央政府职能部门2018年预算绩效信息公开内容

	绩效自评					绩效再评	
	一级项目（个）	二级项目（个）	总额（万元）	财政拨款项目支出占一般公共预算财政拨款支出百分比（%）	占一般公共预算项目支出总额（%）	项目（个）	金额（万元）
外交部	—	—	—	86.00	100	3	—
国家发展和改革委员会	21	138	61290.51	44.59	100	3	2265.21
教育部	55	3412	7015958.04	46.09	100	3	87795.45
科学技术部	51	245	4612253.38	97.40	100	8	24112935.00
工业和信息化部	49	900	1866789.30	68.68	100	46	625482.66
国家民族事务委员会	16	106	211093.81	32.59	100	3	13964.96
公安部	30	469	—	53.60	100	3	24584.77
民政部	25	116	139007.75	75.02	100	1	19000.00
司法部	34	82	72539.20	55.28	100	6	8106.90
财政部	33	260	1187152.17	92.98	100	2	956015.59
人力资源和社会保障部	27	109	397566.23	90.82	100	2	2430.39
自然资源部	94	2859	1795711.81	84.76	100	20	338603.43
生态环境部	8	694	—	91.06	100	—	—
住房和城乡建设部	20	74	100578.05	72.81	100	6	8563.86
交通运输部	43	2172	792.011.95	42.65	100	10	144509.32
水利部	42	2102	1437866.09	75.13	100	16	2988
农业农村部	63	393	2047273.65	68.42	100	1	74205.98
商务部	22	170	2123630.84	94.55	100	8	351015.80
文化和旅游部	34	299	549234.55	73.45	100	6	73675.64

① 广西壮族自治区财政厅网.广西壮族自治区财政厅2018年工作总结［EB/OL］.http：//czt. gxzf. gov.cn/xwdt/tzgg/ 201812 10-1301118.shtml，2018-12-10.

续表

	绩效自评					绩效再评	
	一级项目（个）	二级项目（个）	总额（万元）	财政拨款项目支出占一般公共预算财政拨款支出百分比（%）	占一般公共预算项目支出总额（%）	项目（个）	金额（万元）
国家卫生健康委员会	54	880	1363682.13	91.78	100	2	3318.00
应急管理部	34	540	352481.35	48.71	100	1	29471.50
中国人民银行	5	12	197551.17	—	100	—	—
审计署	—	—	—	51.70	100	—	—

注：表4-10中一般公共财政拨款支出不包括政府性基金拨款支出，“—”表示该部门尚未公开的内容；资料来源：中华人民共和国财政部网站（http：//cws.mofcom.gov.cn/article/n /201907/20190702883189.shtml）相关内容整理所得。

表4-11　　商务部2015—2018年预算绩效信息公开内容

2015年	公布其中18个评价项目的总金额
2016年	公布一级项目和二级项目个数及总金额，“外商投资管理项目”绩效自评结果及自评表
2017年	公布一级项目和二级项目个数及总金额，绩效自评价项目个数和总金额，公布“利用外资和对外投资管理项目”“外贸发展与转型升级项目”绩效自评结果及自评表
2018年	公布一级项目和二级项目个数及总金额，绩效自评价项目个数和总金额，公布“商务政策研究与战略规划项目”“内贸流通发展项目”“电子商务发展及信息化建设项目”“利用外资和对外投资管理项目”绩效自评结果及自评表

资料来源：中华人民共和国财政部网站（http：//cws.mofcom.gov.cn/article/n/201907/20190 702883189. shtml）相关内容整理所得。

表4-12　　部分省（市、自治区）绩效评价专家费用规定

省（区、市）	专家费用情况	文件
上海	组织评审机构应根据评审专家参与评审的工作量，参照本市相关业务的报酬标准支付评审费。	《上海市财政支出绩效评价聘用评审专家管理暂行办法》（沪财绩〔2011〕6号）
江苏	（1）副高级技术职称专业人员每半天最高不超过1000元；（2）正高级技术职称专业人员每半天最高不超过2000元；（3）院士、全国知名专家每半天一般不超过3000元。	《江苏省预算绩效管理聘任专家暂行办法》（苏财绩〔2014〕4号）
湖北	评审专家评标劳务费标准。政府采购项目专家评标劳务费按每人半天（不超过4小时）200元、全天（不超过8小时）300元的标准发放，超过8小时按每人每天400元的标准发放。因不可预见因素终止评标活动的，按每人次100元的标准发放交通补助费。	《省财政厅、省监察厅关于省级政府采购评审专家评标劳务费支付标准的通知》（鄂采发〔2005〕3号）相关规定支付劳务报酬。

续表

省（区、市）	专家费用情况	文件
黑龙江	专家劳务报酬按照“谁聘请、谁付费”的原则，评审专家工作半天（4小时以内，含4个小时）300元；评审专家工作一天（4小时以上，8小时以内，含8小时）500元；如遇特殊情况，在工作时间内不能如期完成预算绩效管理工作需延长评标时间的，每延长1小时增加100元，每天最高限额为1000元。	《黑龙江省省级预算绩效评审专家管理暂行办法》（黑财规审〔2018〕31号）
西藏	专家报酬支付按照“谁委托、谁付费”的原则，评价时间在5个工作日内（含），按每人每天1200发放；评价时间在6—10个工作日内的，按每人每天1100元发放；评价时间在11个工作日以上（含）的，按每人每天1000元发放；聘请区外专家，按以上标准的1.1倍发放。	《西藏自治区预算绩效专家管理暂行办法》（藏财预字〔2017〕91号）

资料来源：各省（自治区、直辖市）门户网站。

▶ 本章小结

本章基于预算绩效评价结果应用的政策演进过程，结合当前预算绩效管理工作开展现状，总结当前预算绩效评价结果应用的地方模式，包括事前绩效评估及评估结果应用、事中绩效运行监控及监控结果应用、事后绩效评价及评价结果应用三个方面；且发现未形成全过程预算绩效评价结果应用理念、事前绩效评估结果与事中绩效运行监控结果应用不足、事后绩效评价结果应用偏弱等是当前预算部门（单位）应用预算绩效评价结果存在的问题。其中，未形成全过程预算绩效评价结果应用理念主要表现在两个方面：一是针对项目属性分别实施事前绩效评估及评估结果应用、事中绩效运行监控及监控结果应用、事后绩效评价及评价结果应用；二是针对同一项目实施全过程预算绩效评价结果应用尚处于探索阶段。事前绩效评估结果与事中绩效运行监控结果应用不足主要表现在两个方面：一是事前绩效评估结果应用、事中绩效运行监控结果应用尚处试点阶段；二是事前绩效评估结果与事中绩效运行监控结果尚未对外公开。事后绩效评价结果应用偏弱主要表现在三个方面：一是绩效评价结果与预算资金安排的关联度较弱；二是绩效问责落实难；三是绩效评价结果的公开程度不够。为此，什么原因影响全过程预算绩效评价结果应用理念的形成？什么原因导致事前绩效评估结果与事中绩效运行监控结果应用不足？什么原因减弱了建立绩效评价结果与问责、资金分配的联系，直接原因是什么？间接原因是什么？这些原因之间有什么联系？这些问题将在下一章进行详细分析。

▶ 第五章 全过程预算绩效评价结果应用的影响因素分析

内容提要

由系统论可知，全过程预算绩效评价结果的有效应用不仅受制于政府行政管理制度、政府预算管理制度、预算绩效管理法规等制度环境以及社会文化、传统观念、社会政治制度等绩效环境因素的影响；同时，参评人员（预算部门、资金使用单位、财政部门）的专业技能、绩效评价数据的搜集、预算资金投入事前绩效目标以及绩效指标的选择等是输出高质量全过程预算绩效评价结果的重要组成要素。因此，本章沿着制度环境层面、绩效环境层面以及绩效评价结果的组成要素，结合当前预算绩效评价结果应用存在的问题，分析推动全过程预算绩效评价结果应用的影响因素；在此基础上，分别构建解释结构模型（ISM）与结构方程模型（SEM），对影响绩效评价结果应用的相关因素进行分解，并验证因素之间的关系，以明确各影响因素对绩效评价结果应用的影响程度与作用范围。

▶ 第一节 全过程预算绩效评价结果应用的影响因素

一、制度保障因素

以相关制度机制为保障，是某项活动得以顺利运行和实施的重要基础和指导方向。由预算绩效评价结果应用的政策演进过程可知，为保障绩效评价结果的有效性与权威性，我国对绩效评价结果应用建立了较为完善的保障机制。但在政府绩效管理背景下，预算绩效管理制度机制的不足、政府行政绩效管理制度与预算绩效管理制度之间较弱的协调性、预算管理体制自身缺陷对预算绩效管理的制约不仅降低了参评人员应用绩效评价结果的积极性，也不利于事前、事中及事后绩效评价结果应用的落实，从而形成全过程预算绩效评价结果应用理念。

（一）制度机制保障不足

制度机制保障不足是有效应用事前绩效评估结果、事中绩效运行监控结果及事后绩效评价结果，形成全过程预算绩效评价结果应用理念的重要客观因素之一，主要体现在以下三个方面：

第一，未建立全过程预算绩效评价结果应用机制。目前，各级预算部门（单位）尚未建立全过程预算绩效评价结果应用机制，未能形成基于激励约束机制，链接事前绩效评估及评估结果应用、事中绩效运行监控及监控结果应用以及事后绩效评价，输出和公开全过程预算绩效评价结果，建立结果与问责、资金分配联系等一系列评价结果应用的运行程序和运行方式，从而以全过程角度分析资金的绩效运行程度，追踪责任主体的履职情况。

第二，具有针对性的预算绩效评价结果应用办法欠缺。《项目支出绩效评价管理办法》（财预〔2020〕10号）、《关于推进预算绩效管理的指导意见》（财预〔2011〕416号）和《中共中央 国务院关于全面实施预算绩效管理的意见》（中发〔2018〕34号）是目前各级政府开展绩效评价结果应用活动的主要依据，具有针对性的预算绩效评价结果应用办法仍未出台，由此引致了绩效评价结果与预算资金安排较弱、预算绩效问责落实难以及绩效信息公开程度不够的问题。

第三，各级预算绩效管理相关规定的法律地位和权威性较低，且操作性较差。首先，全国性的指导意见、办法和地方性办法尚未上升至法律层面，权威性较低，对相关部门和人员的威慑力不强；其次，操作性较差，多为“原则性”和“政策重要性”的阐述，缺少预算绩效评价结果与具体应用对象如何衔接的具体办法规定，如《财政支出绩效评价管理暂行办法》（2011年修订）对建立绩效评价结果与预算资金分配、问责的联系以及公开相关绩效信息进行了“原则性”规定；《湖北省省级预算绩效评价结果应用暂行办法》中规定“省财政厅和省直预算部门应将绩效评价结果作为以后年度编制预算和安排财政资金的重要依据……对于省级常年性项目支出和省级延续性项目支出，绩效评价结果为‘中’的，下一年度应控制新增项目资金预算；绩效评价结果为‘差’的，下一年度时应采取调整支出方向或支出结构、适当减少项目资金预算、取消该项目等方式进行应用……”，但是究竟“如何控制”“控制的表现形式是什么”“调整范围是什么”“适当减少的比率如何”等并没有进行详细规定。最后，《北京市预算绩效管理问责办法（试行）》中规定“对不按规定编报绩效目标的、事前绩效评估结果较差的、预算执行中绩效未按预定目标同时实现或发生偏离的、项目结束后绩效不达预期目标的、绩效评价结果较差的……”。视情节轻重进行相关处置：“不予安排预算资金、收回年度没有执行或没按规定执行的预算、依照有关规定给予通报批评……”，但是情节轻重的标准并没有详细说明。对于这些“原则性”“政策重要性”的规定成为参评人员“钻空子”的主要“保护伞”，在激励约束机制下，为规避“预算缩减”，做出一系列影响评价结果客观性的行为。

（二）制度之间协调性较弱

政府绩效管理是一种正式的制度安排，它以促进持续改进政府绩效为目的，以考察、评价政府组织运行过程的行为状态和结果为手段，制度之间的相互协调会激发制度合力，形成信息流动的网络。我国政府绩效管理沿着行政绩效管理和预算绩效管理两条脉络展开，形成了行政预算绩效评价体系和预算绩效评价体系。两大体系同时运行，加快了中国政府绩效管理改革的步伐，既提高了政府行政管理的效率，也优化了公共资源的配置；然而，两大体系的同时运行也存在着冲突和矛盾，增加交易成本，降低绩效质量，增加了参与主体之间的“博弈”空间，突出体现在两个方面：

第一，在预算绩效评价的运行阶段，两大评价体系同属政府绩效评价体系，均有以实现政府公共职能、发挥政府公共功能为绩效目标，在设置生态性指标、经济性指标等时可能存在重复设置、重复考核的情况，如经济性指标，不论是在行政绩效评价体系还是在预算绩效评价体系当中，项目是否产生直接或间接的经济效益均是对行政单位和项目负责人的考察，在该项目不属于跨部门项目时，则会存在重复评价、双倍惩罚的后果。

第二，在预算绩效评价结果的应用阶段，预算绩效问责的目标是实现权责匹配，项目负责人对项目资金负责；行政绩效问责的目标是本级部门（或上级对下级指派）工作的完成率，实现行政效率的提升，若二者在物质激励措施上均与个人利益挂钩，双重奖励会增加财力的虚耗，而双重惩罚可能会引起相关人员的抵触，反而抵消了绩效问责的效果，这不仅影响了预算绩效评价结果的应用，也阻碍了预算绩效管理功能的发挥。

（三）预算管理体制自身缺陷

从财政预算管理自身来看，预算管理体制自身缺陷会制约预算绩效管理的全面实施，影响被评价主体对全过程预算绩效评价报告的应用率。具体来看：

第一，资金支出责任不匹配。以“收付实现制”为主要会计核算方式导致项目资金的流向与使用者对该笔资金的支出责任呈现不同步状态，可能出现资金已经支出但责任还未履行的情况，一方面，影响绩效评价结果的真实性和及时性，另一方面，不利于责任主体的锁定与督促。

第二，政策时滞性与拨款时滞性。实际工作中，政策的出台与绩效指标设置之间存在时滞性，如预算部门（单位）在年初设立绩效指标时相关政策还未正式出台，或者已出台的政策也存在年中调整的情况，由此带来的补贴性支出增减属于单位的不可控制范围，从而造成的低分结果使预算部门（单位）难以接受与运用；此外，部分项目运作模式实行上下级财政共同拨款，但在具体实践中，拨款时间往往不确定，部分项目在结项后资金才到账，造成资金使用上与既定标准不符，影响对资金使用绩效的监控考核，降低评价结果质量。

第三，项目延续性。在财政管理实践中，以项目为单位进行绩效评价是我国各级财政部门推进预算绩效评价工作的主要方式，通常情况下，预算部门（单位）可依据实际情况对项目进行灵活性调整，实现项目的拆分、变更、合并，然而，对于已发生拆分、变更、合并的项目并不能以原有项目评价结果作为依据进行资金的调拨，与此同时，也无从度量预算绩效评价结果应用。

第四，项目评审入库质量待改进。预算部门（单位）一般在每年7—9月份编制新一年度预算，并在预算申报系统中进行项目申报。项目申报的同时要设立绩效目标并接受事前绩效评价，只有通过事前绩效评价的项目才能真正入库；但通常各预算部门（单位）提交项目申请的时间较晚，导致事前绩效评价时间短、任务重，在一定程度上影响了项目评审质量，间接降低项目评价结果质量。

第五，预算编制与绩效评价之间存在“错期”①。实践中，绩效评价工作围绕上一预算年度的预算项目展开，而此时本年度预算正在执行，绩效评价结果若应用，也只能用于下一年度预算编审，从而出现“错期”。因此，在一年中同时进行下一年度的预算编制与上一年度的预算绩效评价，这种“错期”可能会产生变化因素，很难确定上一年度的评价结果是否适用于下一年度的预算编制。以2017年为例，2017年进行2016年度的预算执行绩效评价工作，同时编制2018年度的预算，时隔两年，项目的内容、性质、政策环境可能发生变化，预算编制也应作出相应调整，在这种情况下2016年的预算评价结果是否仍适用于2018年？

二、绩效环境因素

运行全过程预算绩效评价结果应用离不开良好的绩效环境，领导的重视、相关参评人员的关注、评价主客体之间的权责划分等都会直接或间接的影响全过程预算绩效评价结果的应用。由于我国推行预算绩效管理政策措施时间相对较短，缺乏整体绩效氛围，存在着领导重视程度不一、主客体责任划分不清晰以及绩效评价意识薄弱等问题，从而直接或间接地减弱了绩效评价结果与问责、资金分配的联系。具体来看：

（一）领导重视程度不一

领导的重视和支持是预算主管部门和财政部门应用绩效评价结果得以顺利开展和取得良好效果以及形成全过程管理理念的重要驱动因素。一方面，领导的知识、文化背景以及执政理念等决定了他是否重视对预算绩效管理工作的开展以及对这项工作投入的热情和力度；若领导不支持或不倡导绩效管理理念和方法，则会影响地

① 童伟.基于编制本文和流程再造的预算绩效激励机制构建［J］.财政研究，2019（6）：45-56.

区或政府整个预算绩效工作的顺利推行，即使有强制性要求，领导可能会在基于压力之下敷衍或草率地开展此项工作，这也将影响该地区或部门预算绩效管理工作的推动和改革。另一方面，由于工作需要或其他特殊原因以及任职期满，领导的更换（关注和支持绩效管理理念转变为不支持绩效管理、不支持绩效管理理念转变为支持且积极开展绩效管理工作）会阻碍或推进该地区或部门的预算绩效管理工作，间接影响预算绩效评价结果的应用。

（二）主客体责任划分不清晰

问责主体地位不平等、力量悬殊，问责主体、问责客体的双重身份以及问责客体之间责任相互推诿成为阻碍实施绩效问责的重要因素。具体来看：

第一，问责主体地位不平等。主要表现在人大、公民、公共媒体等问责主体之间的地位并不平等：首先，公民很难直接接触到公共服务的相关信息，且公民意见很难对公共服务项目工作的展开产生影响；其次，问责渠道有限，公众职能通过政府官方网站了解政府公开或不完全公开的政府相关信息，问责功能仅限于提出质询，并不能与相关主体共同参与对失责行为的调查；再次，人大作为权力机关，拥有相较于公民、公共媒体更多的预算决策和问责权力；最后，基于突发的公共事件，公共媒体才能倒逼政府人大问责工作的开展，追踪财政资金发挥的公共作用。

第二，问责双重身份。政府部门的公共服务项目计划决策通常都要经人大审议通过才能实施，而人大的问责职责较难与人大的“运动员”职责同时开展；对于财政部门来说，财政部门既充当着对绩效评价结果不理想的预算主管部门（单位）进行追责的责任，同时也是预算主管部门（单位）上报所有参评项目后，选择重点、资金金额较大或政策性较强项目评价的参评主体。

第三，问责客体之间责任相互推诿。问责客体之间存在责任推诿的现象主要表现在部门与部门之间、部门与主要负责人（经办人员）之间、主要负责人与经办人员之间。对于部门与部门之间公共服务项目的实施往往不仅仅止于单个部门的完成，总会涉及与其他相关部门互相协作、合力输出公众满意的公共产品和公共服务，若该项目的绩效不好、评价结果不理想，未来实现绩效目标，项目的参与主体之间在保护本部门利益的前提下会推卸责任以规避财政部门或人大的责任追究；对于部门与主要负责人（经办人员）之间，在领导的提拔、任用、工资、奖金等行政绩效考核体系与预算绩效评价结果应用机制挂钩的前提下，若项目资金的运行绩效结果不理想，主要负责人（经办人员）则会推卸责任，将责任转嫁与部门，以规避或减轻财政部门或人大对自身的追责处置；对于主要负责人与经办人员之间，若是由于经办人员的操作不当，在责任划分不清晰的前提下，经办人员较容易把责任推卸给主要负责人，主要负责人由于承担整个项目的实施和效果，因此也会与经办人员承担（或独立承担）责任的追究处置。

（三）绩效评价意识薄弱

由于较弱的绩效文化氛围，部分地区和部门对绩效管理工作认识仍不到位，在实际工作中更多的关注财政资金的“合规性”，较少注重资金“效率性”，从而对绩效评价工作不够重视，不仅被动应付绩效评价结果的管理和应用，更欠缺对全过程预算绩效评价结果应用的关注和实施。具体来看，绩效评价意识薄弱导致绩效评价结果难以应用的因素可以阐述为以下五个方面：

第一，绩效文化氛围较弱。政治文化环境直接影响着政府机制的发展，在科学合理的政府绩效评价生态环境下，预算绩效评价结果应用将得到充分的发展。但是我国传统的政治体制和政治文化氛围造成政府绩效文化氛围较弱，导致绩效评价结果应用工作缺乏良好的发展空间。我国传统的政治体制决定了政府的主要权力掌握在党政机关手中，一定程度上要维护其自身利益。政府及其工作人员中的既得利益集团为维护自身利益必会适机抵制绩效文化，阻碍绩效评价工作的顺利推进；绩效评价结果应用机制、行政问责机制、绩效问责机制及配套措施的不足，导致责权分离、权大于法、只向上级负责等现象仍存在以至于不能为绩效问责、预算决策提供权威可靠的依据。

第二，对绩效评价工作认识不到位。在普遍“重资金分配”“轻资金效果”的传统预算管理思维模式下，各预算部门对绩效评价工作仍不够重视，被动应付绩效评价结果的管理和应用，更没有认识到全过程预算绩效管理是未来财政管理走向财政治理的重要推动力。近年来，虽然我国致力于积极推动绩效评价工作，但效果并不理想，一些预算部门（单位）仅仅把绩效评价当成财政部门布置的任务，认为绩效评价无谓地增加了自身的工作量，存在“应付了事”的心理。

第三，经办人员工作积极性不高。预算部门（单位）日常工作量庞杂，在确保日常工作正常推进的情况下，短时间内完成资料的整理，加重了工作的负担，导致经办人员认为绩效工作就是应付差事，不认真对待；在这种思想下，自评工作很多只是应付，投入了时间却没有投入心思，造成绩效评价工作开展不顺畅，体现不出价值所在。

第四，绩效评价工作组织能力有待加强。首先，财政部门应加强其“中间者”的作用，财政部门不仅是绩效评价工作的统领方，在加强预算部门、项目单位、第三方评价机构之间的沟通交流方面起着关键性作用；在绩效评价工作中，财政部门绝不仅仅是扮演政策制定者的角色，更重要的是作为一个“中间者”，为绩效评价工作所涉各方搭建起信息传递、沟通交流的桥梁，故而财政部门组织工作的能力是影响绩效评价工作、评价结果甚至结果应用的重要因素。其次，预算部门（单位）

的自评工作组织有待加强，自评工作是各级预算部门（单位）考核部门职能发挥的一个重要手段，大部分预算部门（单位）能够认识到自评工作的重要性，根据要求成立自评小组，并及时输出绩效评价报告、总结项目或部门出现的问题，但总体来看自评组织工作仍然有待加强，主要集中在自评材料提交内容方面，大部分单位虽然提交了相关资料，但自评材料内容过于简单、关键节点没有说明资料、没有上传有效的佐证材料等问题。

第五，参评主体之间缺少有效沟通。绩效评价工作可能会涉及预算部门（单位）、财政部门以及第三方中介机构三个相关主体，各主体之间的相互沟通是绩效评价工作顺利开展与结果运用的前提与基础，但目前来看，由于各主体间绩效管理理念不够深入，在绩效评价中相互之间的沟通交流不畅仍是阻碍绩效评价结果难以应用的一大障碍，如预算部门（单位）与第三方中介机构缺少全过程绩效管理沟通，预算绩效评价主要停留在事后评审阶段，专家事前介入少，导致预算部门（单位）在指标设定和预算控制上存在很大操作难度，在事中也缺少专家针对偏离绩效目标行为进行提醒矫正环节。

三、绩效评价结果因素

绩效评价结果应用的一个核心前提是获取高质量的绩效目标审核结果、前期评估结果、事中监控结果、事后绩效评价结果以及全过程预算绩效评价结果。若输出欠缺权威性和公信力的绩效评价结果，不仅减弱了开展全过程预算绩效评价活动的意义，同时也不利于全过程预算绩效管理链条的形成。因此，将绩效评价结果作为全过程预算绩效评价结果应用影响因素的第三个重要组成要素。具体来看，当前影响我国预算绩效评价结果质量的具体因素包括以下四个方面：

（一）参评人员专业知识和评价经验欠缺

参评人员的专业知识和评价经验从一定程度上决定着绩效目标设置和绩效指标选择的准确性和科学性，从而影响绩效评价结果的质量。然而，多数参评人员的专业知识和评价经验欠缺，具体来看：

第一，内部评价人员知识背景不一。首先，在绩效评价处或兼职绩效评价的预算主管部门内部，评价人员的知识结构大多由会计、税务、审计等相关专业组成，在开展绩效自评过程中，难免以自身专业背景理解和实施自评工作，全过程预算绩效评价结果的输出过程以及结论形成过程中，其考虑的角度和所处的立场总会存在一定的偏差，从而影响绩效评价结果的客观性、实用性和操作性；其次，由于评价人员的认知、专业角度以及项目单位配合各一，往往会出现实地调研取证资料不完整、缺乏可信度、调查取证材料说服力效、证据不足等问题；最后，在实际工作中，由于绩效评价经验的缺乏，项目评价级次选择不当，将性质不同项目打包进行绩效评价，导致得出的绩效评价结果缺乏准确性和针对性，从而影响后续决策的科学性（陈志勇等，2019）①。

第二，第三方评价专家的评审态度和评审水平有限。对于财政部门与预算部门（单位），一般聘请两类专家：一类专家就职于会计师事务所，由于职业关系对会计方面更加注重，而对预算本身有所忽略，因此评审的结果效果较差；另一类专家来自于专门从事政府预算审计的机构或高校，专业素质具备，但鉴于评审的经费有限，资料规模庞大，专家评审的积极性不够同样导致评价效果差强人意。对于第三方评价机构，聘请的专家大多只能提供技术层面的帮助，在评价时很少关注公共政策性因素，忽视部门与资金使用单位自身的特性，使得中介机构研究人员在进行绩效评价时必须具备比专家更强的专业素质，从这个角度来看，即便是中介机构使用高成本聘请专家也并不一定能给绩效评价带来理想的效果；此外，评价结果因专家的水平而异，对于同一个项目，不同的专家可能会给出截然不同的评价结果，并且会同时考虑所得报酬的高低来决定评价过程的仔细程度，进一步影响项目的评价质量。

（二）绩效评价数据不易搜集

绩效评价数据是在预算绩效评价过程中，设置评价指标和生成绩效评价结论的基础和依据，客观、完整的评价数据决定着评价结果和评价指标的科学性和精确性。随着绩效评价工作的广泛推广和深入发展，财政部门对绩效评价报告结果的要求不断提高，搜集客观、完整、准确地绩效评价数据面临三方面的困难：

第一，评价数据来源有限且分散。目前评价数据的获取方式主要源于项目单位负责人的报告总结、项目管理资料以及网络公开资料和数据等，数据支撑来源分散且未成体系，数据归档也尚待规范，在未能将其及时公开的前提下，科学的绩效评价体系构建将受到影响。

第二，评价数据信息化管理水平较低。现阶段，数据信息化管理的载体和制度不够完善且在技术上还未完全达到信息化数据管理水平，而比较法要求评价数据即要与历史数据进行纵向梳理，又需与同类型数据进行横向对比，这对评价数据的收集和整理都有较高要求。

第三，“收付实现制”的会计核算方式影响评价数据的真实性。“收付实现制”

① 陈志勇，毛晖，张春雨，等.部门预算绩效评价结果应用[J].财政监督，2019（24）：27-35.

的会计核算方式下会导致项目资金的流向与使用者对该笔资金的支出责任呈现不同步的状态，可能出现资金支出但责任还未履行的情况，因此会对评价数据的真实性造成一定的影响。

（三）绩效目标量化困难、审核难度较大

作为预算绩效管理的首要环节，科学合理、易于衡量的绩效目标是绩效评价工作得以顺利开展的前提和基础，依据绩效目标合理设置评价指标体系，输出评价结果才更具科学性和权威性。然而，大多数预算部门（单位）在申报预算或项目时存在绩效目标空泛、难以衡量的问题，究其原因，主要包括以下两个方面：

第一，绩效目标量化困难。首先预算绩效评价对象大多针对的是民生性和政策性项目，绩效目标大多倾向于社会共同需要，这类目标通常不仅难以量化，而且影响绩效指标的设置；其次，在预算绩效评价工作中，虽然各预算部门根据计划标准、行业标准和历史标准评价等作为衡量绩效目标的完成程度，却受制于产出与效果难以量化、参评人员素质参差不齐、部门职责分工不清晰等因素，不仅影响衡量绩效目标的完成程度，也间接影响了评价结果的科学性和客观性。也有一些单位为最大限度地保护本部门的利益，利用自己的相对信息优势，在编制预算绩效目标时存在目标设置粗放、设置值偏低的现象，从而整体上不利于财政支出绩效的提升。

第二，绩效目标的审核难度较大。一方面，预算部门或项目的专业性较强，绩效目标涉及各个领域、各个行业，对绩效目标进行全面性、实质性审核，财政部门缺乏全面的专业知识；另一方面，信息不对称，财政部门处于相对信息劣势。各部门绩效目标的设置与其预算编制紧密相关，体现着部门职能的鲜明特点，但由于信息不对称，财政部门无法掌握各部门完整的信息数据，从而对绩效目标的审核缺乏科学依据。此外，绩效目标的审核远比对预算资金的审核更为烦琐，加之财政部门从事绩效管理工作的人员有限，导致在实践中财政部门无法对绩效目标进行一一甄别[①]。绩效目标量化的困难和绩效目标审核的难度降低了绩效目标管理结果的质量，也间接降低了全过程预算绩效评价结果的质量。

（四）绩效评价指标体系的针对性、科学性不够

兼具科学性和针对性的指标体系在一定程度上决定了绩效评价的成败以及绩效评价结果的有效性。然而，在实践中，评价指标体系的合理设定几乎是所有参评主体反映的难点，关键原因在于：

第一，共性指标体系针对性较差。根据财政部的总体部署，各级财政部门应给

① 李蔚.财政预算绩效目标管理存在的问题与对策［J］.经济师，2016（6）：96-97.

出具体的指标库体系作为绩效评价的基本共性指标，但在实践中，预算部门的职能范围不同、项目性质差别较大、不同评价节点的侧重目的各异（如项目立项评价指标、绩效监控指标以及事后绩效评价指标的重要侧重点各异），以至于可供选择的共性指标太过宽泛、笼统，个性指标也难以一一对应，加之业务人员尚不具备专业的绩效评价知识体系，在庞大的指标体系中难以找出最具备针对性的指标，加大了评价指标的设置难度。

第二，难以量化社会效益衡量指标。在预算绩效管理实践中，纳入绩效评价的部门支出或项目支出中包含不少的公益性与补贴类支出，这部分支出在评价中主要衡量其社会效益，但是在设置评价指标时，难以量化衡量社会效益的指标。另一种情况是，在实践中社会效益的衡量往往通过问卷调查的形式对公众满意度进行调查，主观性很强，如果这一部分所占比重较大，最终会在一定程度上影响绩效评价结果的客观性。

第三，第三方评价机构难以消化政策因素。第三方一般只在事后评价时介入，且用于绩效评价的时间很短，难以完全了解业务部门的职能和项目设置背景，其中涵盖的政策意义更是无法完全理解，甚至根本没有关注，因此第三方设置的指标体系更多的只是在资金使用合规性与经济效益上考量，并不能完全满足预算部门（单位）的心理预期，也较难显示政策导向作用。

第二节 基于解释结构模型（ISM）的影响因素分析

本节基于制度保障因素、绩效环境因素和绩效评价结果因素，构建解释结构模型（ISM），将影响全过程预算绩效评价结果应用的相关因素进行层次划分，形成相关因素的层级结构。

一、解释结构模型的实施步骤

（一）解释结构模型的实施步骤

解释结构模型（Interpretative Structural Modeling，ISM）旨在分解复杂系统，并将分解因素之间的关系理顺，形成一个多级递阶结构模型，其基本步骤包括：第一步，由概念系统转化成邻接矩阵（由专家小组成员相互讨论或采用德尔菲确定）；第二步，计算可达矩阵；第三步，提取骨架矩阵；第四步，根据提取的骨架矩阵，从上到下分区域的逐级排列系统的各个要素，用有向弧绘制多级递阶有向图。

（二）根据影响因素间的相互关系建立邻接矩阵

基于文献分析和预算绩效评价结果的应用现状，从预算绩效评价结果的应用过程来看，阻碍预算绩效评价结果应用的因素包括：制度供给保障不足；制度之间协调性较弱；预算管理体制自身缺陷；领导重视程度不一；主客体责任划分不清晰；绩效评价意识薄弱；专业知识和评价经验欠缺；评价数据不易搜集；绩效目标量化困难、审核难度较大；指标体系的科学性不够等10个因素，具体如表5-1所示。根据预算绩效评价结果应用过程将10个因素进行分类，明确各个影响因素之间的相互关系，得到影响因素关联关系，如表5-1所示。

表5-1　　全过程预算绩效评价结果应用影响因素

影响因素		符号
制度保障因素	制度供给保障不足	S1
	制度之间协调性较弱	S2
	预算管理体制自身缺陷	S3
绩效环境因素	领导重视程度不一	S4
	主客体责任划分不清晰	S5
	绩效评价意识薄弱	S6
绩效评价结果因素	专业知识和评价经验欠缺	S7
	评价数据不易搜集	S8
	绩效目标量化困难，审核难度较大	S9
	指标体系科学性不够	S10

将全过程预算绩效评价结果应用视作一个系统，包括S_i（i=1，2，……，10）等10个组成因素，基于因素关系构建邻接矩阵A=［a_{ij}］，若A中的因素a_{ij}若为1，则表示因素S_i对S_j有影响；若A中的因素a_{ij}若为0，则表示因素S_i对S_j无影响。根据此原理，借助相关专家（预算绩效管理方向的研究学者和长期从事预算绩效管理的工作人员）的专业知识和丰富的实践经验，总结出因素之间的相互影响关系，如，由于预算绩效评价结果应用相关法律地位和权威性较低以及规定笼统缺乏细节，因此会影响预算绩效评价制度和行政绩效评价制度之间的协调性，即“S1”制度供给保障不足会对“S2”制度之间协调性较弱产生影响，则“S1”对“S2”为1；较弱的制度协调性（“S2”）不仅会减弱相关责任人员的预算绩效评价意识，而且也会影响参评人员对预算绩效评价的评价认知和评价态度，降低评价指标的科学性和客观性，即“S2”制度之间协调性较弱会对“S6”绩效评价意识薄弱、“S7”专业知识和评价经验欠缺、“S10”指标体系科学性不够产生影响等，则“S2”对“S6”“S7”“S10”为1，具体邻接矩阵A如表5-2所示。

表5-2　　全过程预算绩效评价结果应用影响因素邻接矩阵A

	S1	S2	S3	S4	S5	S6	S7	S8	S9	S10
S1	0	1	0	0	0	0	0	0	0	0
S2	0	0	0	0	0	1	1	0	0	1

续表

	S1	S2	S3	S4	S5	S6	S7	S8	S9	S10
S3	0	0	0	0	0	1	0	1	0	0
S4	0	1	0	0	0	0	0	1	0	0
S5	0	0	0	0	0	0	0	1	0	0
S6	0	0	0	0	0	0	1	0	1	0
S7	0	0	0	0	0	0	0	0	1	0
S8	0	0	0	0	0	0	0	0	1	1
S9	0	0	0	0	0	0	0	0	0	1
S10	0	0	0	0	0	0	0	0	0	0

（三）计算可达矩阵

可达矩阵M是表示一个因素是否能够到达另一个因素。因此，利用邻接矩阵A计算可达矩阵。利用Matlab软件输入运行代码（见图5–1），计算出可达矩阵M（见表5–3）。

```
A=[0 1 0 0 0 0 0 0 0 0
    0 0 0 0 0 1 1 0 0 1
    0 0 0 0 0 1 0 1 0 0
    0 1 0 0 0 0 0 1 0 0
    0 0 0 0 0 0 0 1 0 0
    0 0 0 0 0 0 1 0 1 0
    0 0 0 0 0 0 0 0 1 0
    0 0 0 0 0 0 0 0 1 1
    0 0 0 0 0 0 0 0 0 1
    0 0 0 0 0 0 0 0 0 0];
I=eye（sizw（A））;
R=A+I;
k=0;
While 1
  M=R*（A+I）>0;
    if isequal（R，M）;
   M
  k=k+1
  break;
    end
    M=R;
    k=k+1;
  end
```

图5–1　运行代码

表5-3　　全过程预算绩效评价结果应用影响因素可达矩阵M

	S1	S2	S3	S4	S5	S6	S7	S8	S9	S10
S1	1	1	0	0	0	0	1	0	1	1
S2	0	1	0	0	0	0	1	0	1	1
S3	0	1	1	0	0	0	1	1	1	1
S4	0	1	0	1	0	1	1	1	1	1
S5	0	1	0	0	1	1	1	1	1	1
S6	0	0	0	0	0	1	1	0	1	1
S7	0	0	0	0	0	0	1	0	1	1
S8	0	1	0	0	0	0	1	1	1	1
S9	0	0	0	0	0	0	0	0	1	1
S10	0	0	0	0	0	0	0	0	0	1

（四）建立影响因素解释结构模型

将上述可达矩阵分为可达集（表示矩阵中因素S_i可到达的各个要素构成的集合）R（S_i），前因集（表示矩阵中可达到S_i的各个要素所构成的集合）A（S_i），交集C（S_i）则反映可达集与前因集的交集，即R（S_i）与C（S_i）反映了影响预算绩效评价结果应用的各因素之间直接和间接关系的所有相互关系，如表5-4所示。以R（S_i）∩Q（S_i）=R（S_i）为条件进行逐次抽取，以此类推，划分出预算绩效评价结果应用影响因素的层级，如表5-5所示。利用有向矢线根据结构矩阵要素间的相互作用关系进行相连，得出预算绩效评价结果影响因素的三级递阶结构图，如图5-2所示。

表5-4　　全过程预算绩效评价结果应用影响因素之间的相互作用关系

要素S_i	可达集R（S_i）	前因集A（S_i）	交集C（S_i）
S1	S1、S2、S7、S9、S10	S1	S1
S2	S2、S7、S9、S10	S1、S2、S3、S4、S5、S8	S2
S3	S2、S3、S7、S8、S9、S10	S3	S3
S4	S2、S4、S6、S7、S8、S9、S10	S4	S4
S5	S2、S5、S6、S7、S8、S9、S10	S5	S5
S6	S6、S7、S9、S10	S4、S5、S6	S6
S7	S7、S9、S10	S1、S2、S3、S4、S5、S6、S7、S8	S7
S8	S2、S7、S8、S9、S10	S3、S4、S5、S8	S8
S9	S9、S10	S1、S2、S3、S4、S5、S6、S7、S8、S9	S9
S10	S10	S1、S2、S3、S4、S5、S6、S7、S8、S9、S10	S10

表5-5　　全过程预算绩效评价结果应用影响因素层级划分

划分层级	要素
第一层	S7、S9、S10
第二层	S2、S6、S8
第三层	S1、S3、S4、S5

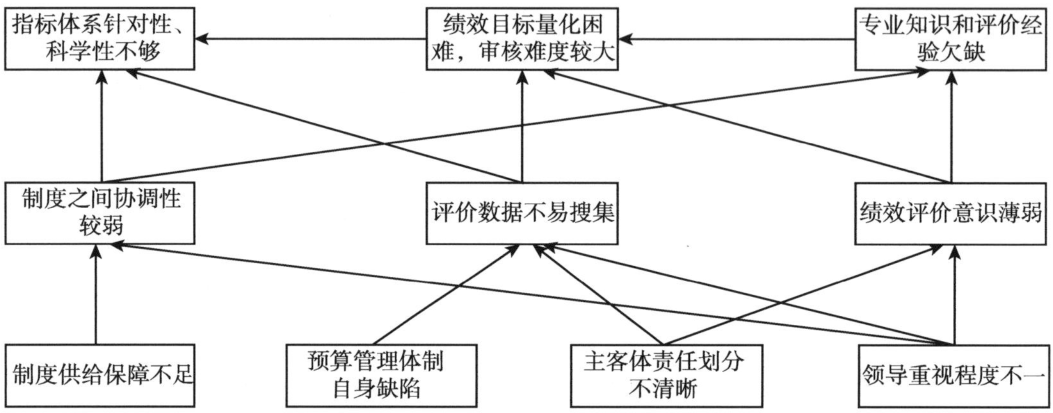

图5-2　全过程预算绩效评价结果应用影响因素解释结构模型

二、基于解释结构模型的影响因素分析

由全过程预算绩效评价结果应用影响因素的解释结构模型图可知全过程预算绩效评价结果应用相关因素的层级结构，具体包括三层因素。

（一）第一层因素

由全过程预算绩效评价结果应用影响因素解释结构模型可知，第一层因素包括：指标体系科学性不够；绩效目标量化困难，审核难度较大；专业知识和评价经验欠缺。由于参评人员（包括内部评价人员和第三方评价人员）的专业知识背景和评价经验不同，在绩效目标的量化难度较大，从而会对绩效指标的设定以及绩效评价结果的客观性和科学性产生一定的影响。从三个原因对预算绩效评价结果应用的影响上来看，均属于“绩效技术”范畴，直接影响绩效评价结果的客观性和科学性，在未识别“主观噪声”“属性噪声”“客观噪声”的情况下，应用预算绩效评价结果并不能有效发挥开展预算绩效评价工作的价值。

（二）第二层因素

由全过程预算绩效评价结果应用影响因素解释结构模型可知，第二层因素包括：制度之间协调性较弱、评价数据不易搜集、绩效评价意识薄弱。我国政府自推行绩效管理改革，一直沿着政府行政绩效管理和政府预算绩效管理进行，因此，两者在制度、评价和管理内容上的异同不仅会增加工作人员的负担，也会混淆二者的区别，不利于预算绩效评价及预算绩效管理的发展；再加上评价数据不易搜集加大了绩效目标设置以及绩效指标体系构建的难度；绩效评价意识的薄弱同样也影响了参评人员的评价经验从而影响绩效评价结果的质量。从第二层因素来看，可以总结为预算绩效评价结果应用的“绩效环境”范畴，受“绩效环境”的影响，“绩效技术”的功能发挥受到了一定限制。

（三）第三层因素

由全过程预算绩效评价结果应用影响因素解释结构模型可知，第三层因素包括：制度供给保障不足、预算管理体制自身缺陷、主客体责任划分不清晰、领导重视程度不一。相关的制度保障是公开预算绩效评价结果、建立评价结果与问责和预算资金分配联系的基础和前提，虽然各级政府出台了相关规定，但其“笼统”性规定与规则性描述为各级政府预算绩效评价结果应用的实践带来了不小的挑战，加上领导对该项工作的重视程度不一和投入力度的不同，预算管理体制自身的缺陷以及这客体责任划分的不清晰，“绩效制度”范畴的不完善并不能给“绩效环境”提供有力的支撑和保障。

▶ 第三节 基于结构方程模型（SEM）的影响因素验证

基于解释结构模型图（见图5-2），可知影响全过程预算绩效评价结果应用相关因素的层级结构：第一层为“绩效技术”范畴；第二层为“绩效环境”范畴；第三层为“绩效制度”范畴。本节将利用结构方程模型（SEM）对影响绩效评价结果应用因素之间的相关关系进行验证，从而明确影响因素层级结构对全过程预算绩效评价结果的影响程度与作用范围。

一、结构方程模型的实施步骤

（一）结构方程模型的实施步骤

利用结构方程模型（Structural Equation Model，SEM）旨在验证各变量之间的关系，即验证全过程预算绩效评价结果应用相关因素之间的关系，其分析步骤包括：第一步，从相关理论出发，依据已有理论研究成果，提出假设，构建反映变量之间关系的初始模型；第二步，模型识别，利用模型所搜集的数据结合软件分析进行有效识别；第三步，对模型参数进行估计，包括最大似然估计法、最小二乘法等；第四步，模型评估，进行假设检验，从而确定模型是否可较好拟合数据以及各参数估值是否合理；第五步，模型修正，当模型拟合指数不理想时，需要对原模型进行修正处理。

（二）问卷调查以及信效度分析

1.调查问卷的设计与发放。根据结构解释模型得到预算绩效评价结果影响因素分层：第一层因素（即测量变量）为指标体系科学性不够；绩效目标量化困难，审核难度较大；专业知识和评价经验欠缺；将其对应的潜变量称为“绩效技术”。第二层因素（即测量变量）为制度之间协调性较弱、评价数据不易搜集、绩效评价意识薄弱；将其对应的潜变量称为“绩效环境”。第三层深层导向因素（即测量变量）为制度供给保障不足、预算管理体制自身缺陷、主客体责任划分不清晰、领导重视程度不一；将其对应的潜变量称为“绩效制度”。预算绩效评价的最终目的是输出预算绩效评价结果，通过构建信息透明机制公开绩效评价结果，建立绩效评价结果与预算资金分配、问责的联系，以期实现绩效预算、权责匹配和社会监督的目标。因此，将因变量“评价结果应用”作为非自变量处理，包括“预算绩效问责”“为预算资金分配提供参考与依据”两个测量变量，如表5-6所示。基于此，设计调查问卷，如附表1所示。

表5-6　全过程预算绩效评价结果应用影响因素模型验证问卷题项设计

潜变量	可测变量	题项
绩效技术	指标体系科学性不够	Q1—Q3
	绩效目标量化困难，审核难度较大	Q4—Q5
	专业知识和评价经验欠缺	Q6—Q7
绩效环境	制度之间协调性较弱	Q8—Q9
	评价数据不易搜集	Q10—Q12
	绩效评价意识薄弱	Q13—Q17
绩效制度	制度供给保障不足	Q18—Q19
	预算管理体制自身缺陷	Q20—Q24
	主客体责任划分不清晰	Q25—Q27
	领导重视程度不一	Q28—Q29
评价结果应用	预算绩效问责	Q30—Q32
	为预算资金分配提供参考与依据	Q33—Q35

从可操作性和专业性两个方面将调查问卷对象设定为行内专家：高校及研究机构擅长预算绩效管理领域的中/高级职称的专业人员；政府内部行政人员：财政部门、预算主管部门、预算单位、项目实施单位熟悉且长期从事预算、绩效管理工作的专业人士（包括局长或副局长、科长或副科长、处长或副处长、部门主任或副主任、项目负责人、项目经办人员等专业人士）；第三方中介机构：与预算主管部门或财政部门共同参与绩效评价或对绩效自评结果进行再评价的相关专业人士。其中，预算主管部门和预算单位既是项目资金的使用主体也是绩效评价的主体；项目实施单位是项目具体的执行机构，对于项目的立项、实施过程以及产出和效果的实

际情况具有更加深入和直观的了解；行内专家具有绩效评价的专业理论知识和清晰的逻辑框架，其中部分高校专家也受邀参与绩效评价、是绩效评价专家库的成员，与政府预算主管部门、资金使用单位开展合作项目，既有专业理论知识背景也具备一定的实践经验；第三方中介机构作为第三方评价单位，可从更加客观的角度对绩效指标的重要性程度进行判断。本调查于2019年3月1日—2019年10月31日采用电子邮件、网络问卷、面对面访谈、专家会议等多种方式发放调查问卷600份，收回问卷520份，有效问卷515份，有效率为86%。样本有效回收率为：政府人员占91%，行内专家占96%，第三方中介机构占71%（见附表3）。样本来源于广东省、北京市、上海市、河北省、广西壮族自治区、重庆市、湖北省、海南省等①地区的政府行政人员和第三方评价机构的专职评价人员，财经类高校、研究科学院等研究预算管理、绩效管理领域的专家与学者。

2. 描述性统计。通过对量表所有题目进行描述性统计，而判断量表中的题目的基本水平和数据呈现的分布，主要包含平均值、标准偏差、偏度、峰度等信息，如表5–7所示。

表5–7　　样本统计结果

	数字	最小值（M）	最大值（X）	平均值（E）	标准偏差	偏度	峰度
Q1	515	1	5	3.50	1.046	–0.483	–0.562
Q2	515	1	5	3.72	1.223	–0.640	–0.729
Q3	515	1	5	3.58	1.124	–0.463	–0.754
Q4	515	1	5	3.66	1.175	–0.522	–0.830
Q5	515	1	5	3.59	1.130	–0.597	–0.649
Q6	515	1	5	3.75	1.131	–0.735	–0.364
Q7	515	1	5	3.75	1.130	–0.616	–0.664
Q8	515	1	5	3.79	1.232	–1.034	0.010
Q9	515	1	5	3.33	1.111	–0.294	–0.810

① 基于绩效评价结果应用的地方模式，选择广东省、北京市、上海市、河北省、广西壮族自治区、重庆市、湖北省、海南省作为问卷调查地区，出于以下三方面原因的考虑：一是出台相关绩效评价结果应用办法，如《北京市预算绩效管理问责办法（试行）》《北京市市级财政支出绩效评价结果应用暂行办法》《广东省省级财政预算安排与绩效评价结果、审计意见、支出进度挂钩暂行办法》《河北省预算绩效管理问责办法（试行）》《广西壮族自治区本级财政支出绩效评价结果应用暂行办法》《重庆市市级预算安排与监督检查和绩效评价结果挂钩办法的通知》《湖北省省级财政支出绩效评价结果应用暂行办法》，出台相关绩效评价结果应用办法，说明对应用绩效评价结果的重视，通过调查，可以获取相关人员在开展绩效评价结果应用实际工作中的意见和建议；二是积极公开预算绩效评价结果等相关信息，如上海市自2012年起，通过官网发布每年重要项目绩效评价结果，2016年在公布项目绩效评价结果的基础上公布完整的绩效评价报告，上海市是地方政府最早公布绩效评价结果相关信息的省份，通过对该地区的调查，可获取公布绩效相关信息应具备的技术支持等经验；三是不断探索全过程预算绩效管理，如北京市和上海市针对政策绩效评价构建事前、事中和事后绩效评价指标、广东省要求第三方参与预算绩效管理的全过程监控、海南省绩效监控机制，通过对这些省份关于开展全过程预算绩效管理的调查，可为本书推动全过程预算绩效评价结果应用提供可行建议。

续表

	数字	最小值（M）	最大值（X）	平均值（E）	标准偏差	偏度	峰度
Q10	515	1	5	3.90	1.126	−1.182	0.638
Q11	515	1	5	3.80	1.117	−1.177	0.651
Q12	515	1	5	3.98	1.141	−1.215	0.662
Q13	515	1	5	3.33	1.138	−0.306	−0.843
Q14	515	1	5	2.77	1.248	0.226	−0.971
Q15	515	1	5	3.51	1.212	−0.505	−0.800
Q16	515	1	5	3.94	1.147	−1.183	0.564
Q17	515	1	5	3.86	1.225	−1.005	−0.070
Q18	515	1	5	4.06	0.915	−1.355	2.126
Q19	515	1	5	3.76	0.909	−0.977	1.312
Q20	515	1	5	3.93	0.933	−0.863	0.457
Q21	515	1	5	3.91	0.948	−0.818	0.520
Q22	515	1	5	3.98	1.103	−1.114	0.442
Q23	515	1	5	3.56	1.297	−0.629	−0.833
Q24	515	1	5	3.88	1.149	−0.984	0.148
Q25	515	1	5	3.90	1.016	−0.784	0.045
Q26	515	1	5	3.92	0.953	−0.961	0.739
Q27	515	1	5	4.06	0.968	−1.156	1.245
Q28	515	1	5	3.89	1.121	−0.978	0.153
Q29	515	1	5	4.00	1.034	−1.027	0.465
Q30	515	1	5	3.88	0.918	−1.557	2.678
Q31	515	1	5	3.94	0.851	−1.486	2.991
Q32	515	1	5	3.87	0.918	−1.446	2.287
Q34	515	1	5	3.71	0.923	−1.273	1.540
Q33	515	1	5	3.93	0.887	−1.505	2.860
Q35	515	1	5	3.87	0.802	−1.607	3.526

3.信度分析。信度（Reliability）旨在反映考察对象特征的可靠程度，通常采用内部一致性信度表示，即通过克隆巴赫系数（Cronbach's α 系数）分析各指标在得分上的一致性程度情况。Cronbach's α 系数取值在0—1区间，若Cronbach's α 系数大于0.8，说明信度高；若Cronbach's α 系数介于0.7—0.8区间，说明信度较好；若Cronbach's α 系数介于0.6—0.7区间，说明信度可接受；若Cronbach's α 系数小于0.6则表明信度不佳，不予以接受。利用SPSS25软件估算出“绩效技术”：Cronbach's α 系数为0.906（项数7），基于标准化的Cronbach's α 系数为0.912（项数7）；“绩效环境”：Cronbach's α 系数（项数10）为0.888，基于标准化的Cronbach's α 系数（项

数10）为0.893；“绩效制度”：Cronbach's α 系数（项数12）为0.875，基于标准化的Cronbach's α 系数（项数12）为0.880；“评价结果应用”：Cronbach's α 系数（项数6）为0.876，基于标准化的Cronbach's α 系数（项数6）为0.879。由上述分析可知，量表具有良好的信度。

4.效度分析。效度（Validity）旨在反映考察对象的有效程度。为检验影响全过程预算绩效评价结果应用相关因素的层级结构，通过探索性因子分析和验证性因子分析检验问卷的结构效度（Construct Validity）。

（1）探索性因子分析（Exploratory Factor Analysis，EFA）。进行探索性因素分析需满足2个条件：一是KMO检验统计量大于0.7（KMO值>0.7）；二是Bartlett's球形检验显著（Sig.<0. 05）。因此，利用SPSS25.0对应用型全过程预算绩效评价结果应用的因素进行探索性因子分析，结果如下：

①“绩效技术”。“绩效技术”的KMO值为0.880，巴特力特球形度检验的近似卡方为2541.988，自由度为21，显著性为0.000，说明各个指标相互关联，可作因子分析（见表5-8-1）。因此，以特征根大于1为因子，提取公因子，旋转分析结果如表5-8-2、表5-8-3所示，将解释能力为43.617%和37.106%的2个因素记为JS1和JS2。由表5-8-1、表5-8-2、表5-8-3可知，筛选出的2个因素JS1和JS2具有良好代表性，“绩效技术”具有良好的结构效度。

表5-8-1　“绩效技术”的KMO和Bartlett's检验

KMO 取样适切性量数		0.880
Bartlett's球形检验	近似卡方	2541.9888888
	df	21
	Sig.	0.000

表5-8-2　“绩效技术”的总方差解释

组件	初始特征值			提取载荷平方和			旋转载荷平方和		
	总计	方差百分比（%）	累积（%）	总计	方差百分比（%）	累积（%）	总计	方差百分比（%）	累积（%）
1	4.494	64.197	64.197	4.494	64.197	64.197	3.053	43.617	43.617
2	1.157	16.525	80.722	1.157	16.525	80.722	2.597	37.106	80.722
3	0.330	4.707	85.430						
4	0.315	4.502	89.932						
5	0.257	3.665	93.597						
6	0.244	3.487	97.084						
7	0.204	2.916	100.000						

表5-8-3 旋转后的成分矩阵

变量	题目	组件	
		1	2
JS1	Q4	0.880	0.205
	Q2	0.841	0.261
	Q3	0.836	0.298
	Q1	0.799	0.341
JS2	Q6	0.296	0.877
	Q7	0.274	0.872
	Q5	0.268	0.867

②“绩效环境”。“绩效环境”的KMO值为0.867，巴特力特球形度检验的近似卡方为3642.970，自由度为45，显著性为0.000，说明各个指标相互关联，可以作因子分析（见表5-9-1）。因此，以特征根大于1为因子，提取公因子，旋转分析结果如表5-9-2、表5-9-3所示。由表5-9-3可知，除Q14外，其余各测量题项因素负荷量均大于0.5，且交叉载荷均小于0.4，因此需要删除Q14，再次执行效度分析。

表5-9-1 “绩效环境”的KMO和Bartlett’s检验

KMO 取样适切性量数		.867
Bartlett’s球形检验	近似卡方	3642.970
	df	45
	Sig.	0.000

表5-9-2 “绩效环境”的总方差解释

组件	初始特征值			提取载荷平方和			旋转载荷平方和		
	总计	方差百分比(%)	累积(%)	总计	方差百分比(%)	累积(%)	总计	方差百分比(%)	累积(%)
1	5.256	52.556	52.556	5.256	52.556	52.556	3.410	34.096	34.096
2	1.285	12.849	65.405	1.285	12.849	65.405	2.384	23.842	57.939
3	1.090	10.900	76.305	1.090	10.900	76.305	1.837	18.366	76.305
4	0.926	9.263	85.569						
5	0.402	4.015	89.584						
6	0.355	3.554	93.138						
7	0.217	2.171	95.309						
8	0.177	1.766	97.075						
9	0.162	1.623	98.698						
10	0.130	1.302	100.000						

表5-9-3　　旋转后的成分矩阵

	组件		
	1	2	3
Q10	0.905	0.180	0.173
Q11	0.880	0.240	0.218
Q12	0.868	0.236	0.229
Q16	0.852	0.255	0.203
Q13	0.227	0.813	0.124
Q9	0.248	0.799	0.129
Q15	0.273	0.798	0.125
Q14	0.040	0.379	0.108
Q8	0.268	0.196	0.903
Q17	0.275	0.234	0.890

由表5-9-4可知，KMO为0.867，大于0.7，Bartlett's球形检验值显著（Sig.<0.05），表明问卷数据符合因子分析的前提要求。因此，以特征根大于1为因子，提取公因子，旋转分析结果如表5-9-5、表5-9-6所示，将解释能力为37.049%、25.767%、21.018%的3个因素记为HJ1、HJ2、HJ3。由表5-9-4、表5-9-5、表5-9-6可知，筛选出的3个因素HJ1、HJ2、HJ3具有良好代表性，"绩效环境"具有良好的结构效度。

表5-9-4　　"绩效环境"的KMO和Bartlett's检验（修改后）

KMO取样适切性量数		0.867
Bartlett's的球形检验	近似卡方	3603.647
	df	36
	Sig.	0.000

表5-9-5　　"绩效环境"的总方差解释（修改后）

组件	初始特征值			提取载荷平方和			旋转载荷平方和		
	总计	方差百分比（%）	累积（%）	总计	方差百分比（%）	累积（%）	总计	方差百分比（%）	累积（%）
1	5.193	57.705	57.705	5.193	57.705	57.705	3.334	37.049	37.049
2	1.262	14.019	71.724	1.262	14.019	71.724	2.319	25.767	62.817
3	1.090	12.111	83.835	1.090	12.111	83.835	1.892	21.018	83.835
4	0.406	4.517	88.352						
5	0.361	4.010	92.362						

续表

组件	初始特征值			提取载荷平方和			旋转载荷平方和		
	总计	方差百分比（%）	累积（%）	总计	方差百分比（%）	累积（%）	总计	方差百分比（%）	累积（%）
6	0.217	2.414	94.776						
7	0.177	1.968	96.743						
8	0.162	1.805	98.548						
9	0.131	1.452	100.000						

表5-9-6　　　　旋转后的成分矩阵（修改后）

变量	题目	组件		
		1	2	3
HJ1	Q10	0.901	0.193	0.182
	Q11	0.875	0.251	0.228
	Q12	0.865	0.242	0.238
	Q16	0.847	0.264	0.213
HJ2	Q13	0.194	0.844	0.154
	Q9	0.222	0.817	0.157
	Q15	0.258	0.796	0.151
HJ3	Q8	0.259	0.177	0.910
	Q17	0.266	0.214	0.898

③“绩效制度”。“绩效制度”的KMO值为0.888，巴特力特球形度检验的近似卡方为3112.852，自由度为66，显著性为0.000，说明各个指标相互关联，可以作因子分析（见表5-10-1）。因此，以特征根大于1为因子，提取公因子，旋转分析结果如表5-10-2、表5-10-3所示。由表5-10-3可知，除Q23外，其余各测量题项因素负荷量均大于0.5，且交叉载荷均小于0.4，因此需要删除Q23，再次执行效度分析。

表5-10-1　　　　“绩效制度”的KMO和Bartlett’s检验

KMO 取样适切性量数		0.888
Bartlett’s球形检验	近似卡方	3112.852
	df	66
	Sig.	0.000

表5-10-2 "绩效制度"的总方差解释

组件	初始特征值			提取载荷平方和			旋转载荷平方和		
	总计	方差百分比(%)	累积(%)	总计	方差百分比(%)	累积(%)	总计	方差百分比(%)	累积(%)
1	5.325	44.373	44.373	5.325	44.373	44.373	2.826	23.553	23.553
2	1.603	13.361	57.734	1.603	13.361	57.734	2.713	22.609	46.162
3	1.231	10.259	67.993	1.231	10.259	67.993	2.620	21.831	67.993
4	0.866	7.217	75.210						
5	0.557	4.642	79.851						
6	0.522	4.349	84.200						
7	0.409	3.405	87.605						
8	0.385	3.211	90.816						
9	0.340	2.833	93.649						
10	0.305	2.541	96.190						
11	0.260	2.170	98.360						
12	0.197	1.640	100.000						

表5-10-3 旋转后的成分矩阵

	组件		
	1	2	3
Q21	**0.815**	0.240	0.167
Q29	**0.780**	0.169	0.239
Q19	**0.763**	0.280	0.178
Q26	**0.759**	0.250	0.244
Q18	0.254	**0.784**	0.189
Q27	0.306	**0.775**	0.105
Q25	0.154	**0.764**	0.036
Q20	0.096	**0.746**	0.170
Q24	0.205	0.178	**0.887**
Q28	0.142	0.152	**0.878**
Q22	0.242	0.267	**0.817**
Q23	0.289	–0.061	0.373

由表5-10-4可得到KMO为0.886，大于0.7，Bartlett's球形检验值显著（Sig.<0.05），表明问卷数据符合因子分析的前提要求。因此，以特征根大于1

为因子，提取公因子，旋转分析结果如5-10-5、表5-10-6所示，将解释能力为26.050%、23.862%、22.916%的3个因素记为ZD1、ZD2、ZD3。由表5-10-4、表5-10-5、表5-10-6可知，筛选出来的3个因素ZD1、ZD2、ZD3具有良好代表性，“绩效制度”具有良好的结构效度。

表5-10-4　“绩效制度”的KMO和Bartlett's检验（修改后）

KMO 取样适切性量数		0.886
Bartlett's球形检验	近似卡方	3046.285
	df	55
	Sig.	0.000

表5-10-5　“绩效制度”的总方差解释（修改后）

组件	初始特征值			提取载荷平方和			旋转载荷平方和		
	总计	方差百分比（%）	累积（%）	总计	方差百分比（%）	累积（%）	总计	方差百分比（%）	累积（%）
1	5.226	47.507	47.507	5.226	47.507	47.507	2.866	26.050	26.050
2	1.559	14.169	61.676	1.559	14.169	61.676	2.625	23.862	49.912
3	1.227	11.152	72.828	1.227	11.152	72.828	2.521	22.916	72.828
4	0.559	5.078	77.906						
5	0.523	4.758	82.664						
6	0.411	3.736	86.400						
7	0.387	3.514	89.914						
8	0.340	3.095	93.009						
9	0.310	2.820	95.828						
10	0.261	2.370	98.198						
11	0.198	1.802	100.000						

表5-10-6　旋转后的成分矩阵（修改后）

题目	变量	组件		
		1	2	3
ZD1	Q21	0.821	0.228	0.153
	Q29	0.788	0.153	0.226
	Q26	0.778	0.221	0.245
	Q19	0.776	0.258	0.175

续表

题目	变量	组件		
		1	2	3
ZD2	Q18	0.263	0.783	0.199
	Q27	0.314	0.773	0.116
	Q25	0.163	0.761	0.054
	Q20	0.105	0.745	0.184
ZD3	Q28	0.176	0.111	0.892
	Q24	0.231	0.147	0.889
	Q22	0.270	0.234	0.824

④“评价结果应用”。“评价结果应用”的KMO值为0.827，巴特力特球形度检验的近似卡方为1889.586，自由度为15，显著性为0.000，说明各个指标相互关联，可以作因子分析（见表5-11-1）。因此，以特征根大于1为因子，提取公因子，旋转结果如5-11-2、表5-11-3所示。将解释能力为41.803%、39.215%的2个因素分别记为US1和US2。由表5-11-1、表5-11-2、表5-11-3可知，筛选出来的US1和US2具有良好代表性，“评价结果应用”具有良好的结构效度。

表5-11-1　　“评价结果应用”的KMO和Bartlett's检验

KMO 取样适切性量数		.827
Bartlett's球形检验	近似卡方	1889.586
	df	15
	Sig.	0.000

表5-11-2　　“评价结果应用”的总方差解释

组件	初始特征值			提取载荷平方和			旋转载荷平方和		
	总计	方差百分比(%)	累积(%)	总计	方差百分比(%)	累积(%)	总计	方差百分比(%)	累积(%)
1	3.728	62.138	62.138	3.728	62.138	62.138	2.508	41.803	41.803
2	1.133	18.881	81.018	1.133	18.881	81.018	2.353	39.215	81.018
3	0.387	6.452	87.471						
4	0.302	5.026	92.497						
5	0.244	4.067	96.564						
6	0.206	3.436	100.000						

表5-11-3　　旋转后的成分矩阵

变量	题目	组件	
		1	2
US1	Q33	0.905	0.202
	Q35	0.874	0.264
	Q31	0.843	0.280
US2	Q34	0.138	0.867
	Q32	0.308	0.858
	Q30	0.319	0.822

（2）验证性因子分析（Confirmatory Factor Analysis，CFA）。验证性因子分析旨在对各变量内部题项的收敛效度检验，衡量实际测量数据与理论架构的适配度。其中，对测量模型进行修正时，主要选择X^2/df、GFI、AGFI、NFI、CFI和RMSEA等指标，如表5-12所示。

表5-12　　模型拟合指标理想标准值

拟合指标	X^2/DF	GFI	AGFI	NFI	TLI	IFI	CFI	RMSEA
接受范围	<3	>0.9	>0.9	>0.9	>0.9	>0.9	>0.9	<0.08

利用AMOS25软件进行验证性因子分析。

①“绩效技术”。构建“绩效技术”路径参数图，如图5-3所示。由表5-13可知，“绩效技术”中大多拟合指标均符合一般SEM研究标准，因此可以认为“绩效技术”有不错的配适度。由表5-14可知，各题标准化因素负荷均大于0.5以上，JS、JS1、JS2的组成信度均大于0.7，平均变异萃取量均大于0.5，均达到收敛效度标准，且配适度在可接受的范围，因此保留所有题项。

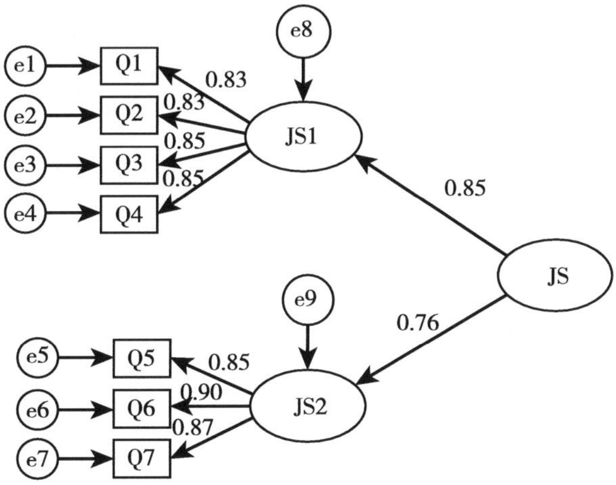

图5-3　“绩效技术”的路径参数

表5-13　“绩效技术”的模拟拟合度

拟合指标	可接受范围	测量值
CMIN		34.773
DF		13
CMIN/DF	<3	2.675
GFI	>0.9	0.982
AGFI	>0.9	0.961
RMSEA	<0.08	0.057
IFI	>0.9	0.991
NFI	>0.9	0.986
TLI（NNFI）	>0.9	0.986
CFI	>0.9	0.991

表5-14　“绩效技术”的验证性因子分析结果

构面	题项	非标准化因素负荷	标准误S.E.	C.R.（t-value）	P	标准化因素负荷	CR	AVE
JS	JS1	1				0.848	0.787	0.6449
	JS2	1				0.762		
JS1	Q1	1				0.826	0.906	0.708
	Q2	1.176	0.053	21.997	***	0.832		
	Q3	1.11	0.049	22.835	***	0.854		
	Q4	1.16	0.051	22.811	***	0.853		
JS2	Q5	1				0.851	0.904	0.759
	Q6	1.055	0.041	25.43	***	0.897		
	Q7	1.016	0.042	24.341	***	0.865		

②“绩效环境”。构建“绩效环境”路径参数图，如图5-4所示。由表5-15可知，“绩效环境”中大多的拟合指标均符合一般SEM研究的标准，因此可以认为“绩效环境”有不错的配适度。由表5-16可知，各题标准化因素负荷均大于0.5以上，HJ、HJ1、HJ2、HJ3的组成信度均大于0.7，平均变异萃取量均大于0.5，均达到收敛效度的标准，配适度也在可接受的范围，因此保留所有题项。

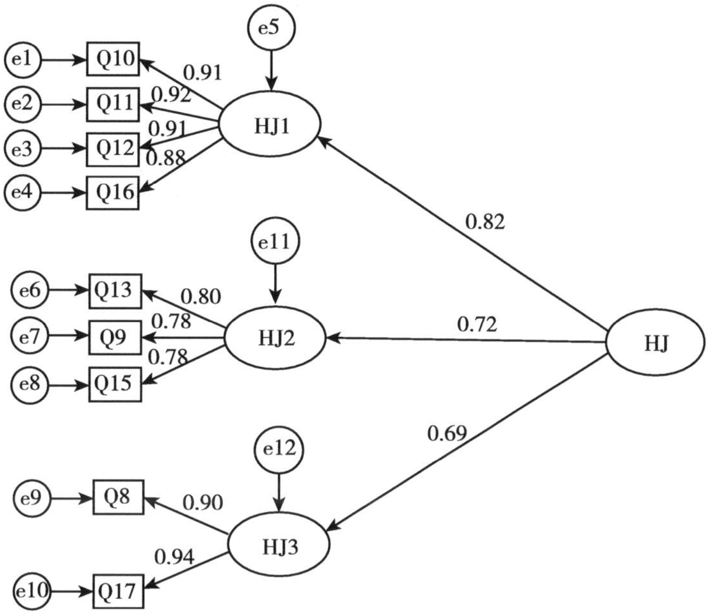

图5-4 “绩效环境”的路径参数

表5-15 “绩效环境”的模拟拟合度

拟合指标	可接受范围	测量值
CMIN		37.561
DF		24
CMIN/DF	<3	1.565
GFI	>0.9	0.985
AGFI	>0.9	0.972
RMSEA	<0.08	0.033
IFI	>0.9	0.996
NFI	>0.9	0.990
TLI（NNFI）	>0.9	0.994
CFI	>0.9	0.991

表5-16 “绩效环境”的验证性因子分析结果

构面	题项	非标准化因素负荷	标准误S.E.	C.R.（t-value）	P	标准化因素负荷	CR	AVE
HJ	HJ1	1				0.818	0.788	0.555
	HJ2	0.786	0.078	10.136	***	0.723		
	HJ3	0.911	0.089	10.234	***	0.687		

续表

构面	题项	非标准化因素负荷	标准误S.E.	C.R.（t-value）	P	标准化因素负荷	CR	AVE
HJ1	Q10	1				0.91	0.947	0.819
	Q11	1.007	0.029	34.967	***	0.925		
	Q12	1.009	0.03	33.188	***	0.907		
	Q16	0.98	0.032	30.433	***	0.876		
HJ2	Q13	1				0.801	0.829	0.619
	Q9	0.952	0.056	17.088	***	0.781		
	Q15	1.032	0.061	17.009	***	0.777		
HJ3	Q8	1				0.902	0.918	0.849
	Q17	1.037	0.047	21.979	***	0.941		

③“绩效制度”。构建“绩效制度”路径参数图，如图5-5所示。由表5-17可知，“绩效制度”中大多的拟合指标均符合一般SEM研究的标准，因此可以认为“绩效制度”有不错的配适度。由表5-18可知，各题标准化因素负荷均大于0.5以上，ZD、ZD1、ZD2、ZD3的组成信度均大于0.7，平均变异萃取量均大于0.5，均达到收敛效度的标准，配适度也在可接受范围，因此保留所有题项。

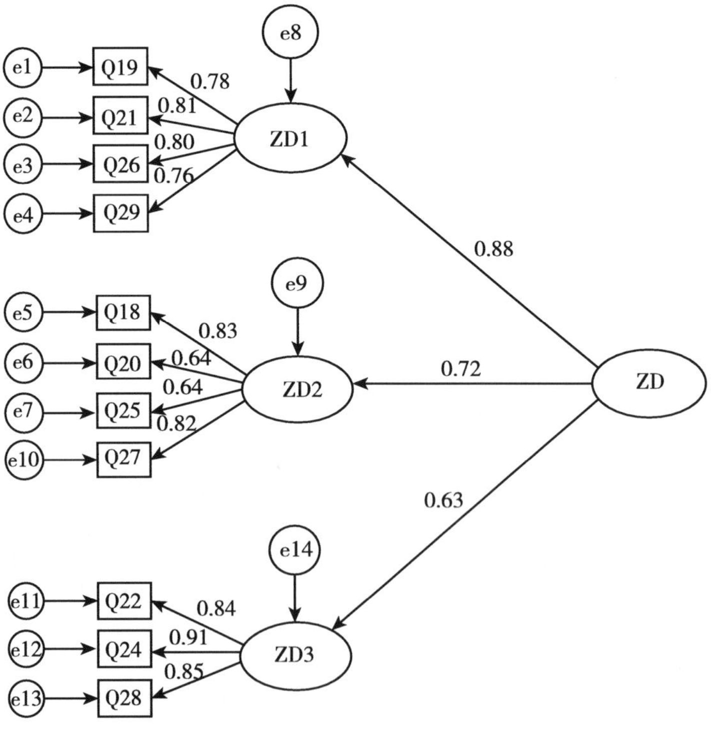

图5-5 “绩效制度”的路径参数

表5-17　　　　　　“绩效制度”的模拟拟合度

拟合指标	可接受范围	测量值
CMIN		75.620
DF		41
CMIN/DF	<3	1.844
GFI	>0.9	0.974
AGFI	>0.9	0.958
RMSEA	<0.08	0.041
IFI	>0.9	0.989
NFI	>0.9	0.975
TLI（NNFI）	>0.9	0.985
CFI	>0.9	0.989

表5-18　　　　　　“绩效制度”的验证性因子分析结果

构面	题项	非标准化因素负荷	标准误S.E.	C.R.（t-value）	P	标准化因素负荷	CR	AVE
ZD	ZD1	1				0.88	0.792	0.564
	ZD2	0.875	0.094	9.354	***	0.718		
	ZD3	0.949	0.103	9.195	***	0.635		
ZD1	Q19	1				0.778	0.866	0.619
	Q21	1.084	0.058	18.627	***	0.809		
	Q26	1.075	0.059	18.37	***	0.798		
	Q29	1.111	0.064	17.406	***	0.76		
ZD2	Q18	1				0.83	0.824	0.543
	Q20	0.784	0.054	14.529	***	0.638		
	Q25	0.855	0.059	14.546	***	0.639		
	Q27	1.04	0.055	18.909	***	0.816		
ZD3	Q22	1				0.844	0.902	0.754
	Q24	1.124	0.045	25.197	***	0.911		
	Q28	1.022	0.044	23.364	***	0.849		

④“评价结果应用”。构建“评价结果应用”路径参数图，如图5–6所示。由表5–19可知，“评价结果应用”中大多的拟合指标均符合一般SEM研究的标准，因此可以认为“评价结果应用”有不错的配适度。由表5–20可知，各题标准化因素负荷均大于0.5以上，US、US1、US2的组成信度均大于0.7，平均变异萃取量均大于0.5，均达到收敛效度的标准，配适度也在可接受范围，因此保留所有题项。

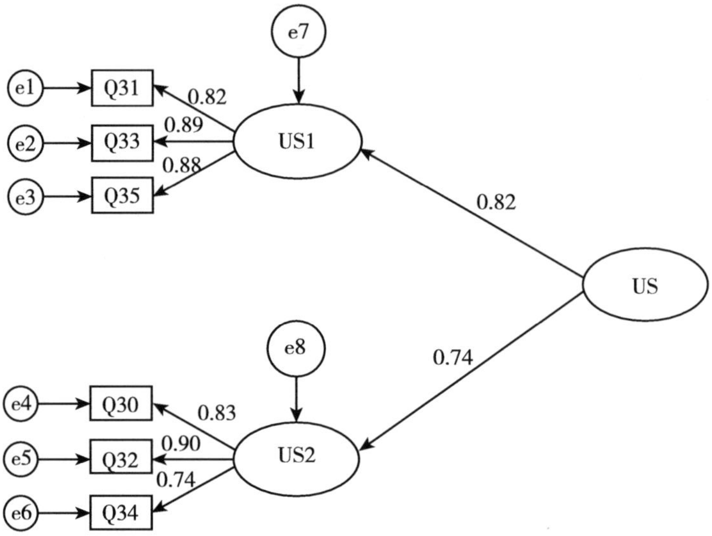

图5-6 “评价结果应用”的路径参数

表5-19 “评价结果应用”的模拟拟合度

拟合指标	可接受范围	测量值
CMIN		21.810
DF		8
CMIN/DF	<3	2.726
GFI	>0.9	0.986
AGFI	>0.9	0.964
RMSEA	<0.08	0.058
IFI	>0.9	0.993
NFI	>0.9	0.989
TLI（NNFI）	>0.9	0.986
CFI	>0.9	0.993

表5-20 “评价结果应用”的验证性因子分析结果

构面	题项	非标准化因素负荷	标准误S.E.	C.R.（t-value）	P	标准化因素负荷	CR	AVE
US	US1	1				0.815	0.756	0.608
	US2	1				0.744		
US1	Q31	1				0.82	0.897	0.744
	Q33	1.126	0.049	23.198	***	0.886		
	Q35	1.011	0.044	23.051	***	0.88		

续表

构面	题项	非标准化因素负荷	标准误S.E.	C.R.（t-value）	P	标准化因素负荷	CR	AVE
US2	Q30	1				0.833	0.867	0.686
	Q32	1.084	0.049	22.128	***	0.904		
	Q34	0.894	0.049	18.395	***	0.74		

（三）理论模型的设定

通过对问卷数据进行信度与效度检验，当前模型结构包括绩效技术潜变量、绩效环境潜变量、绩效制度潜变量以及评价结果应用潜变量。其中绩效技术潜变量中包含两个可测变量，分别为JS1和JS2。绩效环境潜变量中包含三个可测变量，分别为HJ1、HJ2和HJ3。绩效制度潜变量中包含三个可测变量，分别为ZD1、ZD2和ZD3。评价结果应用潜变量中包含两个可测变量，分别为US1和US2。将各变量间的模型假设提出如下：

H1："绩效制度"对"绩效环境"具有正向影响；

H2："绩效环境"对"绩效技术"具有正向影响；

H3："绩效技术"对"评价结果应用"具有正向影响。

通过每个观测变量所含题项的均值转换，利用AMOS25分析软件，将模型构建如图5-7所示：

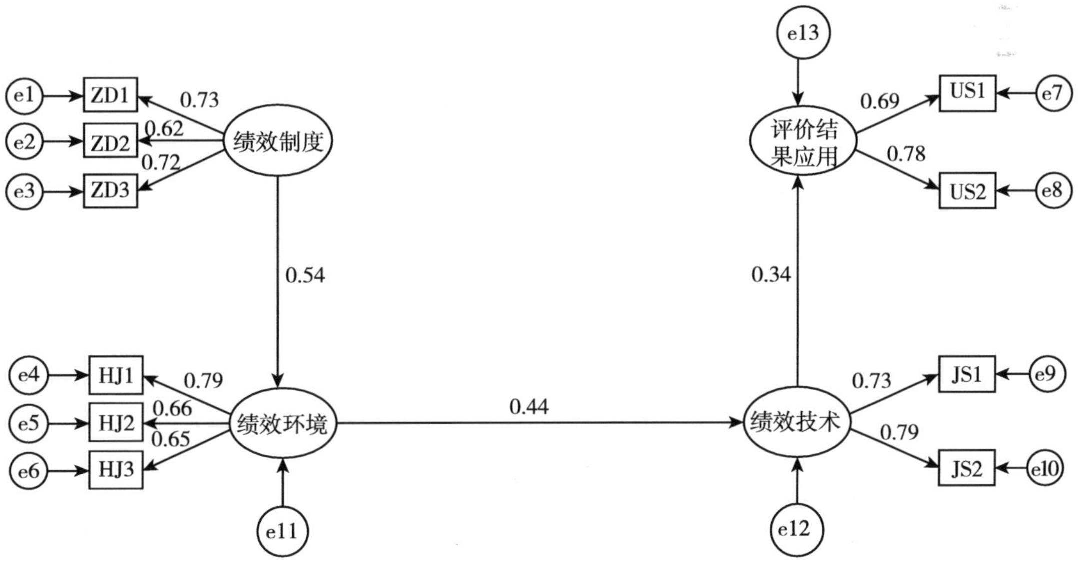

图5-7　初始模型

二、模型拟合与修正

利用AMOS25，使用最大似然法进行模型估计，由表5-21可知，GFI、AGFI、IFI、NFI、TLI、CFI大于0.9，RMSEA小于0.08，CMIN/DF却大于3.480，不符合CMIN/DF小于3的标准，因此，需要对此模型进行修正，以期达到最优拟合度。

表5-21　　　　　　　　　　模型拟合

拟合指标	可接受范围	测量值
CMIN		111.368
DF		32
CMIN/DF	<3	3.480
GFI	>0.9	0.957
AGFI	>0.9	0.926
RMSEA	<0.08	0.069
IFI	>0.9	0.940
NFI	>0.9	0.917
TLI（NNFI）	>0.9	0.914
CFI	>0.9	0.939

结构方程模型修正通常由内外部变量间的路径关系以及MI进行修正。由表5-22可知，路径系数均得到支持；则利用MI进行修正，由表5-23可知，在e3和e4之间建立相关关系作为模型修正，修正后模型再次执行得到如图5-8的结构模型。

表5-22　　　　　　　　　　路径系数

路径关系			标准化系数	非标准化系数	标准误差	T值	P	假设成立支持
绩效环境	<---	绩效制度	0.537	0.756	0.09	8.424	***	支持
绩效技术	<---	绩效环境	0.439	0.387	0.058	6.655	***	支持
评价结果应用	<---	绩效技术	0.338	0.243	0.054	4.488	***	支持

表5-23　　　　　　　　　　残差间的协方差修正指标

			M.I.	Par Change
e3	<-->	e4	37.815	0.137

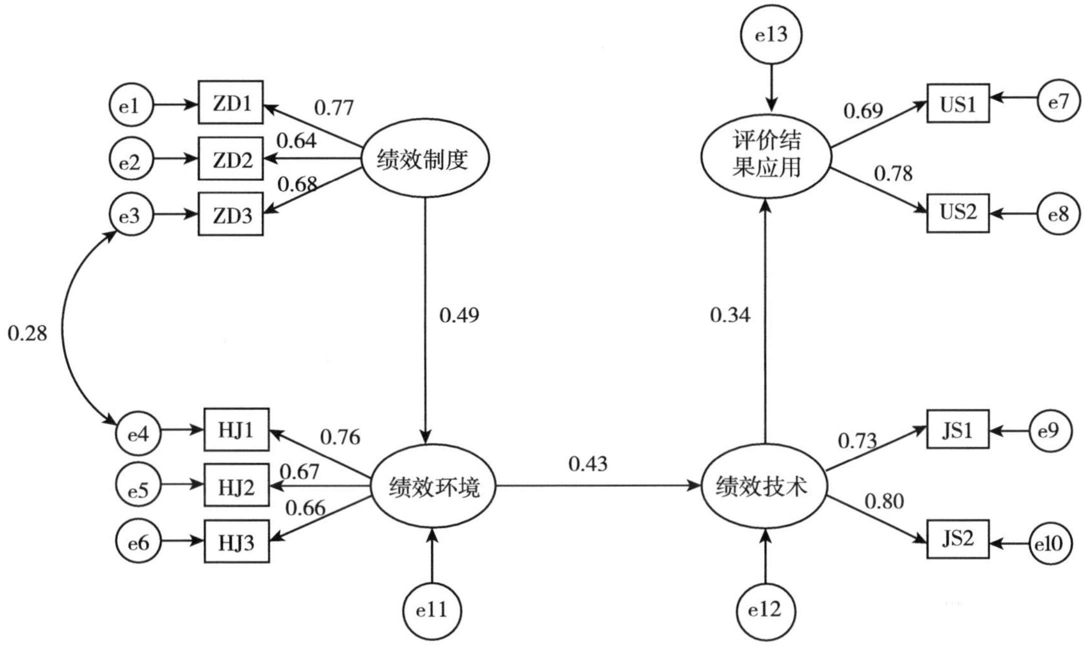

图5-8　修正后的结构模型

从表5-24可知CMIN/DF小于3，GFI、AGFI、IFI、NFI、TLI、CFI均大于0.9，RMSEA小于0.08，所有拟合指标均符合一般SEM研究标准，因此可以认为该模型有不错的配适度。

表5-24　　　　修正后的拟合值

拟合指标	可接受范围	测量值
CMIN		91.439
DF		31
CMIN/DF	<3	2.950
GFI	>0.9	0.966
AGFI	>0.9	0.940
RMSEA	<0.08	0.062
IFI	>0.9	0.954
NFI	>0.9	0.932
TLI（NNFI）	>0.9	0.933
CFI	>0.9	0.954

表5-25　　　　　　　　　　修正后的路径系数

路径关系			标准化系数	非标准化系数	标准误差	T值	P	假设成立支持
绩效环境	<---	绩效制度	0.491	0.621	0.083	7.51	***	支持
绩效技术	<---	绩效环境	0.431	0.402	0.063	6.404	***	支持
评价结果应用	<---	绩效技术	0.336	0.244	0.055	4.47	***	支持

由表5–25可知，H1假设成立，“绩效制度”对“绩效环境”具有显著的正向相关影响；H2假设成立，“绩效环境”对“绩效技术”具有显著的正向相关影响；H3假设成立，“绩效技术”对“评价结果应用”具有显著的正向相关影响。

本章小结

本章首先从理论层面详细剖析制度保障因素、绩效环境因素和绩效评价结果因素对全过程预算绩效评价结果应用的影响，随后将影响全过程预算绩效评价结果应用的相关因素（制度供给保障不足；制度之间协调性较弱；预算管理体制自身缺陷；领导重视程度不一；主客体责任划分不清晰；绩效评价意识薄弱；专业知识和评价经验欠缺；评价数据不易搜集；绩效目标量化困难、审核难度较大；指标体系的科学性不够等）进行层次划分，并构建影响因素的解释结构模型（ISM），形成影响绩效评价结果应用相关因素的层级结构：第一层为“绩效技术”范畴；第二层为“绩效环境”范畴；第三层为“绩效制度”范畴，其中，由全过程预算绩效评价结果应用影响因素解释结构模型图可知绩效指标科学性的欠缺是最重要的影响因素。

根据影响因素的层级结构，设计和发放调查问卷，并对回收的调查问卷进行信度和结构效度检验；在此基础上，提出影响因素层级结构的模型假设，即：H1：“绩效制度”对“绩效环境”具有正向影响；H2：“绩效环境”对“绩效技术”具有正向影响；H3：“绩效技术”对“评价结果应用”具有正向影响。通过对模型的拟合与修正，假设模型具有较好的配适度，模型假设成立，即绩效制度对绩效环境具有显著的正向相关影响，绩效环境对绩效技术具有显著的正向相关影响，绩效技术对评价结果应用具有显著的正向相关影响；即：“制度供给保障不足、预算管理体制自身缺陷、领导重视程度不一以及主客体责任划分不清晰”会对“制度之间的协调性、责任人员的绩效评价意识以及绩效评价数据搜集”产生影响，由于“较弱的制度协调性、薄弱的绩效评价意识以及搜集绩效评价数据不易”会影响参评人员评价态度，绩效目标的设置和绩效指标的设计也会受到影响；而“参评人员的专业知识和评价经验、项目绩效目标量化的困难以及绩效指标科学性的欠缺”直接减弱了绩效评价结果与问责、预算资金分配的联系。由实证分析可知，兼具针对性和科学性的指标体系是建立评价结果与问责、预算资金分配联系的重要影响因素，因此，构建全过程预算绩效评价结果应用通用型指标体系、设计指标权重尤为必要。

第六章 全过程预算绩效评价结果应用的指标权重设计

内容提要

由全过程预算绩效评价结果应用影响因素可知，兼具针对性和科学性的指标体系是建立评价结果与问责、预算资金分配联系的直接影响因素之一。因此，通过考核全过程预算绩效管理内容，链接事前绩效评估及评估结果应用、事中绩效运行监控及监控结果应用及事后绩效评价，以输出全过程预算绩效评价结果，形成全过程预算绩效评价结果应用模式，最大程度加强绩效评价结果与问责、资金分配的联系。本章基于全过程预算绩效管理内容，构建全过程预算绩效评价结果应用通用型指标体系，并通过问卷调查，搜集、整理调查结果，计算指标权重，形成最终的全过程预算绩效评价结果应用通用型指标体系。

第一节　构建全过程预算绩效评价结果应用通用型指标体系

一、预算绩效评价指标：最新进展与挑战

预算绩效评价指标体系的不断更新与完善是各级政府、财政部门和预算主管部门全面推进预算绩效管理的重要措施。从目前预算绩效指标发展情况来看，大多针对项目完成和验收后进行产出和效果评价，如2013年财政部印发《预算绩效评价共性指标体系框架》规定，对于项目支出绩效评价以“投入—管理—产出—效果”四类作为设置一级指标的依据，包含6个二级指标和20个三级指标，涵盖项目立项、资金落实、财务管理、产出与效益、影响等主要方面；2013—2016年，在中央部门决算中公开99个中央部门的具体绩效指标；2017—2018年，27个部委陆续公开了重点项目的绩效指标；河北省以厘清部门“干了什么”“怎么干”以及“如何干”为主线设置“部门职责—工作活动—预算项目”的三层绩效预算管理新结构[①]；上海市闵行区设置了财政项目支出绩效评价共性指标体系：包括3个一级指标、7个二级指标、21个三级指标等[②]。为加强财政支出政策绩效管理，强化支出责任，北京市和上海市闵行区探索并分别构建事前、事中和事后政策支出指标评价体系，如表6–1、表6–2–1、表6–2–2所示。经过10余年的探索和实践，预算绩效评价指标的构建取得了长

① 马蔡琛，陈蕾宇.关于构建项目支出绩效评价指标框架的思考［J］.河北学刊，2018（4）：133–140.

② 中国财政学会绩效管理研究专业委员会课题组.中国财政绩效报告（2019）——地方经验［M］.北京：经济科学出版社，2019：228–232.

足的进步，然而，由于公共支出项目的外部性和差异性，以及深处预算绩效管理起步与全面推进预算绩效管理机制环境之下，绩效评价指标的完善存在一系列的困难和挑战：首先是资金投入类指标，由于预算管理体制的自身缺陷，我国仍存在项目支出资金到位率低、资金执行不规范、年终突击用钱等问题，如何设计项目立项时期资金的落实情况和执行情况等指标需慎重考虑；其次是产出和效益类指标，与效益类指标相比，产出指标的数量、质量和成本节约程度较为容易获得；同时，只有产出指标达到要求，公共支出项目才能带来需要的效果；再次是明确绩效责任类指标，构建预算绩效评价结果应用评价指标体系，不能忽视评价主客体、公开信息的主客体以及问责主客体的评价；在构建责任政府的前提下，明确各主体的责任是开展绩效评价、进行预算绩效管理的基本前提；最后是构建全过程绩效评价指标体系，分别考评项目立项前、项目实施过程以及项目完成且验收后的绩效存在很多困难：一方面，事前评估机制尚未形成，立项评价仍处于试点阶段，尚未兼具一套科学性和合理性的立项评价指标框架；另一方面，项目类型不同决定了项目实施周期的长短，在何时对项目进行监控评价成为事中评价指标构建的主要困难之一。为此，结合绩效评价结果应用途径，基于事前绩效管理内容、事中绩效管理内容和事后绩效管理内容，构建一套能够体现项目资金的立项条件、资金落实、财务管理和业务管理、产出和效益、责任明确、追踪全过程预算绩效评价结果应用情况等的全过程预算绩效评价结果应用通用型指标体系尤为必要。

表6-1　北京市财政支出事前、事中、事后政策绩效评价指标体系

	一级指标	二级指标
事前绩效评价	政策相关性	设立依据充分性
		需求充分性
		目标明确性
		政策分解任务系统性
	政策决策科学性	决策依据充分性
		决策程序规范性
		应急机制有效性
	实施方案有效性	方案制定科学性
		过程控制有效性
		管理制度健全性
	资金分配可行性	资金分配依据充分性
		预算分配公平性
		预算分配结果与目标相符性

续表

	一级指标	二级指标
事前绩效评价	预期绩效可持续性	预期绩效的社会/经济效益
		政策效益普惠性
		预期绩效的可持续影响
事中绩效评价	政策执行保障性	制度建设保障性
		机构人员保障性
	政策执行保障性	运行机制保障性
	过程控制有效性	政策实施进度控制有效性
		政策实施程序控制有效性
		政策实施资金控制有效性
	目标预期达成性	政策阶段目标达成性
		政策整体目标可实现性
事后绩效评价	政策目标相关性	目标与需求相符性
		政策任务分解合理性
		政策目标与效果相关性
	政策执行效率性	政策规划科学性
		政策过程控制有效性
		政策执行及时性
	政策实施有效性	政策实施效果
		政策执行满意度
	政策公平性	政策资金分配公平性
		政策效果普惠性
	政策效果可持续性	政策效果的积极因素
		政策示范性及可持续性

资料来源：中国财政学会绩效管理研究专业委员会课题组.中国财政绩效报告（2019）——地方经验［M］.北京：经济科学出版社，2019：349-352。

表6-2-1　上海市闵行区公共财政政策前评估指标参考体系

一级指标	二级指标	三级指标
政策制定程序	政策调研	
	方案比选	
	政策对比	
	资料齐全	

续表

一级指标	二级指标	三级指标
政策合理性	政策依据	法规依据
		问题导向
	政策目标	目标合理性
		目标系统性
		目标具体性
	政策方案	政策路径合理性
		政策对象合理性
		扶持标准合理性
		政策实施配套制度
	政策投入	投入合理性
		投入预测准确性
	政策风险	政策操作风险
		社会稳定风险
政策廉洁性	规范权力	自由裁量权合理性
		监督制约措施完备性
	防止利益冲突	部门利益与公共利益冲突性
	责任惩戒	责任追究机制健全性
政策预期效果	政策回应性	政策对象回应性
		社会公众回应性

资料来源：中国财政学会绩效管理研究专业委员会课题组.中国财政绩效报告（2019）——地方经验［M］.北京：经济科学出版社，2019：241-243。

表6-2-2　上海市闵行区公共财政政策事中评估、事后评估指标参考体系

一级指标	二级指标	三级指标
政策实施	政策依据	法规依据
		问题导向
	政策目标	目标合理性
		目标系统性
		目标具体性
	政策实施机制	政策宣传
		政策落实
		政策监督

续表

一级指标	二级指标	三级指标
政策结果	政策效果	政策目标实现程度
	政策效应	发展效应
		公正效应
	政策效率	投入合理性
		投入产出比
政策廉洁性	规范权力	自由裁量权合理性
	防止利益冲突	部门利益与公共利益冲突性
	责任惩戒	违法违规现象与责任追究
政策满意度	政策满意度	政策对象满意度
		社会公众满意度

注：上海市闵行区公共政策事中评估、事后评估适用于未经前评估的公共政策。

资料来源：中国财政学会绩效管理研究专业委员会课题组.中国财政绩效报告（2019）——地方经验［M］.北京：经济科学出版社，2019：241-243。

二、全过程预算绩效评价结果应用通用型指标体系的基本结构

政府绩效评价的指标体系包括通用型和专项性指标体系。通用型指标体系是指对同类范围及属性的政府工作内容评价具有普遍适用性，它是反映同类政府业绩向度的基本标准；专项型评价体系指依据样本属性，剖析样本特点所制定的区别于其他样本的指标体系①。对于项目支出的全过程预算绩效管理，构建一套体现预算资金的使用效益、为预算编制提供参考依据、实现绩效问责和社会监督等类型及样本属性的指标体系，存在着个性因子（各类项目支出属性各异）之间难以相互兼容的问题；为此，构建一套能够体现项目资金的立项条件、资金落实、财务管理和业务管理、产出和效益、公共责任明确、追踪全过程预算绩效评价结果应用情况等共性要素，是构建全过程预算绩效评价结果应用指标体系的路向所在。通常情况下，绩效评价体系由三级指标体系组成，并分别承担着不同的功能与作用，包括一级指标（评价维度）、二级指标（分类指标）以及三级指标（指标要素）②。

一级指标是对评价范围类型的划分，包括评价主体、评价对象、评价行为及

① 卓萍.政府绩效合同评估体系构建与制度安排研究［M］.北京：知识产权出版社，2016：103.

② 卓越.政府绩效评估的模式建构［J］.政治学研究，2005（2）：88-95.

评价内容等；通过评价维度的区分，以减少评价的盲目性、随意性，使评价层面更具合理性和条理性[①]；二级指标是指分类指标，是在评价维度下的一种具体化形式，是评价维度的直接载体和外在表现；指标的功能发挥通常体现为评价的具体手段，可以使评价层面更加条理化，评价指标体系的技术路线更加明晰化[②]；卓越（2007）认为，在同一个评价维度下存在若干个二级指标，并根据相关度和隶属度的程度进行选择和决定[③]；三级指标是指标要素，它是细化的分类指标，是构成预算绩效评价结果应用评价指标体系最为基本的元素和最为细化的元素，同时，也是预算绩效评价结果应用具体指标功能发挥的主要着力点。基于战略规划理念，绩效评价体系的一级指标、二级指标和三级指标分别体现了全局性、精细化和微观性特性；相较于二级指标与三级指标，一级指标的选取是整个预算绩效评价结果应用评价指标体系的关键，一方面，它的选择关系到二级指标和三级指标功能的发挥；另一方面，一级指标具有很强的导向作用，能从宏观层面和整体性角度把握预算绩效评价结果应用指标体系；另外，它亦能满足不同评价主体视角的评价需要，尽量减少因主观因素而影响的评价偏差。因此，构建全过程预算绩效评价结果应用通用型指标体系需要遵循科学、系统和逻辑性的方法和思路进行选择和确定。

三、初步拟定全过程预算绩效评价结果应用通用型指标体系

（一）全过程预算绩效评价结果应用通用型指标体系的遴选原则

一是科学性原则，是设计全过程预算绩效评价结果应用通用型指标体系的基本准则，它不仅要求评价理论基础的正确性和合理性，更要求通过科学合理的数学统计方法选取和确定评价指标、构建指标体系，以获取相对真实和客观的评价结果。二是全面性原则，指标体系的构建要以提升责任意识为核心、提高资金使用效率为目标，以预算编制、运行和完成过程为基础，以项目支出全周期绩效管理为评价内容，该指标体系不仅要体现“责任”“效率”，突出预算管理的“综合性”和“系统性”，最终还要反映项目支出全过程预算绩效管理的内容，即指标体系在总体上能够反映项目支出实施的相关性、可行性、预期绩效、资金管理、过程管理、结果应用管理以及最终的产出和效果，从而全过程监督和管理项目支出的运行，为全过程

①③ 卓越.基于战略的公关部门绩效评估模式构建［J］.天津行政学院学报，2007（11）：45-49.

② 彭国甫.政府绩效评估指标体系三维立体逻辑框架的结构与运用研究［J］.兰州大学学报（社会科学版），2007（1）：40-46.

绩效评价结果应用的实现提供基础。三是可操作性原则，设计评价指标要保障相关数据的可获取性以及数据来源的稳定性，对于一些定性指标需要通过专家的直接赋值或测算进行指标的一致化处理以进行统一的评价分值比较，另外，指标数量的选择应该适当，指标体系应该精炼和具有层次性，从而使评价活动切实可行。四是定量与定性相结合的原则，单一的定量指标和定性指标并不能涉及项目支出全过程预算绩效管理的内容，需根据评价的目的以及实际需求来确定指标的评价维度，对于一些能够直接量化的指标，如资金到位率、资金到位及时率、项目支出产出的数量目标、项目支出产出的质量目标以及成本节约率等可以采用定量指标予以衡量，针对项目支出实施可行性、项目支出实施必要性、项目支出结果的应用管理等主观性以及需通过一定途径进行量化的指标应采用定性分析，以避免出现评价结果失真和评价效率低下的情况。五是独立性原则，即选入指标体系的各项指标都具有独立的信息，且相互不能代替，应选择反应信息多、能最恰当地反映目标工作特点和完成程度的指标。

（二）初步拟定全过程预算绩效评价结果应用通用型指标体系

根据上述指标体系构建思路，针对事前绩效管理阶段、事中绩效监控管理阶段与事后绩效管理阶段，初步设计11个一级评价指标（事前绩效管理评价阶段4个、事中绩效监控管理评价阶段4个、事后绩效管理评价阶段3个）、26个二级评价指标（事前绩效管理评价阶段9个、事中绩效监控管理评价阶段8个、事后绩效管理评价阶段9个）、55个三级评价指标（事前绩效管理评价阶段32个、事中绩效监控管理评价阶段11个、事后绩效管理评价阶段12个），如表6-3所示。

事前绩效管理评价阶段侧重于考察项目实施的相关性、项目实施的可行性、预期产出目标、效果目标以及责任的明确。第一，项目资金的投入和运行不仅需考虑其与国家、地区以及行业政策的相关性，还需考察项目内容是否与部门职能规划以及年度重要工作、年度重要计划相符；第二，项目实施内容与绩效目标的一致性、财政支持方式以及资金承受方的配套措施的合理性决定了项目实施的可实现性，机构的良性运转、项目实施的技术支持以及健全的管理制度是项目实施的基本保障；第三，项目实施目标是项目立项、启动阶段的重要考察内容，包括绩效目标的明确性以及对于指标的相关性、项目在预算年度内预期产品数量、服务质量以及产品和服务的时效性，项目支出的预期经济效益、社会效益、生态效益、可持续性影响以及服务对象的满意度等内容；第四，预算绩效评价结果应用偏弱的其中一个原因是被评价单位的绩效意识薄弱，缺乏主观能动性（孙欣、马海涛，2019）[①]，而公共责任

① 孙欣，马海涛．预算绩效评价结果应用：主要模式、问题及对策［J］．经济研究参考，2019（11）：5-17.

的明确是政府向社会提供公共产品和公共服务、实现结果效益的前提，亦是增强绩效评价结果与问责、资金分配联系的重要保障机制，为此需明确全过程绩效评价结果的问责主体和问责对象，厘清相应的责任；另一方面，明确公开预算绩效评价结果的主体和对象，政府与其内部、政府与公众之间的委托—代理关系要求政府内部机构有义务向委托单位报告绩效管理情况、政府有责任接受公众的监督。由预算绩效管理机制可知，绩效目标管理是开展预算绩效评价和推动预算绩效管理工作的基础，财政部门批复的绩效目标审核结果与预算主管部门、预算单位的项目资金投入息息相关，为此，对预算单位是否根据绩效目标的审核结果调整项目资金、是否对不按规定编报绩效目标的责任主体进行相关处置进行考察，以期在项目立项初期实现责任主体的绩效意识。因此，项目事前绩效管理评价的主要内容包括：项目实施相关性、项目实施可行性、项目实施的预期绩效、明确公共责任以及绩效目标审核管理。

事中绩效监控管理评价阶段侧重于对资金的实际使用情况、资金实际到位情况、业务管理、财务管理能力以及事中绩效实现程度的评价。首先，项目资金的实际到位情况和到位及时情况直接与项目运行相关；其次，资金使用单位是否有相关以及有效的业务管理和财务管理规定支撑项目的实施；最后，对项目的预期产出和效益显现程度进行管理，主要关注项目产出的数量、质量和时效性，项目产出数量要与实施阶段向匹配，考察现阶段的完成情况。事中绩效监控过程是以纠偏的过程，因此，资金使用单位应根据立项评价结果上报相关部门、调整项目资金的投入，相关权威主体对事前评价结果较差的、项目支出资金执行过程中绩效未按预定目标实现的或发生偏离的责任主体进行相关处置进行考察，以追踪相关责任主体对项目资金的关注和责任意识的体现。因此，项目事中绩效监控管理的主要内容包括：资金管理、过程管理、事中绩效实现程度、事前绩效评价结果应用。

事后绩效管理评价阶段是在项目完成验收并运行一段时间后对资金的数量、质量、时效性、成节约率以及产生的效益进行科学、工作的评价。对于政策性较强、周期长或者是金额较大的项目，当对其运行过程进行监控且对资金的投入、使用以及产出和效果的显现情况进行评价，若评价结果不理想，应及时上报相关部门，或是与相关负责人协商调整资金的后续安排，甚至是项目停止运行，以终止不必要的成本耗费，在已排除“客观噪声”的前提下，可追责项目负责人。因此，在事后绩效管理阶段，预算主管部门或财政部门需考察事中绩效评价结果应用情况，如将项目执行情况向上级汇报、是否根据项目执行情况相应调整预算资金、是否对项目执行不到位的相关主体进行处置等。因此，事后绩效管理评价阶段的主要内容包括：项目实际产出、项目实施效果和事中绩效评价结果应用。

表6-3　全过程预算绩效评价结果应用通用型指标体系（初步拟定）

	一级指标	二级指标	三级指标
事前绩效管理评价	项目支出实施可行性	项目支出实施相关性	与主管部门（预算单位）职能和重点事业规划、年度工作计划的相关性、现实需求性
			与国家宏观政策的相关性
			与地区发展政策的相关性
			预算编制的精确性和合理性
		项目支出实施的可实现性	实施内容与绩效目标的一致性
			资金接受方配套措施的合理性
			财政支出方式的合理性
			项目资金的公共性
		项目支出实施的基本保障	资金发放渠道的合理性
			具有健全的机制维持机构运转
			完整的项目技术实施方案
			项目支出资金的投入时间
			重复投入的可能性
			存在投入风险
			具备相应的基础设施
			管理制度的健全性
	项目支出预期绩效	绩效目标与绩效指标	绩效目标的明确性
			绩效指标与绩效目标相关性
		项目支出的预期产出与预期效果	预期产出的公共产品和公共服务
			公共产品和公共服务所产生的经济效益目标、社会效益目标、生态效益目标、可持续影响力目标以及需求对象的满意度提升目标
	明确公共责任	信息公开	信息公开规定的合法合规
			信息公开（上报）主体
			信息公开（上报）时间
			信息公开（上报）对象
		绩效问责	绩效问责相关规定的合法合规
			绩效问责主体
			绩效问责客体
			绩效问责时间
			绩效问责情形
			绩效问责方式
	绩效目标审核结果应用管理	预算调整	是否根据绩效目标的审核结果调整项目支出资金
		问责约束	是否对不按规定编报绩效目标的责任主体进行相关处置

续表

	一级指标	二级指标	三级指标
事中绩效监控管理评价	资金管理	资金执行情况	资金到位率
			资金到位及时率
	过程管理	业务管理	制度有效性
			质量控制
		财务管理	具备或设立项目支出的财务管理规定以规范资金的运行
			是否具备或设立相应的财务监控机制，实施相应措施以监控资金的运行
	事中绩效实现程度管理	阶段完成情况	产出数量的阶段完成情况
		效益显现程度	经济效益、社会效益、生态效益的显现程度
	事前绩效评价结果应用管理	信息公开管理	是否上报事前绩效管理情况
		与预算资金分配建立联系	是否根据事前绩效管理评价结果相应调整预算资金
		事前绩效评价结果问责	是否对事前绩效管理评价结果不理想的责任主体进行相关处置
事后绩效管理评价	项目实际产出	数量目标	项目支出实际完成率
		质量目标	项目支出完成质量达标率
		时效目标	项目支出完成及时率
		成本节约率	项目支出实施成本节约率
	项目实施效果	项目支出实施效益	项目支出实施产生的经济效益
			项目支出实施产生的社会效益
			项目支出实施产生的生态效益
		项目支出实施的影响	可持续影响
			服务对象对项目支出实施的满意程度
	事中绩效评价结果应用管理	信息公开管理	是否上报事中绩效监控管理情况
		与预算资金分配建立联系	是否根据事中绩效监控管理结果相应调整预算资金
		事中绩效评价结果问责	是否对事中绩效监控评价结果较差的进行相关处置

注：部分指标系参考并整理《预算绩效评价共性指标体系框架》（财预〔2013〕53号）、《北京市市级项目支出事前项目评估管理细则》（京财绩效〔2014〕1933号）、《昆明市本级财政支出预算事前绩效评估管理暂行办法》（昆财绩〔2018〕79号）、《北京市预算绩效管理问责办法（试行）》（京财预〔2011〕2413号）、《四川省人民政府绩效管理过错问责及结果应用办法（试行）》（川府发〔2012〕13号）、《合肥市预算绩效管理考核问责暂行办法》（合政办〔2016〕51号）而得。

▶ 第二节 全过程预算绩效评价结果应用通用型指标权重

一、指标的实证筛选与检验

（一）实证筛选

1.问卷调查的发放、收回情况。基于专家访谈（了解专家们对预算绩效评价结果应用的看法与观点，征询各位专家对全过程预算绩效评价结果应用通用型评价指标体系的设计结构和设计思路以及具体的评价指标等），设计全过程预算绩效评价结果应用通用型评价指标体系调查表，如附表2所示。选定调查对象是发放调查问卷、问卷结果有效性的核心和基本前提，从可操作性和专业性两个方面将调查问卷对象设定为行内专家：高校及研究机构擅长预算绩效管理领域的中/高级职称的专业人员；政府内部行政人员：财政部门、预算主管部门、预算单位、项目实施单位熟悉且长期从事预算、绩效管理工作的专业人士（包括局长或副局长、科长或副科长、处长或副处长、部门主任或副主任、项目负责人、项目经办人员等专业人士）；第三方中介机构：与预算主管部门或财政部门共同参与绩效评价或对绩效自评结果进行再评价的相关专业人士。其中，预算主管部门和预算单位既是项目资金的使用主体也是绩效评价的主体；项目实施单位是项目具体的执行机构，对于项目的立项、实施过程以及产出和效果的实际情况具有更加深入和直观的了解；行内专家具有绩效评价的专业理论知识和清晰的逻辑框架，其中部分高校专家也受邀参与绩效评价、是绩效评价专家库的成员，与政府预算主管部门、资金使用单位开展合作项目，既有专业理论知识背景也具备一定的实践经验；第三方中介机构作为第三方评价单位，可从更加客观的角度对绩效指标的重要性程度进行判断。本调查于2019年3月1日—2019年10月31日采用电子邮件、网络问卷、面对面访谈、专家会议等多种方式发放调查问卷600份，收回问卷520份，有效问卷486份，有效为81%。样本有效回收率为：政府人员占83%，业内专家占91%，第三方中介机构占69%（见附表3）。样本来源于广东省、北京市、上海市、河北省、广西壮族自治区、重庆市、湖北省、海南省等地区的政府行政人员和第三方评价机构的专职评价人员，财经类高校、研究科学院等研究预算管理、绩效管理领域的专家与学者。

2.隶属度分析。隶属度强调在一个模糊集里判断某个元素在多大程度上属于该集合[①]。全过程预算绩效评价结果应用通用型评价指标体系可视为一个模糊集合{X}，将每个评价指标视为集合中某个元素，对每个指标进行隶属度分析，各指标在多大程度上属于全过程预算绩效评价结果应用通用型指标体系，则表示该指标的隶属度，通常可以根据公式（其中，R_i值越接近于1，该评价指标在很大程度上属于该指标体系）$R_i=M_i \div X_i$计算得出，表示有M_i位专家认为评价指标X_i是全过程预算绩效评价结果应用通用型指标体系的理想指标。根据隶属度的计算公式，预算绩效评价结果应用评价指标的隶属度为：$R_i=M_i/486$。主要通过分析三级指标的隶属度，以此追溯调整一级指标和二级指标。通过对486份有效问卷的统计分析，得到55个评价指标的隶属度，删除了事前绩效管理阶段隶属度低于0.3[②]的9个指标，保留了其中46个评价指标，如表6–4所示。

表6–4　　事前绩效管理阶段隶属度低于0.3的9个评价指标

一级指标	二级指标	三级指标	隶属度
项目支出实施可行性	项目支出实施的可实现性	财政支出方式的合理性	0.204
		项目资金的公共性	0.183
	项目支出实施的基本保障	具有健全的机制维持机构运转	0.195
		完整的项目技术实施方案	0.200
		项目支出资金的投入时间	0.208
		重复投入的可能性	0.292
		存在投入风险	0.263
明确公共责任	信息公开	信息公开时间	0.163
	绩效问责	绩效问责时间	0.189

① 范柏乃.政府绩效评估与管理［M］.上海：复旦大学出版社，2007：213–214.

② 范柏乃，段忠贤.政府绩效评估［M］.北京：中国人民大学出版社，2012：209.

3.相关性分析。评价指标之间存在高度相关性会失去指标设置意义，增加评价负担，降低全过程预算绩效评价结果的客观性和科学性①。因此，利用SPSS25软件计算46个指标的相关性（当|r|=1是完全相关；当|r|=0时无线性相关；当|r|≥0.8时强相关；当|r|小于等于0.3时弱相关），删除相关系数大于0.8的两个指标："与国家宏观政策的相关性"（0.852）和"与地区发展政策的相关性"（0.879），保留44个相关性较弱的指标。

4.重要性分析。每个"指标重要性"得分均值可反映指标的重要性程度，即均值越高指标重要性越高；每个"指标重要性"得分标准差反映了指标的离散程度，即标准差越小专家意见越集中。利用SPSS25进行均值和标准差分析，得到结果：均值介于4—5区间，标准差介于0.3—0.5区间。因此，说明保留的44个指标重要性较高。

（二）信度与效度检验

根据绩效评价的理论要求，全过程预算绩效评价结果应用通用型指标体系内容与结构是否合理、良好，结果是否可信、有效，最终需要进行信度和效度的检验。

1.信度检验。信度（Reliability）旨在反映考察对象特征的可靠程度，通常采用内部一致性信度表示，即通过克隆巴赫系数（Cronbach's α 系数）分析各指标在得分上的一致性程度情况。Cronbach's α 系数取值在0—1区间，若Cronbach's α 系数大于0.8，说明信度高；若Cronbach's α 系数介于0.7—0.8区间，说明信度较好；若Cronbach's α 系数介于0.6—0.7区间，说明信度可接受；若Cronbach's α 系数小于0.6则表明信度不佳，不予以接受。利用SPSS25软件估算出事前绩效管理阶段的Cronbach's α 系数为0.797（项数21），基于标准化的Cronbach's α 系数为0.799（项数21），事中绩效管理阶段的Cronbach's α 系数为0.835（项数11），基于标准化的Cronbach's α 系数为0.838（项数11），事后绩效管理阶段的Cronbach's α 系数为0.814（项数12），基于标准化的Cronbach's α 为系数0.817（项数12），说明保留的44个指标信度理想。

2.效度检验。效度（Validity）检验旨在测量考察对象的有效程度。评价方法通常包括结构效度、内容效度、聚合效度等。为考察全过程预算绩效评价结果应用通用型指标的有效程度，需测量每个指标在多大程度上反映考察对象在实际工作中的问题或代表被测试对象实际工作情境，为此，利用内容效度对评价指标体系进行检验。内容效度评价的常用指标是"内容效度比"（Content Validity Ratio，CVR）：CVR= $(ne-\frac{n}{2})/\frac{n}{2}$（ne代表总评判人数中认为评判内容适当的人数，n代表总评判人数），

① 范柏乃.政府绩效评估与管理［M］.上海：复旦大学出版社，2007：214.

当评判者认为评判内容不适当且不到总数的一半，CVR为负值，当评判者认为评判内容不适当，CVR=-1，当评判者认为评判内容适当且为总人数的一半，CVR为零，当评判者认为评判内容较好，则CVR为1[①]。通过调查问卷的发放，根据反馈意见有459位专业人士认为该评价指标体系较好地反映了全过程预算绩效管理内容，计算得内容效度0.89，说明预算绩效评价结果应用通用型指标具有较好的效度。

经筛选调整后的全过程预算绩效评价结果应用通用型指标体系由11个一级指标（事前绩效管理评价阶段4个、事中绩效监控管理评价阶段4个、事后绩效管理评价阶段3个）、26个二级指标（事前绩效管理评价阶段9个、事中绩效监控管理评价阶段8个、事后绩效管理评价阶段9个）、44个三级指标（事前绩效管理评价阶段21个、事中绩效监控管理评价阶段11个、事后绩效管理评价阶段12个）构成，如表6–5所示。

表6–5　全过程预算绩效评价结果应用通用型指标体系（调整后）

	一级指标	二级指标	三级指标
事前绩效管理评价	项目支出实施可行性	项目支出实施相关性	与主管部门（预算单位）职能和重点事业规划、年度工作计划的相关性、现实需求性
			预算编制的精确性和合理性
		项目支出实施的可实现性	实施内容与绩效目标的一致性
			资金接受方配套措施的合理性
		项目支出实施的基本保障	资金发放渠道的合理性
			具备相应的基础设施
			管理制度的健全性
	项目支出预期绩效	绩效目标与绩效指标	绩效目标的明确性
			绩效指标与绩效目标相关性
		项目支出的预期产出与预期效果	预期产出的公共产品和公共服务
			公共产品和公共服务所产生的经济效益目标、社会效益目标、生态效益目标、可持续影响力目标以及需求对象的满意度提升目标
	明确公共责任	信息公开	信息公开规定的合法合规
			信息公开（上报）主体
			信息公开（上报）对象

① 范柏乃.政府绩效评估与管理［M］.上海：复旦大学出版社，2007：222-223.

续表

	一级指标	二级指标	三级指标
事前绩效管理评价	明确公共责任	绩效问责	绩效问责相关规定的合法合规
			绩效问责主体
			绩效问责客体
			绩效问责情形
			绩效问责方式
	绩效目标审核结果应用管理	预算调整	是否根据绩效目标的审核结果调整项目支出资金
		问责约束	是否对不按规定编报绩效目标的责任主体进行相关处置
事中绩效监控管理评价	资金管理	资金执行情况	资金到位率
			资金到位及时率
	过程管理	业务管理	制度有效性
			质量控制
		财务管理	具备或设立项目支出的财务管理规定以规范资金的运行
			是否具备或设立相应的财务监控机制，实施相应措施以监控资金的运行
	事中绩效实现程度管理	阶段完成情况	产出数量的阶段完成情况
		效益显现程度	经济效益、社会效益、生态效益的显现程度
	事前绩效评价结果应用管理	信息公开管理	是否上报事前绩效管理情况
		与预算资金分配建立联系	是否根据事前绩效管理评价结果相应调整预算资金
		事前绩效评价结果问责	是否对事前绩效管理评价结果不理想的责任主体进行相关处置
事后绩效管理评价	项目实际产出	数量目标	项目支出实际完成率
		质量目标	项目支出完成质量达标率
		时效目标	项目支出完成及时率
		成本节约率	项目支出实施成本节约率
	项目实施效果	项目支出实施效益	项目支出实施产生的经济效益
			项目支出实施产生的社会效益
			项目支出实施产生的生态效益
		项目支出实施的影响	可持续影响
			服务对象对项目支出实施的满意程度
	事中绩效评价结果应用管理	信息公开管理	是否上报事中绩效监控管理情况
		与预算资金分配建立联系	是否根据事中绩效监控管理结果相应调整预算资金
		事中绩效评价结果问责	是否对事中绩效监控评价结果较差的进行相关处置

二、计算指标权重

（一）基于层次分析法的权重设计

通常情况下，评价指标的权重计算可采取主观经验法、专家调查加权法、德尔菲加权法以及层次分析法等进行。相较于前三个方法，层次分析法却更具科学性和客观性，能够较为准确的计算评价指标的权重①，从而得出质量较高、有效的绩效评价结果。因此，为构建具有科学性、客观性的全过程预算绩效评价结果应用通用型指标体系，输出高质量、有效的全过程预算绩效评价结果，以最大程度加强预算绩效评价结果应用。运用层次分析法计算指标权重，基本步骤如下：

第一步，构建两两比较判断矩阵，如表6-6所示；

表6-6　　矩阵判断标度

序号	重要性等级	C_{ij}赋值
1	i、j元素同等重要	1
2	i元素比j元素稍重要	3
3	i元素比j元素明显重要	5
4	i元素比j元素强烈重要	7
5	i元素比j元素极端重要	9
6	i元素比j元素稍不重要	1/3
7	i元素比j元素明显不重要	1/5
8	i元素比j元素强烈重要	1/7
9	i元素比j元素极端不重要	1/9

注：C_{ij}={2，4，6，8，1/2，1/4，1/6，1/8}表示重要性等级介于=1，3，5，7，9，1/3，1/5，1/7，1/9。

第二步，计算单层指标权重。计算判断矩阵中每一行元素的积，计算各行M_i的n次方根值$\overline{W}=\sqrt[n]{M_i}$，i=1，2，3，…，n。将向量$[W_1, W_2, \cdots, W_m]^T$归一化，计算如下：$W_i=\dfrac{\overline{W_i}}{\sum_{i=1}^{n}\overline{W_i}}$，$W_i$即为所求的各指标权重；

第三步，计算判断矩阵A的最大特征值λ_{max}：$\lambda_{max}=\sum_{i=1}^{n}\dfrac{(A\cdot W)_i}{nW_i}$，

① 彭国甫等.应用层次分析法确定政府绩效评估指标权重的研究［J］.中国软科学，2004（6）：136-139.

其中，$A \cdot W = \begin{bmatrix} a_{11} & a_{12} & \cdots & a_{1n} \\ a_{21} & a_{22} & \cdots & a_{2n} \\ \vdots & \vdots & \vdots & \vdots \\ a_{n1} & a_{n2} & \cdots & a_{nn} \end{bmatrix} \cdot \begin{bmatrix} W_1 \\ W_2 \\ W_3 \\ W_4 \end{bmatrix}$，$(A \cdot W)_i = a_{i1}W_1 + a_{i2}W_2 + \cdots a_{in}W_n$。

第四步，进行一致性检验和排序。利用CI=（λmax−n）/（n−1）判断同阶矩阵平均一致性指标RI，通过检验以确定指标权重，当CR=CI/RI<0.1时，对各判断矩阵的一致性进行检验。当满足上述条件时则说明结果有一致性，则则不满足一致性，矩阵在逻辑上不合理。

（二）指标体系权重计算过程

在构建两两比较矩阵调查问卷时，基于事前绩效管理阶段（A1）、事中绩效监控管理阶段（A2）和事后绩效管理阶段（A3）分别将预算绩效评价结果应用通用型指标体系设置为一级指标A11、A12、A13、A14、A21、A22、A23、A24、A31、A32、A33，二级指标B11、B12…B19、B21、B22…B28、B31、B32…B39，三级指标C11、C12…C121、C21、C22…C211、C31、C32…C42，如表6−7所示。设计一级指标、二级指标和三级指标的权重设计表（见表6−8−1、表6−8−2、表6−8−3），以期对评价指标分级别、分层次进行两两对比。

表6−7 指标体系网络层

	一级指标	二级指标	三级指标
事前绩效管理评价A1	项目支出实施可行性A11	项目支出实施相关性B11	与预算主管部门（预算单位）职能和重点事业规划、年度工作计划的相关性、现实需求性C11
			预算编制的精确性和合理性C12
		项目支出实施的可实现性B12	实施内容与绩效目标的一致性C13
			资金接受方配套措施的合理性C14
		项目支出实施的基本保障B13	资金发放渠道的合理性C15
			具备相应的基础设施C16
			管理制度的健全性C17
	项目支出预期绩效A12	绩效目标与绩效指标B14	绩效目标的明确性C18
			绩效指标的相关性C19
		项目支出的预期产出与预期效果B15	公共产品和公共服务C110
			预期效益和产生的影响C111

续表

	一级指标	二级指标	三级指标
事前绩效管理评价A1	明确公共责任A13	信息公开B16	信息公开规定的合法合规C112
			信息公开（上报）主体C113
			信息公开（上报）对象C114
		绩效问责B17	绩效问责相关规定的合法合规C115
			绩效问责主体C116
			绩效问责客体C117
			绩效问责情形C118
			绩效问责方式C119
	绩效目标审核结果应用管理A14	预算调整B18	是否根据绩效目标的审核结果调整项目支出资金C120
		问责约束B19	是否对不按规定编报绩效目标的责任主体进行相关处置C121
事中绩效监控管理评价A2	资金管理A21	资金执行情况B21	资金到位率C21
			资金到位及时率C22
	过程管理A22	业务管理B22	制度有效性C23
			质量控制C24
		财务管理B23	具备或设立项目支出的财务管理规定以规范资金的运行C25
			是否具备或设立相应的财务监控机制，实施相应措施以监控资金的运行C26
	事中绩效实现程度管理A23	阶段完成情况B24	产出数量的阶段完成情况C27
		效益显现程度B25	经济效益、社会效益、生态效益的显现程度C28
	事前绩效评价结果应用管理A24	信息公开管理B26	是否上报事前绩效管理情况C29
		与预算资金分配建立联系B27	是否根据事前绩效管理评价结果相应调整预算资金C210
		事前评价结果问责B28	是否对事前绩效管理评价结果不理想的责任主体进行相关处置C211
事后绩效管理评价A3	项目实际产出A31	数量目标B31	项目支出实际完成率C31
		质量目标B32	项目支出完成质量达标率C32
		时效目标B33	项目支出完成及时率C33
		成本节约率B34	项目支出实施成本节约率C34
	项目实施效果A32	项目支出实施效益B35	项目支出实施产生的经济效益C35
			项目支出实施产生的社会效益C36
			项目支出实施产生的生态效益C37

续表

	一级指标	二级指标	三级指标
事后绩效管理评价A3		项目支出实施的影响B36	可持续影响C38
			服务对象对项目支出实施的满意程度C39
	事中绩效评价结果应用管理A33	信息公开管理B37	是否上报事中绩效监控管理情况C40
		与预算资金分配建立联系B38	是否根据事中绩效监控管理就结果相应调整预算资金C41
		事中绩效评价结果问责B39	是否对事中绩效评价结果较差的进行相关处置C42

表6-8-1　　　　一级指标权重设计

	明显重要	稍微重要	同等重要	稍微不重要	明显不重要
A11与A12相比					
A11与A13相比					
A11与A14相比					
A12与A13相比					
A12与A14相比					
A13与A14相比					

注：此表仅以事前绩效管理阶段的4个一级指标权重列举为例（“项目支出实施可行性”“项目支出预期绩效”“明确公共责任”“事前绩效评价结果应用”）。

表6-8-2　　　　二级指标权重设计

	明显重要	稍微重要	同等重要	稍微不重要	明显不重要
B11与B12相比					
B11与B13相比					
B12与B13相比					

注：此表仅以事前绩效管理阶段一级指标“项目支出实施可行性”中的二级指标权重列举为例（“项目支出实施相关性”“项目支出实施可实现性”“项目支出实施的基本保障”）。

表6-8-3　　　　三级指标权重设计

	明显重要	稍微重要	同等重要	稍微不重要	明显不重要
C11与C12相比					

注：此表仅以事前绩效管理阶段一级指标中的二级指标“项目支出实施相关性”中的三级指标权重列举为例（“与预算主管部门‘预算单位’职能和重点事业规划、年度工作计划的相关性”“项目支出的现实需求性”）。

通过单层指标权重、判断矩阵A的最大特征值λ_{max}以及一致性检验，分别计算出各阶段一级指标、二级指标和三级指标的矩阵权重，具体如下：

第一，事前绩效管理阶段：一级指标A11、A12、A13、A14权重值的计算过程：通过两两比较判断矩阵，得出A11、A12、A13、A14的比较判断矩阵，如表6–9–1–1所示：

表6-9-1-1　　A11、A12、A13、A14的比较判断矩阵

A1	A11	A12	A13	A14
A11	2	1	2	3
A12	1/2	1	2	1
A13	1/3	1/2	1	1/2
A14	1	2	1/2	1

根据公式，计算指标矩阵：$\overline{W_1}=\sqrt[4]{2\times1\times2\times3}$=1.86，$\overline{W_2}=\sqrt[4]{\frac{1}{2}\times1\times2\times1}$=1，$\overline{W_3}=\sqrt[4]{\frac{1}{3}\times\frac{1}{2}\times1\times\frac{1}{2}}$=0.54，$\overline{W_4}=\sqrt[4]{1\times2\times\frac{1}{2}\times1}$=1，$W_1=\frac{1.86}{1+1+1.86+0.54}$=0.42，$W_2=\frac{1}{1+1+1.86+0.54}$=0.23，$W_3=\frac{0.54}{1+1+0.54+1.86}$=0.12，$W_4=\frac{1}{1+1+0.54+1.86}$=0.23。可得A11、A12、A13、A14的权重值，如表6–9–1–2所示：

表6-9-1-2　　A11、A12、A13、A14权重值

A1	A11	A12	A13	A14	权重值
A11	2	1	2	3	0.42
A12	1/2	1	2	1	0.23
A13	1/3	1/2	1	1/2	0.12
A14	1	2	1/2	1	0.23

其中，

$$A\cdot W=\begin{bmatrix}A11 & A12 & A13 & A14\\A21 & A22 & A23 & A24\\A31 & A32 & A33 & A34\\A41 & A42 & A43 & A44\end{bmatrix}\cdot\begin{Bmatrix}W_1\\W_2\\W_3\\W_4\end{Bmatrix}=\begin{bmatrix}2 & 1 & 2 & 3\\\frac{1}{2} & 1 & 2 & 1\\\frac{1}{3} & \frac{1}{2} & 1 & \frac{1}{2}\\1 & 2 & \frac{1}{2} & 1\end{bmatrix}\cdot\begin{Bmatrix}0.42\\0.23\\0.12\\0.23\end{Bmatrix}=\begin{bmatrix}1.72\\0.91\\0.49\\0.91\end{bmatrix}$$

$\lambda_{max}=\frac{1.72}{4\times0.42}+\frac{0.91}{4\times0.23}+\frac{0.49}{4\times0.12}+\frac{0.91}{4\times0.23}$=4.02，

CI=（4.02–4）（4–1）=0.006，CR=CI/RI=0.0067<0.1，通过一致性检验。

同理，可计算二级指标B11、B12、B13对A11的权重值，如表6-9-2所示：

表6-9-2　　二级指标B11、B12、B13对A11的权重值

A11	B11	B12	B13	权重
B11	1	3	1/3	0.25
B12	1/3	1	1/5	0.11
B13	3	5	1	0.64

其中，λ_{max}=3.09，CI=0.045，RI=0.58，CR=0.078<0.1 通过一致性检验；可计算二级指标B14 B15对A12的权重值，如表6-9-3所示：

表6-9-3　　二级指标B14、B15对A12的权重值

A12	C14	C15	权重
B14	1	1/3	0.25
B15	1	3	0.75

其中，λ_{max}=2，CI=0，RI=0，CR=0<0.1；可计算二级指标B16、B17对A13的权重值，如表6-9-4所示：

表6-9-4　　二级指标B16、B17对A13的权重值

A13	C16	C17	权重
B16	1	1/2	0.33
B17	2	1	0.67

其中，λ_{max}=2，CI=0，RI=0，CR=0<0.1；可计算二级指标B18、B19对A14的权重值，如表6-9-5所示：

表6-9-5　　二级指标B18、B19对A14的权重值

A14	C18	C19	权重
B18	1	1/3	0.25
B19	3	1	0.75

其中，λ_{max}=2，CI=0，RI=0，CR=0<0.1；可计算三级指标C11、C12对B11的权重值，如表6-9-6所示：

表6-9-6　　三级指标C11、C12对B11的权重值

B11	C11	C12	权重
C11	1	1/3	0.25
C12	3	1	0.75

其中，λ_{max}=2，CI=0，RI=0，CR=0<0.1；可计算三级指标C13、C14对B12的权重值，如表6-9-7所示：

表6-9-7　　三级指标C13、C14对B12的权重值

B12	C13	C14	权重
C13	1	3	0.75
C14	1/3	1	0.25

其中，λ_{max}=2，CI=0，RI=0，CR=0<0.1；可计算三级指标C15、C16、C17对B13的权重值，如表6-9-8所示：

表6-9-8　　三级指标C15、C16、C17对B13的权重值

B13	C15	C16	C17	权重
C15	1	1/3	2	0.25
C16	3	1	3	0.59
C17	1/2	1/3	1	0.16

其中，λ_{max}=3.053，CI=0.0265，RI=0.58，CR=0.0457<0.1 通过一致性检验；可计算三级指标C18、C19对B14的权重值，如表6-9-9所示：

表6-9-9　　三级指标C18、C19对B14的权重值

B14	C18	C19	权重
C18	1	2	0.67
C19	1/2	1	0.33

其中，λ_{max}=2，CI=0，RI=0，CR=0<0.1；可计算三级指标C110、C111对B15的权重值，如表6-9-10所示：

表6-9-10　　三级指标C110、C111对B15的权重值

B15	C110	C111	权重
C110	1	3	0.75
C111	1/3	1	0.25

其中，λ_{max}=2，CI=0，RI=0，CR=0<0.1；可计算三级指标C112、C113、C114对B16的权重值，如表6-9-11所示：

表6-9-11　　三级指标C112、C113、C114对B16的权重值

B16	C112	C113	C114	权重
C112	3	2/1	1	0.31
C113	2	1	5	0.58
C114	1/3	1/5	1	0.11

其中，λ_{max}x=3.004，CI=0.002，RI=0.58，CR=0.003<0.1 通过一致性检验；可计算三级指标C115、C116、C117、C118、C119对B17的权重值，如表6-9-12所示：

表6-9-12　　三级指标C115、C116、C117、C118、C119对B17的权重值

B17	C115	C116	C117	C118	C119	权重
C115	1	5	2	1/3	3	0.23
C116	1/5	1	1/3	1/7	1/2	0.05
C117	1/2	3	1	1/5	3	0.14
C118	3	7	5	1	5	0.50
C119	1/3	2	1/3	1/5	1	0.08

其中，λ_{max}=5.158，CI=0.032，RI=1.12，CR=0.029<0.1 通过一致性检验。

第二，事中绩效监控管理阶段：可计算一级指标A21、A22、A23、A24的权重值，如表6-10-1所示：

表6-10-1　　一级指标A21、A22、A23、A24的权重值

A2	A21	A22	A23	A24	权重
A21	1	3	3	2	0.45
A22	1/3	1	1/2	1/2	0.12
A23	1/2	2	1	2	0.26
A24	1/2	2	1/3	1	0.17

其中，λ_{max}=4.05，CI=0.017，RI=0.9，CR=0.019<0.1 通过一致性检验；可计算二级指标B22、B23对A22的权重值，如表6-10-2所示：

表6-10-2　　二级指标B22、B23对A22的权重值

A22	B22	B23	权重
B22	1	3	0.75
B23	1/3	1	0.25

其中，λ_{max}=2，CI=0，RI=0，CR=0<0.1；可计算二级指标B24、B25对A23的权

重值，如表6–10–3所示：

表6–10–3　　　　二级指标B24、B25对A23的权重值

A23	B24	B25	权重
B24	1	1/3	0.25
B25	3	1	0.75

其中，λ_{max}=2，CI=0，RI=0，CR=0<0.1；可计算二级指标B26、B27、B28对A24的权重值，如表6–10–4所示：

表6–10–4　　　　二级指标B26、B27、B28对A24的权重值

A24	B26	B27	B28	权重
B26	1	1/5	1/3	0.11
B27	5	1	3	0.64
B28	3	1/3	1	0.25

其中，λ_{max}=3.09，CI=0.0045，RI=0.58，CR=0.078<0.1 通过一致性检验；可计算三级指标C21、C22对B21的权重值，如表6–10–5所示：

表6–10–5　　　　三级指标C21、C22对B21的权重值

B21	C21	C22	权重
C21	1	1/3	0.25
C22	3	1	0.75

其中，λ_{max}=2，CI=0，RI=0，CR=0<0.1；可计算三级指标C23、C24对B22的权重值，如表6–10–6所示：

表6–10–6　　　　三级指标C23、C24对B22的权重值

B22	C23	C24	权重
C23	1	1/2	0.33
C24	2	1	0.67

其中，λ_{max}=2，CI=0，RI=0，CR=0<0.1；可计算三级指标C25、C26对B23的权重值，如表6–10–7所示：

表6–10–7　　　　三级指标C25、C26对B23的权重值

B23	C25	C26	权重
C25	1	1	0.5
C26	1	1	0.5

其中，λ_{max}=2，CI=0，RI=0，CR=0<0.1；

第三，事后绩效管理阶段：可计算一级指标A31、A32的权重值，如表6-11-1所示：

表6-11-1　　　　一级指标A31、A32的权重值

A3	A31	A32	A33	权重
A31	1	1/3	3	0.25
A32	5	1	3	0.64
A33	1/3	1/5	1	0.11

其中，λ_{max}=3.09，CI=0.045，RI=0.58，CR=0.078<0.1；可计算二级指标B31、B32、B33、B34对A31的权重值，如表6-11-2所示：

表6-11-2　　　　二级指标B31、B32、B33、B34对A31的权重值

A31	B31	B32	B33	B34	权重
B31	1	1	1/2	2	0.23
B32	1/2	1	1/3	1/2	0.12
B33	2	3	1	2	0.42
B34	1	2	1/2	1	0.23

其中，λ_{max}=4.02，CI=0.006，RI=0.9，CR=0.0067<0.1 通过一致性检验；可计算二级指标B35、B36对A32的权重值，如表6-11-3所示：

表6-11-3　　　　二级指标B35、B36对A32的权重值

A32	B35	B36	权重
B35	1	3	0.75
B36	1/3	1	0.25

其中，λ_{max}=2，CI=0，RI=0，CR=0<0.1；可计算二级指标B37、B38、B39对A33的权重值，如表6-11-4所示：

表6-11-4　　　　二级指标B37、B38、B39对A33的权重值

A33	B37	B38	B39	权重
B37	1	1/4	1/3	0.12
B38	4	1	2	0.56
B39	3	1/2	1	0.32

其中，λ_{max}=3.02，CI=0.01，RI=0.58，CR=0.017<0.1 通过一致性检验；可计算三级指标C35、C36、C37对B35的权重值，如表6-11-5所示：

表6-11-5　　三级指标C35、C36、C37对B35的权重值

B35	C35	C36	C37	权重
C35	1	3	5	0.64
C36	1/3	1	3	0.26
C37	1/5	1/3	1	0.10

λ_{max}=3.039，CI=0.020，RI=0.58，CR=0.034<0.1 通过一致性检验；可计算三级指标C38、C39对B36的权重值，如表6-11-6所示：

表6-11-6　　三级指标C38、C39对B36的权重值

B36	C38	C39	权重
C38	1	1	0.5
C39	1	1	0.5

其中，λ_{max}=2，CI=0，RI=0，CR=0<0.1。

（三）全过程预算绩效评价结果应用通用型指标权重

经过分析和测算，最终得到包括事前绩效管理阶段、事中绩效监控管理阶段和事后绩效管理阶段的三级指标体系权重，如表6-12所示。

表6-12　　全过程预算绩效评价结果应用通用型指标权重

	一级指标	二级指标	三级指标
事前绩效管理评价	项目支出实施可行性0.42	项目支出实施相关性0.25	与主管部门（预算单位）职能和重点事业规划、年度工作计划的相关性、现实需求性0.25
			预算编制的精确性和合理性0.75
		项目支出实施的可实现性0.11	实施内容与绩效目标的一致性0.75
			资金接受方配套措施的合理性0.25
		项目支出实施的基本保障0.64	资金发放渠道的合理性0.25
			具备相应的基础设施0.59
			管理制度的健全性0.16
	项目支出预期绩效0.23	绩效目标与绩效指标0.25	绩效目标的明确性0.67
			绩效指标与绩效目标相关性0.33
		项目支出的预期产出与预期效果0.75	预期产出的公共产品和公共服务0.75
			公共产品和公共服务所产生的经济效益目标、社会效益目标、生态效益目标、可持续影响力目标以及需求对象的满意度提升目标0.25

续表

	一级指标	二级指标	三级指标
事前绩效管理评价	明确公共责任0.12	信息公开0.33	信息公开规定的合法合规0.31
			信息公开（上报）主体0.58
			信息公开（上报）对象0.11
		绩效问责0.67	绩效问责相关规定的合法合规0.23
			绩效问责主体0.05
			绩效问责客体0.14
			绩效问责情形0.50
			绩效问责方式0.08
	绩效目标审核结果应用管理0.23	预算调整0.25	是否根据绩效目标的审核结果调整项目支出资金0.25
		问责约束0.75	是否对不按规定编报绩效目标的责任主体进行相关处置0.75
事中绩效监控管理评价	资金管理0.45	资金执行情况0.45	资金到位率0.25
			资金到位及时率0.75
	过程管理0.12	业务管理0.75	制度有效性0.33
			质量控制0.67
		财务管理0.25	具备或设立项目支出的财务管理规定以规范资金的运行0.5
			是否具备或设立相应的财务监控机制，实施相应措施以监控资金的运行0.5
	事中绩效实现程度管理0.26	阶段完成情况0.25	产出数量的阶段完成情况0.25
		效益显现程度0.75	经济效益、社会效益、生态效益的显现程度0.75
	事前绩效评价结果应用管理0.17	信息公开管理0.11	是否上报事前绩效管理情况0.11
		与预算资金分配建立联系0.64	是否根据事前绩效管理评价结果相应调整预算资金0.64
		事前绩效评价结果问责0.25	是否对事前绩效管理评价结果不理想的责任主体进行相关处置0.25
事后绩效管理评价	项目实际产出0.25	数量目标0.23	项目支出实际完成率0.23
		质量目标0.12	项目支出完成质量达标率0.12
		时效目标0.42	项目支出完成及时率0.42
		成本节约率0.23	项目支出实施成本节约率0.23
	项目实施效果0.64	项目支出实施效益0.75	项目支出实施产生的经济效益0.64
			项目支出实施产生的社会效益0.26
			项目支出实施产生的生态效益0.10
		项目支出实施的影响0.25	可持续影响0.5
			服务对象对项目支出实施的满意程度0.5

续表

	一级指标	二级指标	三级指标
事后绩效管理评价	事中绩效评价结果应用管理0.11	信息公开管理0.12	是否上报事中绩效监控管理情况0.12
		与预算资金分配建立联系0.56	是否根据事中绩效监控管理评价结果相应调整预算资金0.56
		事中绩效评价结果问责0.32	是否对事中绩效评价结果较差的进行相关处置0.32

本章小结

本章结合绩效评价结果应用途径，并基于事前绩效管理内容、事中绩效管理内容和事后绩效管理内容，构建一套能够体现项目资金的立项条件、资金落实、财务管理和业务管理、产出和效益、责任明确、追踪全过程预算绩效评价结果应用情况等的全过程预算绩效评价结果应用通用型指标体系，通过考核绩效目标审核结果应用、前期绩效管理结果应用、中期绩效监控结果应用情况，及时调整、纠偏绩效目标、锁定责任主体，从而链接事前绩效评估及评估结果应用、事中绩效运行监控及监控结果应用、事后绩效评价，输出全过程预算绩效评价结果，形成全过程预算绩效评价结果应用模式，最大程度加强绩效评价结果与问责、资金分配的联系，进一步完善当前预算绩效评价体系。为此，预算部门和资金使用单位可委托第三方评价机构或与第三方评价机构共同参与评价：在项目资金运行前期，根据绩效目标审核结果，度量项目支出实施的可行性、项目支出预期绩效、明确公共责任和绩效目标审核结果应用，输出和应用前期绩效管理评价结果；在资金投入运行期间，选择固定时间（对于年度项目，可在第二季度结束后评价绩效运行情况；对于中长期项目，可按照年度确定时间评价绩效运行情况），度量资金管理、过程管理、中期绩效实现程度、前期绩效管理结果应用情况，输出和应用中期绩效监控结果；资金运行完成，度量项目的实际产出、项目的实施效果、中期绩效监控结果应用情况，从而输出全过程预算绩效评价结果。

▶ 第七章

预算绩效评价结果应用的国际经验借鉴

内容提要

英国、美国、韩国等绩效预算改革较为成功的发达国家均已建立较为完善的绩效预算制度框架和运行机制，在促进各国资金使用效率提升、构建责任政府的过程中发挥着重要的作用。本章选取英国、美国、韩国这三个国家，以其在应用预算绩效评价结果过程中的主要特点为考察和分析对象，以期为加强我国预算绩效评价结果应用提供经验与启示。

第一节 英国预算绩效评价结果应用的借鉴意义

建立绩效评价结果与预算决策、问责的联系，以实现资源优化配置、社会监督以及行政效率提升的目标也是英国开展绩效预算的主要目的。然而，英国的特色在于以政府绩效管理改革为基础，设计完备的绩效预算框架来有效建立绩效评价结果与预算决策、问责的联系，形成全过程预算绩效评价结果应用模式；同时，实行管用分离制度，且以部门为主，制定绩效目标、绩效评价指标和评价标准，在给予支出部门一定程度的自主权同时，更好地管控预算资金。

一、以政府绩效管理改革为基础

财政危机、管理危机和信任危机构成英国政府实施绩效管理的直接动因。为进行有目的性、有针对性地改革，英国政府经历了三个阶段：第一阶段（20世纪70年代末至80年代中期）以节约政府行政开支为目标，建立部长管理信息系统和颁布财政管理新方案：部长管理信息系统通过结合绩效评价、目标管理和信息技术，使政府的绩效评价更具战略性和系统性，财政管理新方案则以实现绩效目标和设计衡量手段为核心，旨在增强各部门的绩效意识；第二阶段（20世纪80年代末至90年代末）在节约政府行政开支的基础上，以增强公共服务质量和效益为目标，实施《下一步行动方案》和推动“公民宪章运动”：《下一步行动方案》将绩效状况与行政管理建立联系，如对未完成绩效目标的主管部门，降低部门管理者的绩效工资；“公民宪章运动”则以法律的权威规定政府服务的内容、标准以及应承担的责任等，并将其进行公开，接受公众的监督，促使政府行政朝着更加公开、透明和负责任的方向迈进。第三阶段（20世纪90年代末至今）为进一步提高公共服务质量，强调资金的使用价值以及顾客导向，围绕“公共服务协议”进行一系列改革，构建完备的绩效预算体系，以促进责任政府的形成。正是基于英国政府绩效管理内容的不断完善和持续改进，绩效预算才得以顺利实施[①]。

二、设计完备的绩效预算运行体系

英国的绩效预算运行体系由设立绩效目标、拨付预算资金、监督绩效运行情况、提交绩效报告、绩效结果应用五个环节构成（见图7–1）。第一，设立绩效目标，基于部门支出预算限额和部门愿景，进一步细化与明确部门的绩效目标（如英国教育部依据2015—2016年部门支出限额58.2英镑及部门需实现的承诺：“为每个人提供世界级的教育、培训和关怀，无论他们的背景如何；它将确保每个人都有机会发挥自己的潜力，过上更充实的生活；它还将创造一个更多产的经济，使我们的国家适合未来”；确定教育部门的单一部门计划：儿童服务、幼儿教育和福利；学校；16岁以上的技能培训以及“共建我们的部门”转型计划；其中，在“共建我们的部门”转型计划中设置了三个绩效目标，分别是：促进弱势儿童和青年的教育成果，为学校提供国家资助方案，并通过“学生奖励计划”继续支持弱势青年；在需要的领域提供有针对性的、基于场所的支持；与住房、社区和地方政府部门合作，创建一个更强大、更一体化的英国[②]）和绩效指标，支出部门在确定部门绩效目标和绩效指标的同时签订《公共服务协议》；第二，拨付预算资金，支出部门在获得预算资金的同时需签订《公共服务协议》，以明确预算资金要实现的绩效结果；第三，监督绩效运行情况，财政部门每季度收集一次各部门的绩效任务报告，以定期检查和监控绩效任务完成过程中存在的风险和问题；第四，提交绩效报告，支出部门每年两次向议会提交绩效报告，第一次是春季绩效报告，即《部门年度报告》，说明部门绩效任务完成的最终情况；第二次是秋季绩效报告，即《秋季绩效评价报告》，说明部门绩效任务的事中完成情况；第五是绩效结果应用，一方面，将绩效结果作为调整政府长期经济目标和计划的依据，并根据每年的《秋季绩效评价报

① 马国贤.2016中国财政发展报告：中国政府绩效管理与绩效评价研究［M］.北京：北京大学出版社，2016：306–310.

② GOV.UK. Departmentment for Education Single departmental plan–May2018［EB/OL］. https：//www.gov.uk/government/publications/department–for–education–single–departmental– plan/may–2018–department–for–education–single–departmental–plan.Updated 27 June 2019.

告》相应调整3年滚动预算；另一方面，将绩效结果应用于下一年度预算决策，若支出部门或地方政府在未来3年绩效结果良好，在得到财政利益奖励的同时，还可以扩大地方自治权；若绩效结果不理想，支出部门在内阁委员会的帮助下改进绩效[①②]。

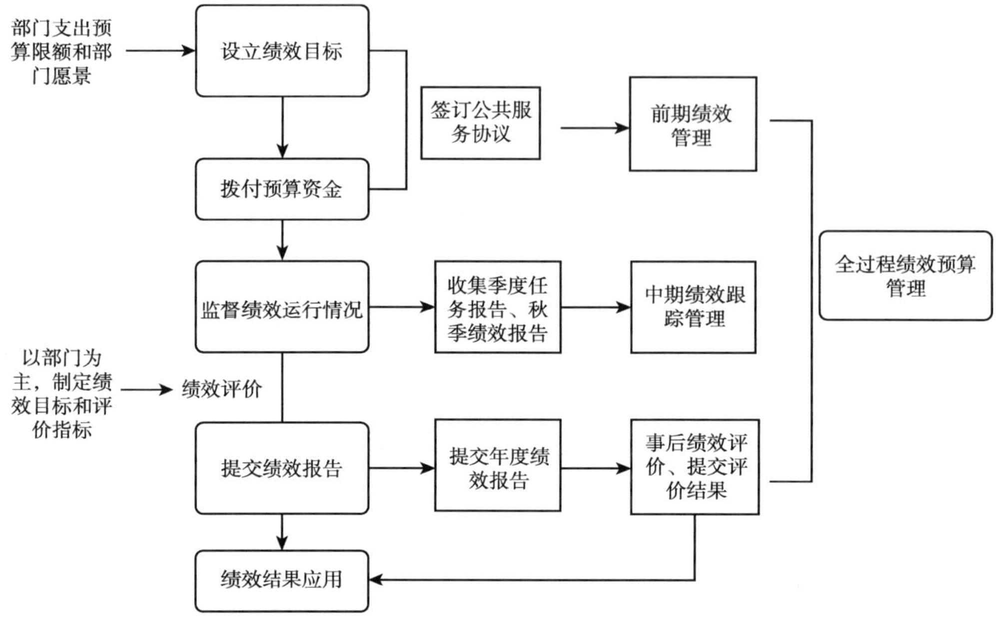

图7-1　英国全过程预算绩效评价结果应用

整个绩效运行框架通过签订公共服务协议、发布绩效任务报告以及提交绩效报告链接绩效目标管理、绩效运行监控以及绩效评价各阶段，形成全过程预算绩效评价结果应用。在绩效目标管理和拨付预算资金阶段，通过公共服务协议的签订，以合同形式督促和锁定责任主体，明确责任主体需完成的任务和具体措施；在绩效运行监控阶段，通过每季度绩效任务报告的收集，秋季绩效报告的发布和提交，掌握绩效任务的完成程度，将实际完成工作与公共服务协议明确的绩效目标进行对比，及时发现问题，以确保绩效回归正轨；在绩效评价完成阶段，发布并提交春季绩效报告，建立绩效结果与预算的直接联系。

三、实行管用分离制度

首先，英国政府的预算执行管理主体具有一定程度的自主权，基于部门总额限制，可在一个拨款项目下的两个款项之间进行资金调剂使用；其次，为加强财政支

① 马洪范.建立全过程预算绩效管理体系［M］.北京：经济科学出版社，2018：66-67.

② 王淑杰.英国政府预算制度［M］.北京：经济科学出版社，2014：272.

出的控制和管理，英国政府实行管用分离制度，即预算资金管理者与预算资金使用者实行绝对分离的制度，与此同时，政府所有收支归国库账户管理，每一项预算支出都经由国家审计署进行统一；具体预算部门的各项支出需求需由公共会计出纳署经办，而资金直接由会计出纳署直接拨付给资金使用主体，从而提供公共产品和公共服务[①]。

四、注重以部门为主，制定绩效目标和评价指标

在绩效预算过程中，英国政府注重以部门为主，制定绩效目标、评价指标和评价标准。自2015年起，英国政府要求各支出部门确立部门整体战略目标、制定单一部门绩效计划，强调部门在提供公共服务和履行责任中的重要作用。因各支出部门职能不同，依据不同类型设计不同的绩效评价指标：首先是部门效率指标（Department Efficiency），主要从人力资源、办公成本、采购、重大项目、信息技术、企业服务、债务、中小企业和志愿组织采购等八个方面进行评价；其次是部门关键举措指标（Key Actions），该指标根据部门的优先目标和重要任务进行设置，每个事件划分按时完成、未完成<1个月、未完成<两个月以及未完成<三个月四档，对于未完成事件必须对其原因进行解释；最后是部门绩效指标（Impact Indicator），包括投入指标和影响力指标，由各部门根据优先事项分解所得，旨在帮助公众判断部门政策和改革是否产生了预期的影响[②]。

① 中华人民共和国财政部预算司.中国预算绩效管理探索与实践［M］.北京：经济科学出版社，2013：51.

② 王淑杰.英国政府预算制度［M］.北京：经济科学出版社，2014，271.

第二节 美国预算绩效评价结果应用的借鉴意义

美国十分注重应用绩效评价结果，在实现结果与预算决策联系的过程中，更为注重通过立法运行绩效预算框架，实现资金使用效益的提升；与此同时，多元的绩效评价主体和层次体系以及全面和科学的评价指标，有助于高质量绩效评价结果的输出，在应用绩效评价结果、实现绩效预算目标的过程中发挥着重要的作用。此外，严格而规范的信息披露制度，实现了社会公众对政府预算工作的有效监督。

一、注重基于立法运行绩效预算

在美国漫长的绩效预算改革过程中，基于立法运行绩效预算，是促使美国政府成为国际上实施绩效预算典范的根本保证[①]。《政府绩效与成果法案》是一部专门为政府绩效制定的法案，该法案的实施也象征着美国已形成比较成熟的制度体系，对美国提高资金支出效益发挥了重要作用。法案中对于编制和提交战略计划、年度绩效计划以及年度绩效报告的要求，较好地与预算编制、执行和完成进行了有效结合，形成了全过程绩效预算的管理模式。首先是制定部门战略计划，以说明部门的主要工作任务和职能，描述部门的工作目标以及实现的办法和措施，通过将预算绩效信息与中期预算框架内需实现的绩效目标建立联系，突出公共资源的战略性配置功能；其次是编制年度绩效计划，各部门依据部门战略计划

① 马洪范.建立全过程预算绩效管理体系［M］.北京：经济科学出版社，2018：58.

编制年度绩效计划，阐明项目实现的绩效目标和优先绩效目标（如：美国联邦政府部门基于部门战略规划确定部门绩效目标和优先绩效目标，如图7-2和图7-3所示，美国农业部基于2018—2022财年的七个战略目标选择两个优先目标："改善客户体验"和"信息技术现代化"）、量化和细化的绩效指标、评价方法、实施程序以及管理者的权限和责任；此外，为检验部门编制年度绩效计划的能力，联邦政府采取试点项目评价以及循证预算的方法，一方面，将试点项目评价结果与编制年度绩效计划能力挂钩，若编制年度绩效计划能力好作为经验的积累，若不好则取消项目，在总统预算和管理办公室的帮助下，对评价人员进行专业培训以输出更好的绩效结果，或将前一年的预算程序作为下一年绩效评价的基础；另一方面，利用PART系统建立与预算决策的联系，根据项目评价结果是否增加或调减项目申请资金，从源头上提高资金的使用效益；最后是提交年度绩效报告，在每个财政年度末期，各支出部门提交部门绩效计划、年度绩效报告、下一年度的预算草案，由总统预算和管理办公室审查和确定预算的调整，然后呈交总统和国会，从而对部门

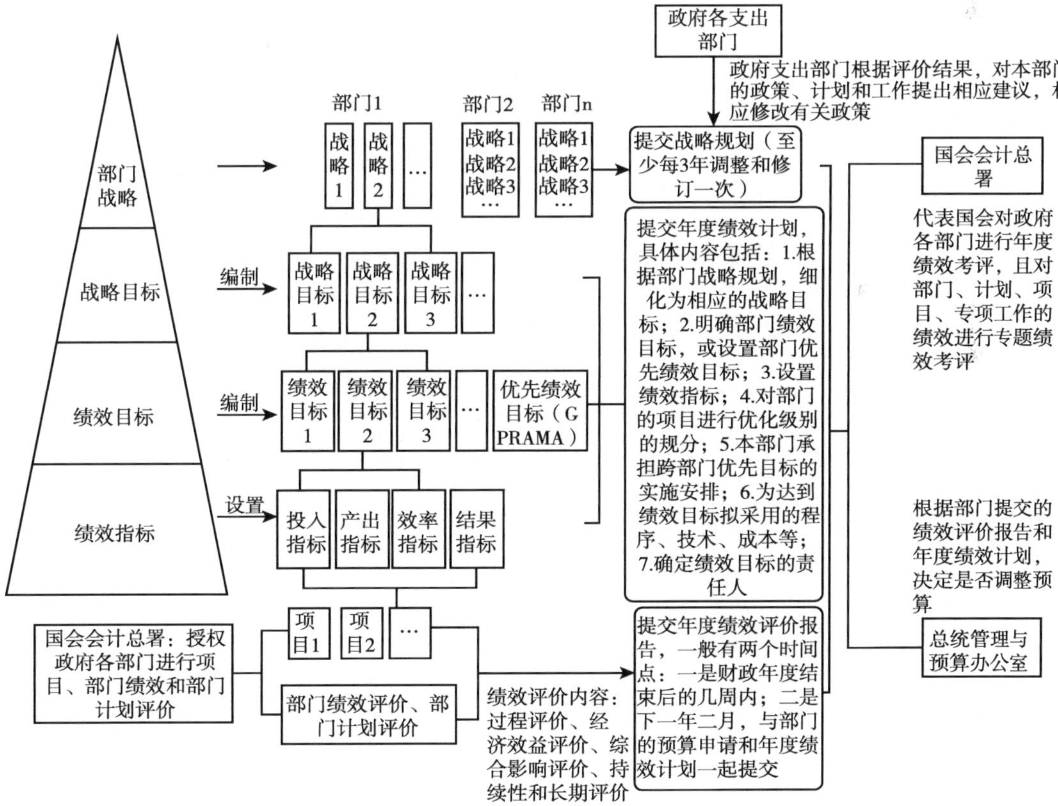

图7-2　美国联邦政府绩效管理框架

资料来源：根据马国贤所著《2016中国财政发展报告：中国政府绩效管理与绩效评价研究》第九章整理得出。

预算产生影响[①②]。

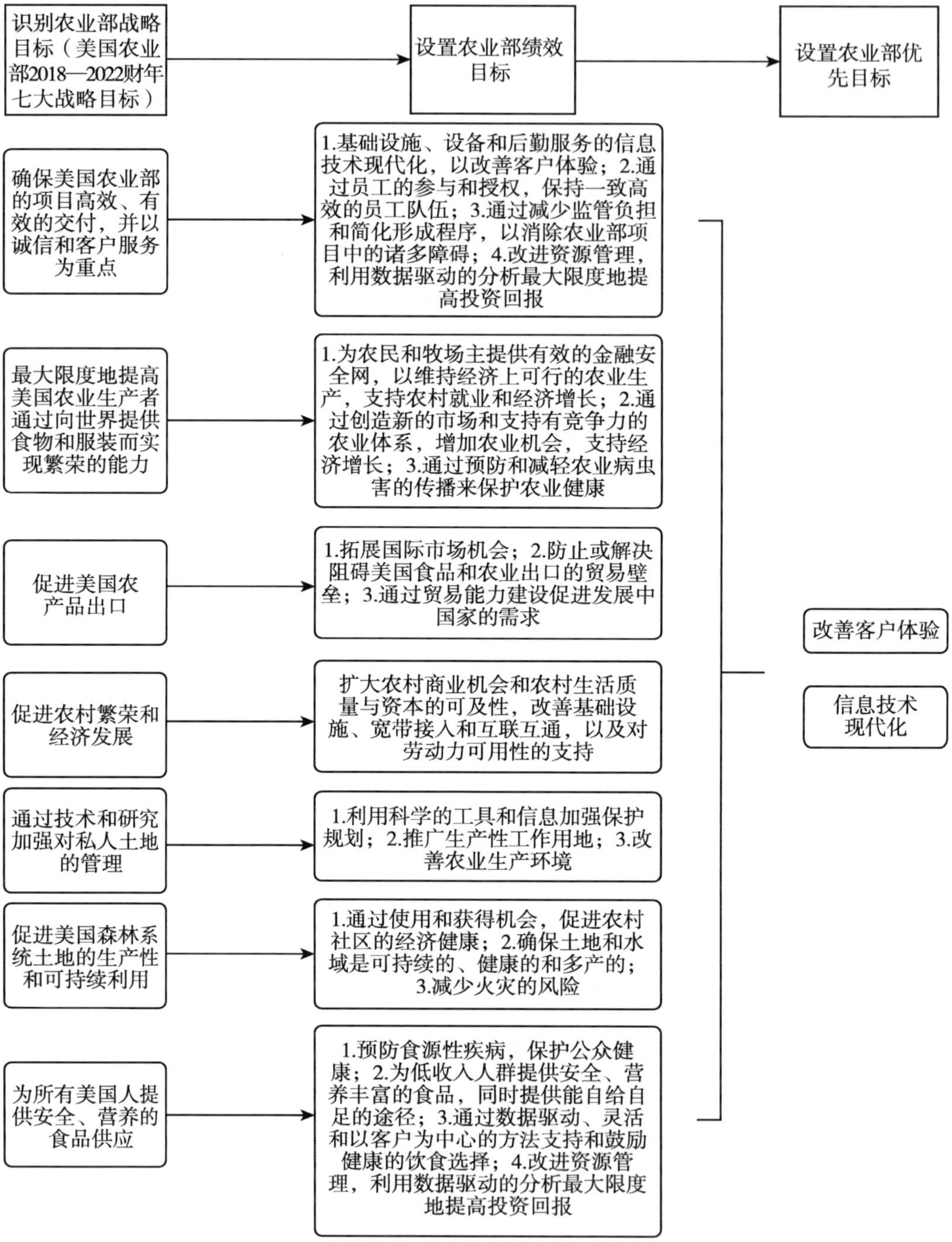

图7–3　美国农业部优先目标的选择过程

资料来源：https：// www.performance.gov/。

① 马洪范.建立全过程预算绩效管理体系［M］.北京：经济科学出版社，2018：62.

② 肖鹏.美国政府预算制度［M］.北京：经济科学出版社，2014：245–246.

二、具有多元的绩效评价主体和层次体系

美国是典型的多元预算绩效评价主体国家，一方面，与其政治制度所设计的分权制衡相一致；另一方面，政府各部门各司其职，预算项目复杂繁多且支出性质与领域不同，仅依靠单个部门开展绩效评价不仅主观上给部门人员带来繁重的工作任务，客观上更会影响绩效评价结果的科学性与公正性。总体来看，美国绩效评价主体包括三类：第一是外部评价主体，每个财政年度末期，总统预算与管理办公室需向国会呈交各支出部门的绩效计划、绩效报告以及预算草案调整情况，并获得国会的批准，可以说，国会对预算的执行和调整起着关键的决定作用；第二是政府内部评价主体，主要包括总统、总统管理与预算办公室以及各职能部门，首先，各职能部门在绩效评价工作中承担的责任是起草项目绩效评价规划、编制和提交本部门年度绩效报告；其次，各部门需分别向总统、总统管理与预算办公室提交年度绩效报告，总统管理与预算办公室对各部门的预算项目绩效评价规划和年度绩效报告进行汇总、审核、评价；第三是地方检察官，主要对项目绩效运行情况进行监督，绩效达不到预算规划，就有可能被检察官终止，严重者有可能被追究责任。

从评价层次上看，美国政府的绩效评价包括跨部门绩效评价、部门绩效评价、项目绩效评价和地方州绩效评价四个层次[①]。跨部门绩效评价是总统管理与预算办公室从宏观角度，利用三色等级评价工具对各政府部门执行《总统管理议程》中的战略性人力资源、竞争性资源、提高财政管理绩效、推广电子政务以及预算与绩效一体化改革状况的比较评价；部门绩效评价是各支出部门对年度绩效目标的实现情况的评价，以及时发现问题和整改，为国会预算决策提供依据；项目绩效评价主要通过项目等级评价工具对项目支出情况进行评价，以改善政府预算活动的经济效率和社会效率；地方州绩效评价是地方政府的绩效评价体系，如得克萨斯州的SPPB体系，利用战略规划、绩效监控和绩效预算成功建立预算结果与政府拨款程序的直接联系。

三、注重评价指标的全面性和科学性

为保证《政府绩效与结果法案》的有效实施，美国预算绩效评价指标体系设计主要有两方面内容：一是设计适用于同一部门不同项目或同一项目多个部门的通用型评价指标体系，针对同一预算部门的职能范围，对于不同联邦项目，总统管理与预算办公室需制定同一部门不同项目的通用型评价指标体系；当同一个联邦项目

① 马洪范.建立全过程预算绩效管理体系［M］.北京：经济科学出版社，2018：59-64.

需由多个部门合作完成时，总统管理与预算办公室需设计一套适合多个部门通用的指标体系，以输出可信的、科学的以及客观的项目评价结果；二是设计项目评价体系，通过一套标准化问卷，将联邦项目[①]进行效率和有效性的评估和排名，排名结果作为预算决策内容的重要组成部分，以实现项目在绩效方面的改善。项目评价指标主要包括三类：第一，产出指标，即一定时期内某项产品或服务的产出水平；第二，结果指标，即输出产品或服务所实现的结果或影响；第三，效率指标，即为输出产品或服务所耗费的成本。

四、具有严格而规范的信息披露制度

信息的公开透明，可以实现社会公众对政府预算工作的有效监督。美国十分重视对政府预算相关信息的披露，除了相关法律依据，美国政府对预算相关信息的公开方式、公开内容、公开途径等都进行了明确规定。关于信息披露的法律依据，从《宪法》到法律，再到行政条例、地方法律依据都明确了信息披露的重要性以及相关具体措施（见表7–1）；通过对预算相关信息的公开方式、公开内容、公开途径的明确规定（见表7–2），实现财政支出信息的公开，对强化社会公众对预算支出的监督产生积极推动作用。

表7–1　　美国政府信息披露的法律依据

		关于信息披露的规定
根本法	《宪法》1789年	“一切公款收支的报告和账目，应经常公布”
法律	《行政程序法》1946年	公众有权得到政府信息（政府为了公共利益可以拒绝公众公开信息的请求）
	《信息自由法案》1966年	记录和档案原则上向所有人开放，1974年颁布《隐私权法》，限制联邦政府部门向他人公布特点个人相关信息
	《联邦咨询委员会法》1972年	“设计专家咨询过程的所有文件、会议，除在立法上获得豁免情形外，都应无条件向公众公开”
	《阳光下的政府法案》1976年	预算制度过程的公开
行政条例	总统令、建议规则、规则以及通知等	公开时间的相关规定
地方法律依据	《公共记录法案》	“亚利桑那州并不存在信息公开的豁免机构，每个政府工作人员和公共机构都有保持、维护公共积累的责任和义务”

资料来源：根据肖鹏所著《美国政府预算制度》第十二章整理得出。

① 联邦项目包括七类：直接联邦项目、竞争性补贴项目、大额或公式化补贴项目、管制性项目、资本资产和服务获得性项目、信贷项目和研发项目等。

表7-2　　美国政府预算信息的公开方式、公开内容和公开途径

方式	主动公开：如通过网站进行公开，让工作自由调取和查询
	依申请公开：对不具有普适性的信息依申请公开
内容	政府预算：政府预算、预算分析书、附录、历史图表
	政府财务报告：年度收支预算，资产、负债及所有者权益等财务信息
途径	美国财政部
	美国管理与预算办公室
	社交网络：民间信息网站，如Twitter、YouTube、Flickr

资料来源：根据肖鹏所著《美国政府预算制度》第十二章整理得出。

▶ 第三节 韩国预算绩效评价结果应用的借鉴意义

相较于英国、美国，韩国政府则是将综合绩效评价体系作为各预算部门应用预算绩效评价结果应用的重要保障，其综合评价体系更具全面性和完整性。通过责任运营机关制度、职务成果契约制度的建立，与政府业务评价制度、绩效预算体系等多元化的绩效管理制度共同组成综合性的绩效评价链条，紧密联系政府组织、部门和个人之间联系，以实现财政效率和行政效率的共同提升。同时，评价结果的公开、设置民众满意度指标以及民间委员参与监督等措施体现了韩国政府对公民参与国家管理的高度重视。

一、注重多样化的绩效管理制度建设

为形成廉价、高效和服务型政府，韩国政府建立了围绕政府业务评价为核心，责任运营机关制度、职务成果契约制度、预算绩效评价共同运行的政府绩效评价体系。对政府整体业务的考察实施政府业务评价制度，由中央政府绩效评价和地方政府绩效评价组成，根据《行政部门业务评价基本法》的规定，通过中央政府绩效评价分析和考察项目实施情况、政策、政策实施能力和效果、公民对政府提供的公共服务满意度等；通过地方政府绩效评价考察所属机关的全部业务和国家委任事物的运行绩效（见图7–4），以输出反映政府整体业务的政府业务评价结果；其中，为考察资金运行效率，对预算项目运行绩效展开评价，借鉴美国项目评级评价工具，形成“预算项目自评系统”，对项目绩效情况进行三个层次的考察，第一是绩效目标管理系统，支出部门提交绩效计划，由计划预算部进行反馈和提出意见，支出部门根据意见做出相关修改；第二是部门的自评系统，待项目执行完成后，相关主体对待评项目的运行绩效、运行结果以及所产生的影响等综合信息开展自评，根据参评项目结果进行项目的优先排序，并将相关评价报告提交计划预算处；第三是深度评价，选择跨领域项目进行深度评价，从而输出反映部门项目资金运行效果的项目自评价结果①。同时，施行责任运营机关制度和职务成果契约制度，根据《责任运营机关设置运营法》《关于公务员绩效评价等的规定》相关规定，通过对部门和个人业绩绩效的整体评价，依据政府业务评价结果和项目自评结果，对部门和个人进行激励或惩罚，如政府业务评价结果好，则对责任人进行嘉奖，项目则获得预算增长；若被评定为“低效”，那么该项目的预算将会被削减至

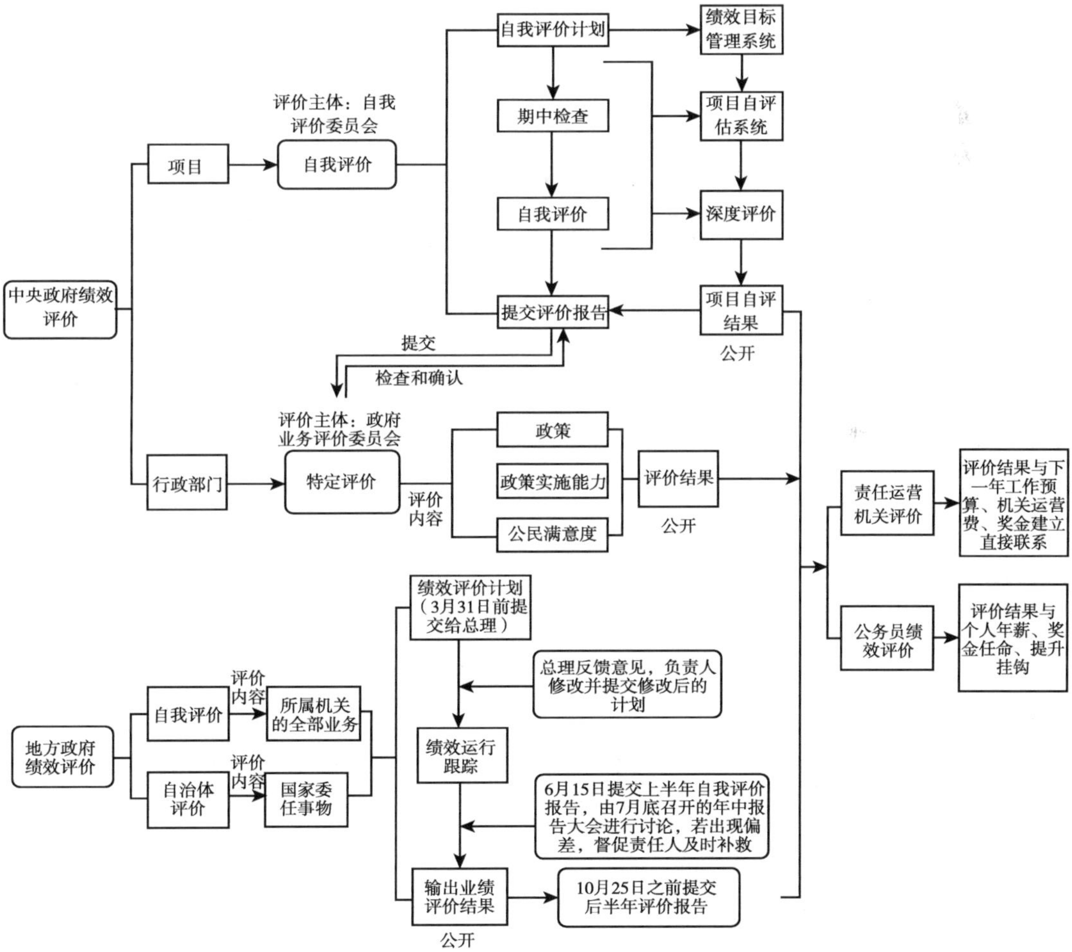

图7-4　韩国多元化的绩效管理制度

① 赵早早，邝艳华，乔羽堃.“突变式”绩效预算改革：韩国经验与启示［J］.江苏师范大学学报（哲学社会科学版），2019（5）：90-100.

少10%；对于具有预算刚性的项目，如权利型项目、政治项目等，若绩效结果被判定为“低效”，则削减项目单位的办公预算；对责任人进行相应处罚[①]。

二、具有较高的公民参与度

韩国注重公民参与政府管理，主要表现在三个方面：第一，向社会公开各种绩效评价结果，如中央政府绩效评价层面的项目自评结果、特定评价结果，地方政府绩效评价层面的自评评价结果、自治体评价结果，责任运营机关评价结果以及公务员绩效评价结果等；第二，设置公民满意度评价指标，在中央政府绩效评价层面的特定评价中，设置公民满意度的评价指标，如“可接近性”的评价指标为是否友好得提供服务、是否为客户提供指导；“方便性”的评价指标为形式是否简便、多途径获得服务；“公平”的评价指标为是否在处理事务中保证公平；“设施便利”的评价指标为提供停车场、休息室、电话等；“反馈”的评价指标为是否对公民的要求及时作出反应等；第三，民间委员占比较高，在政府业务评价制度中，国务总理政策评价委员会中，民间委员的占比为66%[②]。

① 马国贤.2016中国财政发展报告：中国政府绩效管理与绩效评价研究［M］.北京：北京大学出版社，2016：386-389.

② 马国贤.2016中国财政发展报告：中国政府绩效管理与绩效评价研究［M］.北京：北京大学出版社，2016：394.

第四节 国外预算绩效评价结果应用对我国的借鉴意义

英国、美国以及韩国均已建立了相对成熟的绩效预算体系，实施各具特色的运行机制有效建立绩效评价结果与预算资金分配、问责等的联系，以提高政府预算管理和行政管理能力。但是，这些国家均十分注重协调各方力量以促进绩效预算的顺利实施；在绩效预算运行过程中，全过程理念贯穿于绩效管理的每个环节；社会公众对预算过程的参与和监督以及预算信息的公开透明也被广泛强调。国外预算绩效评价结果应用对我国的借鉴意义主要体现在：注重制度建设、注重形成全过程预算绩效评价结果应用理念、协调各方形成合力。与此同时，由于经济发展阶段以及政治体制等多方面的差异，我国在对这些国家的制度体系以及运行机制进行借鉴时，要注意甄别，应吸取其核心内容且不拘泥于具体形式。

一、注重制度建设

绩效预算制度建设包括三方面内容：首先是法制建设；其次是建设适合本国的绩效预算管理模式；最后是基于模式进行政府管理流程再造[①]。为顺利实施绩效预算，公开建立绩效评价结果与预算决策、问责的联系，公开预算信息，实现社会公众的监督，美国与韩国政府都颁布了相关法律，且不断进行完善，如美国为建立绩效结果与预算的联系，1993

① 马国贤.2016中国财政发展报告：中国政府绩效管理与绩效评价研究［M］.北京：北京大学出版社，2016：367.

年通过《政府绩效与结果法案》，该法案要求各职能部门与国会合作、协商制定战略计划，一方面保证部门预算和计划的合理性，另一方面有利于预算审议和绩效监督①；其次，出台相关绩效预算的配套制度，对绩效信息的应用及公开进行规范，如《情报自由法》《联邦政府阳光法案》；实现预算执行监督的《反赤字法》和《国会预算及扣押控制法》；最后，美国注重国家层面和地方层面的立法相结合，各州的绩效预算实践为绩效预算体系的完善提供参考，例如，佛罗里达州、爱达荷州、印第安纳州、马里兰州、新泽西州和华盛顿在5年时间里增加了绩效预算相关法律②；韩国通过行政部门绩效管理制度的引进逐步推动绩效预算的发展：1961年《审查分析制度》使韩国个行政部门建立了以预算为前提的基本运营计划，并按季度进行审查分析；1998年引进《机关评价制度》，编制“审查分析首次”作为业务评价的指南；1999年试点实施了《绩效主义预算制度》，这一系列的改变提高了业务绩效在行政部门的绩效管理比重，使政府绩效评价向成果评价方面倾斜；2000年，韩国政府政策协调办公室颁布《政府绩效评价框架法》，规定了相关部门开展绩效评价的原则和程序、评价流程以及评价结果应用等内容；2001年，《有关行政部门业务评价的基本法》将政府绩效评价在法律上加以确定，在审查评价上特别强化了国务总理的作用；2006年，《行政部门业务评价基本法》《行政部门业务评价基本法施行令》《国家财政法案》的建立使评价得以法制化，从而确保评价的实效，为进一步完善行政部门绩效管理制度起到了关键作用③。

英国、美国与韩国都设计了适用于本国的绩效预算运行模式，英国基于政府绩效管理框架，围绕签订公共服务协议、发布绩效任务报告以及提交绩效报告链接绩效目标管理、绩效运行监控以及绩效评价各阶段，构成具有英国特色的绩效预算模式；美国形成了基于实施《政府绩效与成果法案》特色的绩效预算运行模式；韩国则形成了对政府组织、预算、部门和个人进行综合评价的特色绩效管理模式。其中，韩国政府基于政府整体业务绩效评价，实行预算的成果管理制度、考察机关运营能力的责任运营机关制度、提高人员行政效率的公务员绩效评价制度，共同构成政府绩效管理制度，加强了责任主体的绩效意识和责任意识，提高了政府的财政管理和行政管理效率，也实现了政府在意识形态和体制管理的再造；美国、英国也基于政府绩效运行模式进行了观念、预算管理、行政管理上的改革，如美国需编制事中预算，有效与战略计划进行衔接，且战略计划定位以绩效为基础，从而提供低成本高质量的服务，在使命和愿景的指导下，确定关键目标和选择优先目标，有效分

① 王德祥，黄萍.美国新绩效预算改革及其对我国公共财政建设的启示［J］.科技进步与对策，2004（12）：85.

② 马媛.政府绩效预算中的绩效信息［M］.北京：国家行政学院出版社，2014：156.

③ 马国贤.2016中国财政发展报告：中国政府绩效管理与绩效评价研究［M］.北京：北京大学出版社，2016：384.

配资源，明确责任归属，以最终完成绩效预算；英国在政府绩效管理改革背景下，以滚动预算来保持预算的连续性和完整性，实行预算编制权、审批权以及执行权的分权管理，在给予部门一定程度自主权的同时严格管控资金；实施权重发生制的会计核算方式，更好地将预算成本与绩效结果进行对比，从而输出和应用客观、真实的绩效评价结果。

二、注重形成全过程预算绩效评价结果应用理念

英国、美国与韩国政府注重形成全过程预算绩效评价结果应用理念，通过实施相应的绩效预算运行模式，实现对预算资金的事前绩效评价结果应用、事中绩效监控结果应用和事后绩效评价结果应用。

英国政府主要通过信息公开途径推动全过程预算绩效评价结果的应用。在资金拨款前期，通过签订《公共服务协议》明确部门预算支出限额、确定资金未来绩效结果，各预算部门全面公开部门的业务绩效计划，根据国家审计署的审计报告意见（国家审计署会针对政府部门和公共机构的项目绩效计划进行审计，通过现场审计生成审计报告，以报刊、网络、议会等多种形式向社会公众公开；同时，公开相关问责信息，包括问责主体、问责事由和问责结果），修改或调整业务绩效计划，并进一步公开业务绩效改进计划，接受各相关利益方的监督；在绩效运行监控阶段，预算部门应根据每年的《秋季绩效报告》相应调整3年滚动预算；在绩效运行结束后，提交《春季绩效报告》，将绩效结果应用于下一年度预算决策，若支出部门或地方政府在未来3年绩效结果良好，在得到财政利益奖励的同时，还可以扩大地方自治权；若绩效结果不理想，支出部门在内阁委员会的帮助下改进绩效。

美国则主要基于《政府绩效与成果法案》相关规定，通过编制和提交战略计划、年度绩效计划、年度绩效报告，与预算编制、执行和完成过程进行衔接，形成全过程预算绩效评价结果应用模式。资金运行前期，编制战略计划，确定部门长期目标，结合试点项目评估和循证预算方法从源头上把控资金使用效益，减少无效项目预算申请；在预算执行前编制和提交年度绩效计划，确定优先项目，且为每个绩效目标制定相应责任人员；选择试点项目进行评价，检验部门编制年度绩效计划的能力，并根据评价结果决定是否调整预算程序或取消项目；同时，建立联邦项目库，由审计署统一对各部门的部门项目或活动进行审计，相关预算部门则根据审计结果消减与整合项目申请，从源头上节约资金的使用；资金执行完成后进行评价，将年度绩效报告、绩效计划和下一年度预算方案提交至总统预算和管理办公室，最终由总统预算和管理办公室和国会决定是否调整预算。

韩国政府体现为多元化的绩效管理制度建设促进形成全过程预算绩效评价结果应用模式，在资金投入前期，支出部门提交绩效计划，由计划预算部进行反馈和提出意见，支出部门根据意见做出相关修改；在项目资金执行阶段，运行项目自评估系统，通过关注项目的执行情况，执行效果等综合信息进行自我评估，根据项目评级结果进行项目的优先排序，并将评价结果提交计划预算处；项目完成后，选择跨领域项目进行深度评价，从而输出反映部门项目资金运行效果的项目自评价结果；同时，根据《责任运营机关设置运营法》《关于公务员绩效评价等的规定》相关规定，通过对部门和个人业绩绩效的整体评价，依据政府业务评价结果和项目自评结果，对部门和个人进行激励或惩罚。

三、协调各方形成合力

顺利实施绩效预算，实现绩效评价结果的有效应用需协调各方力量，主要包括两个方面：第一是注重协调各方利益主体共同参与预算管理，英国的绩效管理主体由财政部、职能部门和议会（国家审计办公室负责）、公众和专家组成；美国的评价和决定主体同样也包括财政部、职能部门、国会、总统管理与预算办公室、公众和专家等的参与，同时也更注重司法部门对预算管理过程的监督，以增强绩效信息的权威性；韩国则更注重公众的参与，及时公布各类评价结果、设置专门的测量指标以及具有较高占比的民间委员监督主体等，第二是注重专业技术的支持，三个国家根据绩效运行框架，建立和维持人才选拔、任用和激励机制，注重绩效管理人才队伍的建设，同时，通过绩效目标的确定、设置与之相适应的和全面的绩效指标，以输出高质量的绩效信息，实现绩效信息的有效应用；且善于利用信息技术搜集、存储和公布绩效信息，以实现公众的社会监督目标。

本章小结

本章首先介绍英国预算绩效评价结果应用经验，包括四个方面：以政府绩效管理改革为基础，设计完备的绩效预算运行体系，实行管用分离制度，注重以部门为主制定绩效目标和评价指标；其次，介绍美国预算绩效评价结果应用经验，包括四个方面：注重基于立法运行绩效预算，具有多元的绩效评价主体和层次体系，注重评价指标的全面性和科学性，具有严格而规范的信息披露制度；再次，介绍韩国预算绩效评价结果应用经验，包括两个方面：注重多样化的绩效管理制度建设，具有较高的公民参与度；最后总结国外预算绩效评价结果应用对我国的借鉴意义，包括三个方面：注重制度建设、注重形成全过程预算绩效评价结果应用理念以及协调各方形成合力。

▶ 第八章
全过程预算绩效评价结果应用的对策建议

内容提要

由第四章和第五章可知，未形成全过程预算绩效评价结果应用理念、事前绩效评估结果与事中绩效运行监控结果应用不足、事后绩效评价结果应用偏弱等是当前我国预算部门（单位）应用预算绩效评价结果存在的问题，且通过理论和实证分析可知，兼具针对性和科学性的指标体系是建立评价结果与问责、预算资金分配联系的直接影响因素之一。鉴此，实施全过程预算绩效评价结果应用框架，首先需要一套具有针对性和科学性的全过程预算绩效评价结果应用指标体系，因此，本书第六章基于全过程预算绩效管理内容，设计全过程预算绩效评价结果应用通用型指标体系，通过度量和考核绩效目标审核结果应用、前期绩效管理结果应用、中期绩效监控结果应用情况，有效链接事前绩效评估及评估结果应用、事中绩效运行监控及监控结果应用、事后绩效评价，以输出和应用全过程预算绩效评价结果；其次，由第七章可知，制定一套适用于本国绩效运行模式是英、美及韩国等国家应用绩效评价结果的主要特点之一，为形成全过程预算绩效评价结果应用理念，链接事前绩效评估结果、事中绩效运行监控结果、事后绩效评价及全过程预算绩效评价结果，构建全过程预算绩效评价结果应用机制是顺利实施全过程预算绩效评价结果应用框架的重要运行条件，为此，本章第一节立足于全过程预算绩效评价结果应用的影响因素，构建全过程预算绩效评价结果应用机制；最后，结合国外开展预算绩效评价结果应用经验以及阻碍我国推动全过程预算绩效评价结果的影响因素可知，法制保障，相关预算管理等配套措施的改革是顺利推行和实施全过程预算绩效评价结果应用的重要促进条件；相关利益主体的共同参与以及信息技术的支持是输出和应用高质量绩效评价结果的重要保障。因此，本书认为形成全过程预算绩效评价结果应用模式还需从以下三个方面进行：构建全过程预算绩效评价结果应用机制、加强法制建设以及相关配套措施的改革、培育绩效管理专业人才与完善预算绩效管理信息系统建设等。

▶ 第一节　构建全过程预算绩效评价结果应用机制

由第五章可知，部门责任主体（部门和负责人员）的绩效评价意识以及对绩效评价结果应用的认同是形成全过程预算绩效评价结果应用理念，实施全过程预算绩效评价结果应用框架的重要影响因素。在全过程预算绩效评价结果的输出和应用过程中，预算部门（单位）既是项目自评主体，也是财政部门进行再评的考察对象，可以说，预算部门（单位）在预算绩效管理工作中是最主要或最核心的评价主体。因此，为输出客观、真实及具有科学性的全过程预算绩效评价结果，有必要将激励约束机制（见图8-1）作为构建全过程预算绩效评价结果应用机制的重要基础，以激发预算部门（单位），在激励约束机制的驱动作用下，积极且有效开展绩效评价工作，应用绩效评价结果，提高资金的使用效益，从而推动全过程预算绩效评价结果应用工作的推行。

为形成全过程预算绩效评价结果应用模式，有效衔接事前绩效管理、事中绩效管理与事后绩效管理，通过公开全过程预算绩效评价结果，有效建立结果与问责和资金分配的联系，基于激励约束理论设计全过程预算绩效评价结果应用机制①，通过对责任主体（部门、部门负责人或具体责任人员）主观动机和行为选择产生的影响，激发其内在动力，并使其确信围绕目标付出努力会得到积极的回报（或是因为不理想的评价结果受到相应的惩罚）。在已识别绩效噪声的情况下，责任主体会为获得奖励（或不受到惩罚）而努力奋斗，积极作为，不断完善行为，改进绩效，朝着激励主体所期望的目

① 马海涛，孙欣.预算绩效评价结果应用研究［J］.中央财经大学学报，2020（2）：3-17.

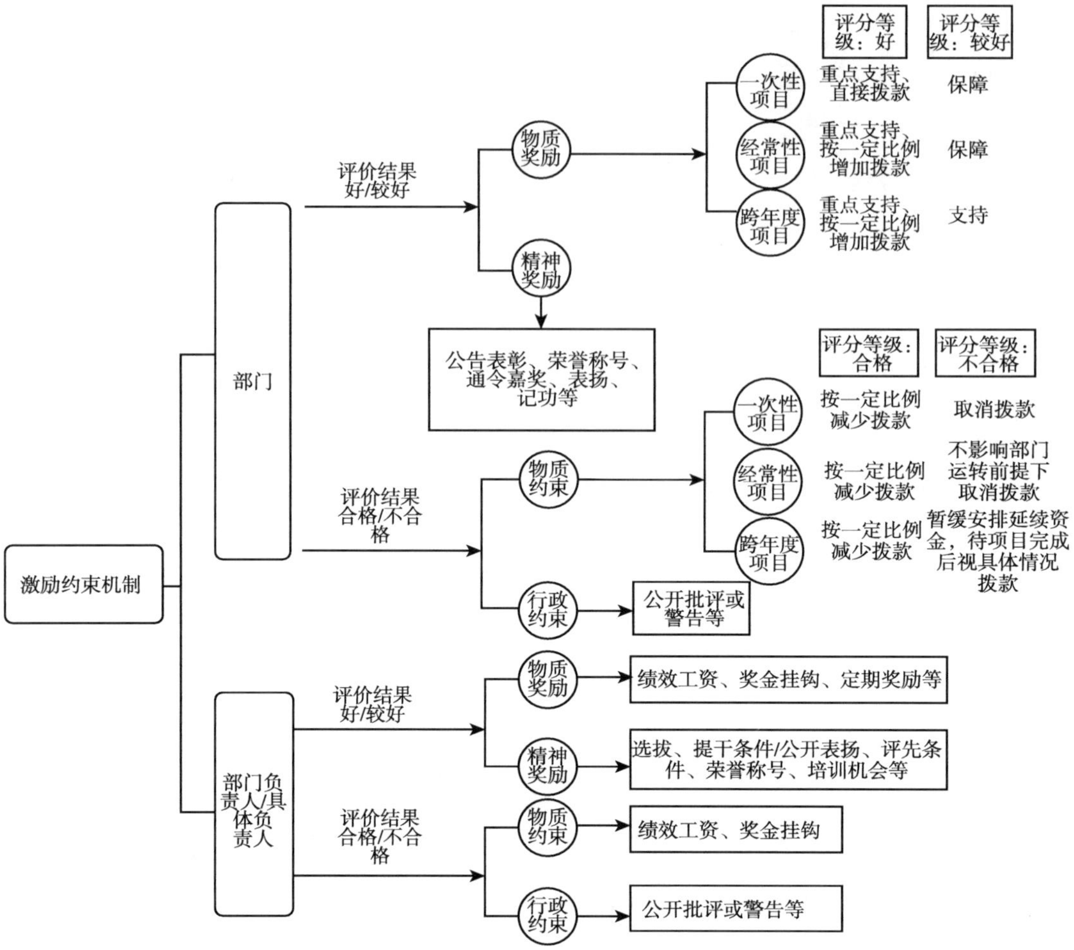

图8-1　激励约束机制

标前进①。因此，针对全过程预算绩效评价结果的影响因素，基于PDCA循环管理过程形成全过程预算绩效评价结果应用机制，在Plan—全过程预算绩效管理阶段，通过激励约束机制、识别噪声机制和多方沟通机制输出高质量的全过程绩效自评报告（Do—全过程绩效评价结果的输出）；随后，基于多方沟通机制，经由“三上二下”的提交、反馈与整改过程（Check—全过程绩效自评结果的提交、反馈与整改）输出最终的全过程预算绩效评价结果；最后，则是Action—加强全过程绩效评价结果应用阶段，利用结果公开机制、结果问责机制、结果与资金分配挂钩机制，建立评价结果与问责、资金分配的联系。因此，全过程预算绩效评价结果应用机制可由识别噪声机制、多方沟通机制、结果公开机制、结果问责机制、结果与资金分配挂钩机制五个方面组成（见图8-2）。

① 童伟.基于编制本文和流程再造的预算绩效激励机制构建［J］.财政研究，2019（6）：45-56.

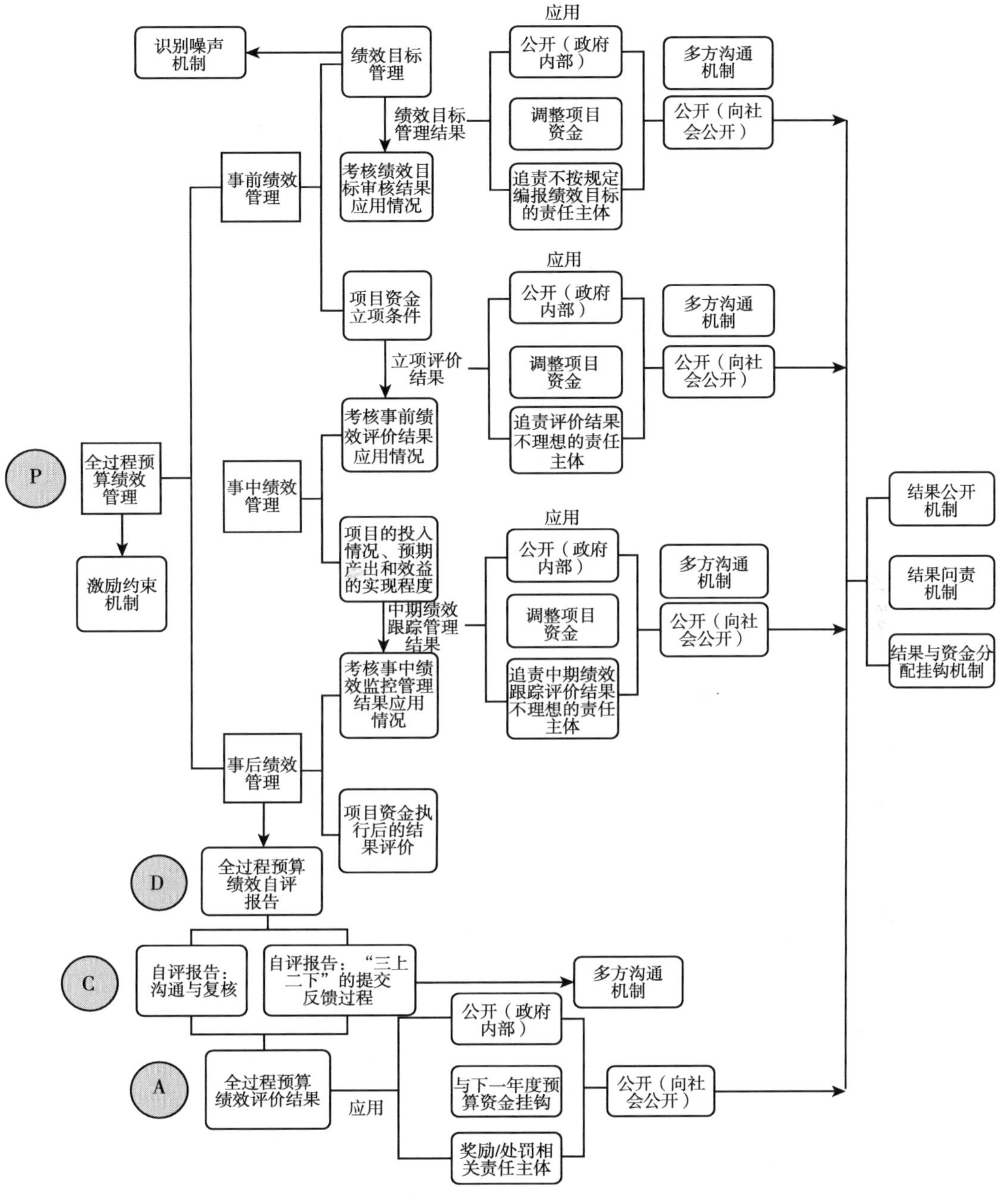

图8-2　全过程预算绩效评价结果应用机制

一、识别噪声机制

在绩效的“投入—产出—成果—影响”的结果链模型中，四个过程均会受到噪声的干扰和影响，如果不在绩效评价过程中剔除噪声的干扰和影响，势必会扭曲问责结果、扰乱信息接受者以及误导预算决策制定，影响绩效水平的改进进程①。举例来说，在"投入"阶段，绩效目标的申请和批准，是各级预算部门（单位）获得财政资金的基本依据，"利己"的责任主体（与自评主体相同时）总会试图"量身定做"绩效目标以获得较好的绩效评价结果，以此获取更多的预算拨款；从"产出—成果—影响"阶段分析，绩效指标的设置与项目资金绩效评价的数量目标、质量目标、时效目标、成本目标以及实施效益和影响都息息相关，绩效指标体系和权重的设计源于市场对于经济效率的体现，在欠缺公共项目属性考虑的前提下，指标考核的意义并不能完全反映出公共项目所带来的社会、文化或生态效益等；另外，依据参评主体设置的绩效目标和绩效指标，经过绩效评价所生成的绩效评价结果并不能完全反应责任主体投入资金、执行资金以及为资金使用负责的程度，某地区关于防虫害治理项目的绩效评价结果较差，在没有识别当年遭遇冰雪凝冻天气影响情况下，并不能准确判断该项目实施的治理效果，也不能仅以此评价结果建立问责和资金分配的联系。

（一）强化绩效目标管理

绩效目标的量化和审核直接影响评价结果问责、进行预算决策。为"识别噪声"，首先需设置明确可行的绩效目标，一方面，预算部门设置和报送的项目资金绩效目标必须与其职能高度相关，并且可以通过定量和定性分析结合进行量化和衡量的（尤其是难以用客观的、量化的效益指标表征绩效目标时，责任主体应积极与财政部门、第三方评价机构沟通和商议，或通过官方媒体和自媒体调查公众意见、或在一定区域内开展"参与式预算"等类似听证会搜集公众意见，决定是否选择工作负荷、产出指标等来替代难以量化的绩效目标），在规定时间内可以实现的目标；另一方面，选择优先项目绩效目标，借鉴美国《政府绩效与结果法案》，划分项目绩效目标层次，针对项目的难易程度和复杂程度进行差别化管理，从而使相应的财政部门、预算部门（单位）、责任人员的职责更加清晰，从而改进绩效水平；其次，需强化绩效目标编制、申报、调整（预算主管部门、单位）、审核结果应用以及审核、批复（财政部门）流程，一方面，加强预算部门和预算资金使用单位关于项目支出绩效目标编制、申报和调整以及审核结果应用流程；另一方面，强化财政部门对于预算部门（单位）申报项目的审核和批复程序，使之形成围绕财政部门、预算部门、预算资金使用单位为主体，严格实施项目绩效目标编制、申报、审核、批复、调整以及审核结果应用的绩效目标管理流程。

① 王雍君.财政绩效评价盲点［J］.新理财，2016（10）：26-27.

（二）对项目资金进行分类，建立共性指标和个性指标①

全面的绩效评价应该是一个包含事前评价、事中评价、事后评价、结果应用的长期性、连续性过程，并对预算编制、执行、决算等各个阶段起到监督和指导作用。基于PDCA模型的全过程绩效管理内容，利用全过程预算绩效评价结果应用通用型指标体系，针对事前绩效管理（管理内容：绩效目标管理，项目资金立项评价，考核绩效目标审核结果应用情况）、事中绩效管理（管理内容：投入情况、预期产出和效益的实现程度，考核事前绩效管理结果应用情况）和事后绩效管理（管理内容：结果评价，考核事中绩效监控管理结果应用情况）内容，监控管理预算资金运行的全过程，一方面，掌握资金从立项、绩效初显以及完成后的项目绩效，衡量与判断资金投入与产出、结果之间的直接关联程度；另一方面，通过度量绩效目标审核结果应用情况（是否根据绩效目标的审核结果调整项目支出资金或是否对不按规定编报绩效目标的责任主体进行相关处置）、事前绩效管理结果应用情况（是否上报事前绩效管理情况、是否根据事前绩效管理情况相应调整预算资金或是否对事前绩效管理评价结果不理想的责任主体进行相关处置）和事中绩效监控管理结果应用情况（是否上报事中绩效监控管理情况、是否根据事中绩效监控管理结果相应调整预算资金或是否对事中绩效监控评价结果较差的责任主体进行相关处置）增强责任主体的绩效理念和责任意识，从而降低“噪声”对预算绩效评价结果的影响。对于个性指标，不同项目和部门存在着显著差别，需要结合部门职能、项目的绩效目标分别设置，从而输出高质量的全过程预算绩效评价结果。

二、多方沟通机制

财政部门、预算部门（单位）以及第三方评价机构是开展绩效评价工作的主要参评主体，加强财政部门、预算部门（单位）、第三方评价机构在实施全过程预算绩效管理、应用全过程绩效评价结果过程中的良性互动，建立绩效评价主体的多方沟通机制是输出和应用全过程预算绩效评价结果应用的关键。

（一）加强第三方评价机构与预算部门（单位）之间的沟通

预算部门（单位）是输出和应用全过程预算绩效评价结果的主要责任主体，在引进第三方评价机构参与评价时，应就其单位基本职能、项目设立背景、项目绩效目标及运作基本情况，与第三方进行深入充分沟通，在此基础上设置个性化评价指

① 陈志勇，毛晖，张春雨，等.部门预算绩效评价结果应用［J］.财政监督，2019（24）：27-35.

标，同时第三方也要让预算部门（单位）清晰认识其评价指标的设置意图、相应需要提供的佐证材料，以此提升预算部门（单位）对绩效评价结果的认同度及接受度，减少绩效评价结果应用的阻力。

（二）加强财政部门与第三方评价机构、预算部门（单位）之间的沟通

在形成全过程预算绩效自评结果的过程中，应注重预算部门（单位）与财政部门的沟通：在项目资金运行前期，预算部门（单位）应主动与财政部门协商，是否根据绩效目标审核结果调整项目资金，同时，度量项目支出实施的可行性、项目支出预期绩效、明确公共责任，输出前期绩效管理评价结果，将评价结果及时上报财政部门，与财政部门协商，是否根据前期绩效管理评价结果调整项目资金、追责相关责任主体，并将其定时进行政府内部公开；在资金投入运行期间，选择固定时间（对于年度项目，可在第二季度结束后评价绩效运行情况；对于中长期项目，可按照年度确定时间评价绩效运行情况），度量资金管理、过程管理、中期绩效实现程度、前期绩效管理结果应用情况，输出中期绩效监控结果，将监控结果及时上报财政部门，与财政部门协商，是否根据中期绩效监控结果调整项目资金、追责相关责任主体，并将其定时进行政府内部公开；在资金运行完成后，度量项目的实际产出、项目的实施效果、中期绩效监控结果应用情况，从而输出全过程预算绩效自评结果。

预算部门（单位）将所有项目的全过程预算绩效自评结果上报财政部门，财政部门针对预算部门（单位）提交的自评项目，选择具有重大政策影响或经济影响的项目进行再评，在引进第三方评价机构参与评价的同时，财政部门应加强其“中间者”的作用，加强预算部门（单位）与第三方评价机构之间的沟通，且第三方评价机构应及时将绩效评价的总结情况向财政部门反映及汇报，由财政部门协调所涉单位进行积极配合，提高绩效评价结果的公信度。此外，财政部门应及时将最终评价结果反馈给预算部门（单位），若预算部门（单位）对绩效评价报告（初稿）产生异议并向财政部门（绩效评价处）提交书面申诉意见时，财政部门（绩效评价处）根据书面申诉意见，将修改后的审核意见以公文形式反馈给预算部门（单位）。

三、结果公开机制

绩效评价结果公开机制，是建立绩效评价结果与问责、资金分配联系，实现社会监督的重要渠道。具体来看，结果公开机制包括以下三个方面。

（一）明确评价结果的公开范围与公开方式

首先，扩大绩效信息公开范围①，实现绩效目标管理结果、立项评价结果、事中绩效监控管理结果的公开和全过程预算绩效评价结果的公开，与此同时，应逐步推进参评项目绩效目标审核结果及审核报告、事前绩效管理结果及管理报告、事中绩效监控管理结果及监控报告、全过程预算绩效自评结果和再评结果及评价报告，以及参评项目绩效目标审核结果应用情况、事前绩效管理结果应用情况、事中绩效监控管结果应用情况、全过程预算绩效评价结果应用情况；其次，规范绩效信息公开的时间和形式：在输出绩效目标审核结果、事前绩效管理结果、事中绩效监控管理结果的公开和全过程预算绩效评价结果的同时第一时间向政府内部各利益主体进行公开；与此同时，利用财政部门官方网站、政府门户网站、社交媒体（微信公众号、微博）开设项目绩效评价信息专栏；或组织事中和年度预算绩效管理工作交流会（座谈会或讲座），各级人大、或财政部门组织相关利益主体参加事中和年度预算绩效管理工作交流会，通过事中预算绩效管理工作交流会，对各项目的运行情况和考核结果进行讨论，加强责任主体的责任意识和绩效意识，从而保证绩效目标可如期完成；通过年度预算绩效管理工作交流会，总结年度参评项目绩效评价结果及应用情况，通过各利益主体的沟通和交流，以加深相关利益主体对预算绩效管理工作的理解和认识，从而有利于全过程预算绩效评价结果应用工作的顺利实施。

（二）完善评价结果的报送与审签制度

全过程预算绩效评价结果应及时报送预算主管部门负责人审签，同时，财政部门选择重大政策和项目的全过程预算绩效评价结果定期报送同级人大，对于存在的问题，应及时反馈给相关部门，并上报同级人大相关领导。

（三）构建评价结果共享制度

构建评价结果共享制度，有利于为相关利益主体提供交流平台；对于预算部门（单位）和财政部门，全过程预算绩效评价结果为以后年度部门预算编制和财政资金安排提供了依据，也为完善财政管理方式提供了参考；对于业务部门来说，共享制度的关键作用在于相关部门能及时掌握项目的进展状况，这有利于部门间的沟通配合，并形成监督机制，确保评价结果的公开、公正；对于第三方评价结构来说，共享制度有助于专业评价人员了解部门的职能和项目背景，增加对资金政策性导向的绩效考量。

① 马蔡琛，陈蕾宇.基于全过程绩效管理的预算信息公开研究［J］.地方财政研究，2018（6）：36-44.

四、结果问责机制

全过程预算绩效评价结果是否得到有效应用以及责任是否真正落到实处，关系到全部绩效评价工作预期目标能否顺利实现，关系到具体项目实施的成败，对于提高资金使用效益至关重要。然而，由于建立评价结果与问责的联系受支出项目管理复杂性、问责主客体划分不清等多方面因素的影响，客观上应严格遵循科学化的原则，制定绩效评价结果问责机制，确保各项预算资金得到合理和有效使用。

（一）制定专门问责办法

针对参评项目资金的政策意义、运行特点以及预算管理规律，针对实际情况制定《全过程预算绩效评价结果问责办法》，明确问责主体和问责对象，规定绩效目标管理结果问责、立项评价结果问责、事中绩效评价结果问责和全过程预算绩效评价结果问责的范围、程序和追究方式等内容，以提高结果问责机制的可操作性。同时，具体的资金使用单位可根据具体情况出台相关补充措施和指导意见。

（二）明确责任主体，完善异体问责制度①

新时期的国家治理模式已形成多元主体参与治理和监督的机制，因此，绩效评价结果问责的问责主体也应组成由同体问责与异体问责相结合且互为作用的有机体系。为使多元问责主体功能的发挥，必须以明确各主体的职责和责任为前提，视绩效问题影响程度来选择问责主体并采取相应的问责措施。对于影响程度较小的问责案件，可选择上级政府或财政部门作为问责主体，对被问责单位和直接负责人与作出诫勉、通报批评、停职、责令整改等行政处分；而对于影响程度较大，问题较严重的问责案件，可选择上级政府、财政部门、司法部门、全国人大等进行问责，追究所涉单位和直接负责人的法律责任。

与此同时，要大力发挥人大在实施绩效问责中的主体作用。人大问责是我国最基本也是最重要的异体问责形式。作为权力机关，全国人大应该承担其为绩效结果立法的任务，履行监督政府绩效管理和预算绩效管理运行的责任。新闻媒体问责，是表达民生的重要载体，在现有政治体制框架内部分政府职能容易发挥不畅，加强其对政府管理的监督尤为重要。实施新闻媒体的问责，一方面需要制定相关新闻舆论监督管理办法作为保障；另一方面，在有法律规定界限的前提下保障新闻自由，以法律的权威性保障新闻媒体公正、自由的报道权，真正发挥其对政府的监督作

① 孙欣.财政支出绩效评价结果应用于问责的困境与出路［J］.财政监督，2018（13）：44-52.

用。社会大众问责是异体问责主体中最重要的问责主体，其利益诉求直接关系到政府提供公共产品和公共服务发挥的作用。因此，拓宽民众参与问责的渠道，一是以简单易懂的形式将政府预算资金使用情况在相关网站上公开；二是加强和培养公民的责任意识和法制意识，通过互联网与政府进行良性互通以促成绩效问责机制的形成。由于异体问责的自身独立性较弱，需要与同体问责途径相结合构成一个有机交错的网络来规导预算部门、项目单位及责任人员的行为方向和管理模式。

（三）建立绩效评价结果与政府部门行政考核挂钩机制

政府行政绩效管理体系和政府预算绩效管理体系同时运行，加快了中国政府绩效管理改革的步伐①，既提高了政府行政管理的效率，也优化了公共资源的配置；然而，在考核责任主体（部门和个人）时，两大体系可能存在着双重评价和双倍惩罚的情况，如经济性评价指标等的重复设置、重复考核，若两者在物质激励措施上均与个人利益挂钩，双重奖励会增加财力的虚耗，而双重惩罚可能优会引起相关人员的抵触，这不仅影响了评价结果的应用，也阻碍了预算绩效管理功能的发挥。为此，建立预算绩效评价结果与行政问责的联系，将预算资金使用绩效纳入行政机关效能考核范围，提升预算主管部门（单位）和责任人员对预算资金使用绩效的重视，从行政管理上提高部门（单位）的绩效管理水平。首先，部门和个人的整体考核应区分“行政绩效”模块和“资金使用绩效”模块，合并两者的重复指标；其次，提高“资金使用绩效”模块在整体考核指标中的分值比，逐步将“资金使用绩效”模块的指标考核作为部门和个人整体考核的核心内容；最后，依据政府整体行政问责措施，将“资金使用绩效”模块的考核结果，分别与部门、部门负责人和具体负责人的整体考核问责挂钩，对于绩效评价结果较好的预算主管部门（预算单位），财政部门给予表彰和奖励，并建立评价结果与下一年度本部门同类项目宽检或增拨的关联机制；同时，对于部门负责人，可以作为其选拔任用的基本条件之一，也可作为项目负责人绩效工资、奖金分发的重要依据。对于结果较差的预算主管部门（预算单位），财政部门会适度削减或取消部门拨款；对于部门负责人与项目负责人，追究其责任，采取相应的行政问责措施，如通报批评、诫勉谈话、警告、调整岗位以及不得参与评先等。另外，对于跨部门合作项目，应同时追究项目涉及的部门负责人和项目负责人的责任。

（四）厘清问责客体责任

一方面，基于绩效评价结果与政府部门行政考核挂钩机制，激励和约束相关

① 马国贤.2016中国财政发展报告：中国政府绩效管理与绩效评价研究［M］.北京：北京大学出版社，2016：78.

责任人员。在集体决策体制下，个人责任的追究往往难以实施，这就需要基于奖惩机制激励和约束相关责任人员，使其能够产生持续改进绩效的内在驱动力。另一方面，针对跨部门项目的实施，明确各部门执行该项目的具体职责。在项目支出事前绩效评估时，主管部门应将所涉部门的明确职责分工情况与项目的其他相关资料一并上报，以避免在出现失责情况时，形成部门与部门之间、部门与主要负责人（经办人员）之间、主要负责人与经办人员之间相互推诿责任的局面。

五、结果与资金分配挂钩机制

将绩效目标审核结果、前期绩效管理评价结果、事中绩效监控结果以及全过程预算绩效评价结果与资金分配建立联系，可带动各预算部门（单位）绩效意识和责任意识的提升、对全过程预算绩效管理工作的重视，从而实现全过程预算绩效评价结果与预算编制的有效结合①。利用全过程预算绩效评价结果应用通用型指标，考核绩效目标审核结果、前期绩效管理评价结果、事中绩效监控结果，并根据评价结果及时调整预算资金，若绩效目标审核结果、前期绩效管理评价结果、事中绩效监控结果理想，则继续按照规定流程执行预算资金，若绩效目标审核结果、前期绩效管理评价结果、事中绩效监控结果较差，则应及时发现问题，寻找原因，与主管部门商量对策，在报经财政部门同意的前提下，及时调整项目资金，甚至取消项目运行；针对全过程预算绩效评价结果，需依据不同的项目类型和评分等级制定不同的应用方案。

（一）一次性项目

针对一次性项目，可根据评分等级调整下一年度资金，若评价等级为“好”，财政部门可视实际需要对同类或新增项目资金进行重点支持，或者审核人员宽检该类项目、甚至不经相关管理部门审核直接通过并拨款；若评价等级为“较好”，财政部门可视具体情况对该类资金予以保障；若评价等级为“合格”，原则上对该类项目按一定比例减少安排；若评价等级为“不合格”，则视项目实际情况，决定取消安排该类项目资金安排。

（二）经常性项目

针对经常性项目，若评价等级为“好”，财政部门可视实际需要重点支持或按

① 孙欣，马海涛.预算绩效评价结果应用：主要模式、问题及对策［J］.经济研究参考，2019（11）：5-17.

一定比例增加预算资金安排；若评价等级为“较好”，财政部门可视具体情况对该类资金予以保障；若评价等级为“合格”，原则上对该类项目按一定比例减少安排；若评价等级为“不合格”，则视项目实际情况，在不影响部门正常运转的基础上取消资金安排。

（三）跨年度项目

针对跨年度项目，若评价等级为“好”，财政部门可视实际需要重点支持或按一定比例增加延续性资金安排；若评价等级为“较好”，财政部门可视实际需要对下一年度的延续性预算资金予以支持；若评价等级为“合格”，原则上对延续性资金按一定比例减少投入；若评价等级为“不合格”，暂缓安排延续性资金，待项目整改完成后，视具体情况安排预算资金；对于部门整体支出，有条件的地方政府可以开展部门整体支出绩效评价，其中，基本支出评价结果“合格/不合格”的，可适当减少其定额总量，对于连续几年部门整体支出绩效评价结果为优或良的，可考虑给予预算部门预算资金使用上更多的自主性和灵活性，绩效评价结果越好的部门可以拥有越大的管理自主权；若绩效评价结果达不到规定档次、与绩效目标发生偏离、出现低效或无效财政资金使用等情况，财政部门可根据部门整体情况对相关人员进行追责。

▶ 第二节 加强法制建设与深化配套措施改革

法制保障，相关预算管理等配套措施的改革是顺利推行和实施全过程预算绩效评价结果应用的重要促进条件。因此，通过制定预算绩效评价结果应用办法、深化预算管理制度改革、赋予部门负责人适度自主权、强化预算部门（单位）绩效自评机制以及树立全过程预算绩效评价结果应用理念是推行和实施全过程预算绩效评价结果应用的重要条件。

一、制定预算绩效评价结果应用相关办法 ≡

完善的立法支持，有助于减少改革阻力，节约改革成本，在一定程度上防止因领导换届导致绩效管理工作的懈怠或停滞[①]，从而推动预算绩效评价结果应用的制度化、常态化建设且按照既定的路线图展开。为此，相关国家机关需对已有相关法律中进行补充和完善，出台《预算绩效评价结果应用法规》《预算绩效评价结果应用指导条例》《预算绩效评价结果应用办法》《关于预算绩效评价结果应用的实施意见》以及《预算绩效评价结果应用的具体实施细则》等，对于如何建立绩效评价结果与预算决策、问责及促进信息公开等做出明确以及详细的规定，通过规范化的形式为预算绩效评价结果应用提供法治保障，促使预算绩效评价结果应用的常态化和

① 马蔡琛等.山坳上的中国政府预算改革——变革世界中的现代预算制度［M］.北京：经济科学出版社，2018：144.

制度化发展[①]。对于低级次政府，应在基层广泛进行体制改革和程序设计，通过完善地方预算绩效评价结果模式逐步积累经验，出台适合于本市（县）情况的绩效评价结果应用办法，并对绩效评价结果的应用模式、应用途径、公开范围和公开内容等进行详细规定。

二、深化预算管理制度改革

预算绩效管理体制的自身缺陷阻碍了预算绩效评价结果的有效影响，因此，通过强化预算执行管理、完善项目管理、探索事中财政规划管理来深化预算管理，有效建立绩效评价结果与预算资金分配的联系。

（一）强化预算执行制度管理

1.逐步推进政府会计制度改革。“收付实现制”的会计核算方式导致项目资金的流向与使用者对该笔资金的支出责任呈现不同步状态，可能出现资金支出但责任还未履行的情况，因此会对评价数据的真实性造成一定的影响。而政府会计权责发生制记账改革有助于政府内、外利益相关者及权利制衡组织通过更为可靠的信息对政府行为进行评价，通过更为全面、真实的信息展现政府的财政运行状况，从而改善政府绩效管理信息基础不足的情况[②]。同时，依据权责发生制的会计核算方式记账每项资金的流出情况，不仅有利于在前期绩效管理阶段、中期绩效管理阶段或后期绩效管理阶段及时跟踪相关主体责任，建立绩效目标审核结果、前期绩效管理结果、中期绩效监控管理结果以及全过程预算绩效评价结果与问责的联系，若相关评价结果不理想，财政部门则可及时追责责任主体，把控整个项目资金运行绩效，从而加强政府的受托责任；此外，权责同步的预算管理方法也能够有效防范财政风险[③]。因此，基于权责发生制的会计核算方式，改进收付实现制的会计核算方法，不断调整和完善会计核算体系，形成客观性、真实性的财务报告体系，从而为更具真实性和及时性的全过程预算绩效评价结果输出提供技术保障。

2.进一步做好预算执行工作。进一步做好预算执行工作，解决政策时滞性和拨款时滞性问题，增强绩效评价结果的利用价值。首先，需硬化预算约束，对于年初设立绩效指标相关政策未正式出台的情况，各预算部门在编制且申报绩效目标时，

① 孙欣.预算绩效评价结果应用：文献综述与研究展望［J］.地方财政研究，2019（2）：48-58.

② Jagalla T，Becker S D，Weber J. A Taxonomy of the Perceived Benefits of Accrual Accounting and Budgeting：Evidence from German States［J］. Financial Accountability and Management，2011，27（2）：134-165.

③ 孙琳.政府会计制度改革与政府绩效改善研究［M］.合肥：安徽大学出版社，2018：117.

应积极与当地财政部门进行沟通和商讨，就预算部门在本年度内应完成的职能与相关政策发展方向拟定部门计划，待项目审批合格以及正式投入运行后，相关政策措施原则上不能随意改动；对于出现特殊情况，需增加或调整部门年度内职能与相关政策发展方向的情况，可在制定三年滚动预算的前提下，将在年中进行调整和增加的政策支出安排在第二年的项目预算编制和申请当中，从而增强预算部门对该项目在本年度内对资金的可控性。其次，财政部门应严格按照相关合同和程序规定将资金及时拨付给相关预算部门，让预算部门按照预算绩效目标合理、准确、有效地使用预算资金，输出客观、真实且完整的全过程预算绩效评价结果，从而增强全过程预算绩效评价结果的利用价值。

（二）完善项目管理

1.对项目实行分层、分类管理。项目为单位进行绩效评价是我国各级财政部门推进预算绩效评价工作的主要方式，而预算部门（单位）可依据实际情况对项目进行灵活性调整，实现项目的拆分、变更、合并，然而，对于已发生拆分、变更、合并的项目并不能以原有项目评价结果作为依据进行资金的调拨，拆分、变更和合并之前的项目绩效评价结果也就无应用价值。对此，实现项目的分层、分类管理，以期能够在解决项目需要拆分、变更以及合并的同时，应用拆分、变更和合并之前的项目绩效评价结果。首先，对项目进行分层管理，包括“目标项目”和“具体项目”，“目标项目”是预算部门需实现的部门职能总目标和总方向，以及需要承担的责任，在短期、中长期应实现的任务和发展目标，“目标项目”原则上不能拆分和变更；“具体项目”则是“目标项目”下的每一类或每一个具体需执行的项目，原则上，若“具体项目”需要拆分、变更或合并，其拆分、变更或合并必须在同一类项目或具有同一属性的项目中进行，对于跨部门的“具体项目”，除特殊需要一般不进行拆分、变更和合并。其次，对项目进行分类管理，包括“固定项目”和“特殊项目”，对于“固定项目”，是“目标项目”和“具体项目”中不能进行拆分、变更或合并的项目（包括跨部门项目），“特殊项目”是指在“目标项目”和“具体项目”中，由于特殊原因需要对部分项目进行拆分、变更和合并的情况，如某年发生灾害，相关部门支出特殊项目资金后进行绩效评价，输出评价结果后，该项目资金在第二年则发生变更情况等。

2.提高项目入库质量。由于各预算部门（单位）提交项目申请时间较晚，导致事前绩效评价时间短、任务重，在一定程度上影响了项目评审质量，间接降低了全过程预算绩效评价结果质量。鉴此，财政部门、预算部门两个利益主体可分别建立分层项目审核程序以及邀请第三方评价机构进行项目评审，首先，财政部门（审核预算部门的项目申请）、预算部门（审核资金使用单位的项目申请）可建立分层项目审核程序，依据“目标项目”“具体项目”或“固定项目”“特殊项目”的分层、分类情况，依据优先绩效目标将项目进行排序，并根据排序情况安排审核内容和审核程序。其次，财政部门、预算部门可邀请第三方评价机构对项目进行评审，从而提高评审效率以及项目入库质量。

（三）拓展预算编制周期、实行逐年滚动管理

预算编制与绩效评价之间存在“错期”是绩效评价结果应用率低的重要影响因素之一。实践中，绩效评价工作围绕上一预算年度的预算项目展开，而此时本年度预算正在执行，绩效评价结果若应用，也只能用于下年度预算编审，在一年中同时进行下年度的预算编制与上年度的预算绩效评价，这种“错期”可能会产生变化因素，很难确定上一年度的评价结果是否适用于下一年度的预算编制。为此，财政部门可根据相关宏观政策及中长期计划确定预算部门（单位）未来三年的预算控制数；预算部门（单位）则依此科学、合理安排本部门的支出，以每年度向后递延一年的滚动管理方式，编制未来三年的滚动预算；财政部审核部门申报的滚动预算，经人大批准后批复部门第一年的年度预算，下达后两个年度的预算控制数；在编制下一年度预算时，预算部门也可根据情况变化，对上一年度编制的三年预算中的后两个年度的预算情况进行适当调整。由此，基于较长的预算编制周期和滚动管理，实现全过程预算绩效评价结果与预算资金分配的联系，如在编制2020年项目预算时，可依据2018年该项目的绩效评价结果和2019年该项目（若是一次性项目，则对类似项目的编制有参考作用；若是跨年度项目，则对该项目的持续拨款有参考作用）的事前绩效目标管理结果、立项评价结果和事中绩效监控结果作为参考依据，进行适当调整；在财政部门审核的情况下，人大则可批复2021和2022年的预算控制数。

三、赋予部门负责人适度的自主权

预算绩效管理的目的是实现资源的有效配置，为了实现绩效目标，有必要赋予最熟悉情况的部门负责人一定程度的自主权，决定预算资源的合理配置。因此，赋予负责人灵活性也就成了实施预算绩效管理的通行做法。如美、英等国家一般注重赋予部门负责人一定程度的自主权，灵活配置预算资金，如美国允许未使用完的拨款可在年末进行结转；英国执行部门可根据情况变化，将资源配置到最具战略优先性的项目上去。同时，在提供部门负责人灵活性的同时，各国也制定了相应的约束机制，如英国使用管用分离制度。因此，赋予部门负责人适度自主权的同时，制定相应约束机制，是绩效评价和全过程预算绩效评价结果应用顺利实施的重要保障。

基于激励约束机制，在拓展预算编制周期和滚动管理的前提下，赋予运行全过程预算绩效评价结果应用部门负责人一定程度自主权，有利于资源的合理配置，从而提高资金的使用效益。

四、强化预算部门（单位）绩效自评机制

输出和应用预算绩效评价结果是预算部门（单位）开展绩效评价活动的落脚点，为输出高质量的预算绩效评价结果、加强预算部门（单位）建立预算绩效评价结果与问责、资金分配的联系，需进一步强化预算部门（单位）的绩效自评机制①，严格遵照绩效自评流程进行评价，具体包括五个方面：一是细化项目的自评内容，基于对资金的投入、使用、产出和效果四方面绩效的考量，针对部门职能范围和方向进一步细化评价内容，如针对项目的特性和政策方向设置个性化评价指标；二是明确绩效自评主体和项目的责任主体，组织实施责任主体为各预算单位主管部门，要求各预算单位成立项目支出绩效自评工作小组，负责本单位绩效自评工作的组织领导和具体实施；同时，明确项目的负责人员，以追踪和监督其对资金的使用过程，落实绩效问责；三是按照规定内容撰写绩效自评报告，并详细呈现项目的背景、实施情况、具体绩效、出现问题以及整改措施等；四是自评工作的反馈与整改，财政部门组织中介机构或专家，汇总分析各预算部门项目支出绩效自评工作情况，对预算部门上报的所有项目评价结果进行抽查或现场核实，并对重点项目进行再评价，将再评价结果反馈于各预算部门，预算部门酌情进行整改或申诉，形成最终的项目绩效评价报告；五是明确绩效自评结果的应用范围，各预算部门（单位）可根据自查自评中揭示的问题抓好整改落实，改进项目管理；或基于激励约束机制，根据绩效评价结果，对责任主体（部门和个人）进行物质奖励（精神奖励）/物质惩罚（精神惩罚）；或是将各预算单位的财政支出绩效自评完成情况列入对各预算单位、财政部门各资金归口管理处（室）年度预算绩效管理工作考核范围等。

五、树立全过程预算绩效评价结果应用理念

责任型政府的建立，其核心是将责任理念和责任意识贯穿于预算绩效管理的全过程，以衔接事前绩效管理、事中绩效管理和事后绩效管理，形成全过程预算绩效

① 姜爱华，卢真，孙欣，等.绩效评价结果应用于部门预算编制的研究［J］.财政科学，2019（1）：77-87.

评价结果应用模式，实现全过程预算绩效管理链条的形成[①]。鉴此，首先需加强绩效氛围营造、形成绩效文化，通过召开绩效管理指标认领、分析讲评等专题会议，有效提高相关领导、部门负责人和具体负责人对绩效管理的思想认识，形成人人讲绩效、个个抓绩效的氛围。其次，通过大力宣传和贯彻绩效理念，如组织各预算部门（单位）学习绩效文件，使相关领导、部门负责人和具体负责人不断加深理解开展绩效管理工作的精神实质；加强绩效管理培训，财政部门可定期对各预算部门（单位）组织绩效培训，确保绩效管理工作的顺利高效开展。再次，制作全过程预算绩效评价结果应用“分步式”指导手册，形成绩效宣传的文字材料，供相关责任主体使用。最后，相关领导、预算部门（单位）和责任人员树立全过程管理理念，将全过程管理理念纳入日常预算绩效管理工作中，认识到绩效目标管理结果应用和立项评价结果应用对预算资金投入和执行的重要作用，事中绩效监控管理结果应用对事后绩效评价以及全过程预算绩效评价结果应用的作用。

① 孙欣.财政支出绩效评价结果应用于问责的困境与出路［J］.财政监督，2018（13）：44-52.

▶ 第三节 培育绩效管理专业人才与完善预算绩效管理信息系统建设

输出高质量绩效评价结果是有效应用绩效评价结果的前提和基础，而参评人员的专业知识和评价经验、绩效评价数据的搜集是参评人员设置绩效目标、选择绩效指标所应具备的客观条件和重要基础。为此，加快培育和发展预算绩效管理专业人才队伍，完善预算绩效管理信息系统建设，从而助力绩效数据搜集、绩效目标管理和绩效指标选择，以期输出高质量的全过程预算绩效评价结果。

一、培育绩效管理专业人才

由全过程预算绩效评价结果应用的影响因素分析可知，参评人员专业知识和评价经验的欠缺直接影响绩效评价结果的质量，从而弱化预算绩效评价结果的应用。因此，有必要加大政府内部机构参评人员的专业能力培训、规范第三方评价机构管理，从而加快绩效管理专业人才梯队建设。

（一）培养政府内部专业评价人员

1.组织专家团队开展预算绩效专题培训。首先，由管理部门的相关专家、操作部门的负责人员共同定期举办预算绩效专题培训工作，让更多不同专业背景或初涉该领域的相关人员加入到绩效评价改革的队伍中来；其次，在推进绩效评价工作的过程中，财政部门（或绩效评价处）的专业绩效管理人员需定期（一个月或一个季度）对各预算主管部门（预算单位）的绩效评价负责人员进行专业辅导，以帮助其快速了解绩效管理工作的相关流程，收悉具体业务的操作程序；最后，利用信息化技术，开通预算主管部门（预算单位）内部“预算绩效相关知识问答以及操作流程指南”微信公众号，以方便绩效评价人员随时咨询和熟悉预算绩效管理工作的详细操作流程。

2. 在科研院所开设财政预算绩效管理专业课程。实践是检验理论的唯一标准，与此同时，科学的理论对实践也具有积极的指导作用。因此，预算绩效管理改革的理论建设也至关重要。但实际上，预算绩效管理领域的理论研究力量不足也成为了该项工作改革推进过程中的主要障碍之一。因此，在科研院校开设预算绩效管理相关专业课程，或是在财政学、行政管理学、会计学等学科中增设预算绩效管理相关课程，有助于在人才培养过程中形成扎实的基础研究梯队和实际操作梯队，为预算绩效管理实践工作提供科学的指引作用。另外，在人才梯队的建设过程中，应逐渐培养一批预算绩效管理领域的专业人才，熟悉预算绩效管理工作的全过程，不仅是理论方面的专家，也是实践操作方面的佼佼者，有助于在该领域形成一个良性的人才生态空间。

（二）规范第三方评价机构管理

在实施全过程预算绩效评价结果应用，输出全过程预算绩效评价结果应用的过程中，邀请第三方评价机构参与绩效目标审核、绩效监控、结果评价等工作，有助于提高绩效评价工作整体流程的效率和质量，输出更具科学性和客观性的预算绩效评价结果；与此同时，规范第三方评价机构管理，保持评价机构的中立性和专业性，亦是保障绩效评价工作顺利实施，输出高质量绩效评价结果的重要前提。

1. 建立健全第三方评价机构、评审专家管理制度。首先，建立第三方评价专家的资质评定制度，目前，各财政部门和预算部门（单位）聘请的第三方评价专家普遍存在专业性较弱、对参评项目的政策性认识不够透彻的情况。为此，第三方评价机构和财政部门（预算部门）有必要制定相应的专家资质评定制度：第三方评价机构在选择专家时，应对专家准入条件做出规定，如公共预算专业知识背景、预算相关工作经验、预算绩效评价义务、报酬支付规定以及违法处罚情况等做出具体规定；财政部门（预算部门）在选择第三方评价机构的同时，需制定独立于第三方评价机构的专家资质评定制度（制定独立于第三方评价机构的专家资质评定制度有利于追责具体责任人员，避免第三方评价机构与专家之间互相推诿责任或互相包庇的情况），对专家参评条件做出规定，如公共预算管理知识背景、预算绩效评价经验、个人信誉记录、预算绩效评价义务、报酬支付规定、违法处罚情况等。其次，各级财政部门、预算部门应健全第三方评价机构的资质评定制度，一方面，规定机构的准入条件，如机构专业人员规模、机构信誉机构、评价经验等；另一方面，对符合条件的评价机构划分等级资质，依据其机构信誉度、顾客评价满意度等为依据实行滚动等级排名和末位淘汰管理，基于激励奖惩机制，让排名靠前的评价机构获得更多的参评机会和额外收益，而对于排名靠后的评价机构，可给予一定时期内的改进机会，若排名仍靠后，该机构将被淘汰，进入新一轮的机构准入条件考核。

2.实行双库并行管理、强化第三方评价机构入库管理。双库并行管理是第三方评价机构库和第三方复审机构库并行管理的方式。在财政部门内部，机构库实行用管分离；各业务部门根据工作需要，在服务机构库内，按照管理办法选择机构开展工作；财政监督局则负责管理复审机构库，对所有第三方评价机构的质量进行评定和复审，质量评定结果作为支付委托费用的依据。此外，为提高第三方机构的评估质量，应强化第三方机构的入库管理。目前，湖北省荆州市在出台的《荆州市财政局使用第三方服务机构管理办法》中，提出“即时中止制度、放弃清退制度、年度考核制度和质费挂钩制度”强化第三方机构的入库管理[①]。

二、完善预算绩效管理信息系统建设

通过预算绩效管理信息化建设，建立覆盖财政支出绩效全业务，涵盖政府机构、第三方评价机构、专家、监督机构、公众等相关利益主体的预算绩效管理信息系统，将预算绩效理论、绩效评价结果及应用渗透到预算绩效管理的各环节中，实现与预算运行、运行效果以及评价反馈等各方面数据的统计和分析，最终形成财政“绩效监督”以及“回应公众”，有利于保证财政管理的有效性、公信力和科学性，强化政府为人民服务的理念。在预算绩效管理信息系统建设中需要重点关注以下两个方面。

（一）建立智能预算绩效管理体系[②]

智能预算绩效管理体系，不仅能够优化预算绩效管理流程、提高绩效管理效率；也可为预算绩效管理机制的完善、全过程预算绩效管理链条的形成奠定基础，促进政府信息的透明化、公开化和规范化，实现政府和社会的良性互动。建立智能预算绩效管理体系需从四个方面着手：首先，建立财政大数据，财政大数据是智能体系的基础，不仅应包括预算资金流的相关信息，预算资金支出过程、绩效

① 陈志勇，毛晖，张春雨，等.部门预算绩效评价结果应用［J］.财政监督，2019（24）：27-35.

② 王泽彩，毕瑞祥.智能预算绩效管理体系研究［J］.财政监督，2018（21）：22-27.

等所有信息都应纳入覆盖范畴，如投资上海市“徐浦大桥大修项目”①，目前主桥车道改建情况、涂装翻新情况、斜拉索护套情况、新建风障设施情况等，只有掌握与项目资金相关的全部信息，才会提高全过程预算绩效管理工作流程的工作效率，提高全过程预算绩效评价结果的客观性和可用性；同时，利用大数据的聚类挖掘技术、关联挖掘技术、分类挖掘技术等②解决可能出现的绩效评价数据分散、碎片化、政府与公众之间的预算信息不对称等问题。其次，构建全过程预算绩效评价结果指标库，根据预算评价对象，设置项目绩效评价结果应用通用型指标库、部门整体支出绩效评价结果应用通用型指标库、政府综合支出绩效评价结果应用通用型指标库，在此基础上，根据项目和部门行政的不同，分别设置针对教育、医疗、农业、交通、科技等方面的项目绩效评价结果应用专业型指标库、部门整体支出绩效评价结果应用专业型指标库，从而为建立智能预算绩效管理体系奠定坚实基础。再次，建立智能识别系统，通过输入各类基础财政数据、各类指标，自动识别和计算被评价项目的绩效信息，实现不同地区同类型项目、同类型不同时期等的综合对比分析，不仅有利于发现项目执行过程和评价过程中存在的不足，也从一定程度上减轻了部门内部评价人员的工作压力。最后，建立系统更新维护机制，绩效指标库需根据经济、社会发展情况不断完善和更新，以适应不同时期财政管理的需要，在协调沟通的前提下，各利益相关主体（主要指人大、财政部门和预算部门）应选择固定时期新增、调整或撤销相关指标，以满足各职能部门和政策发展的需要。

（二）逐步构建预算绩效大数据应用系统

逐步构建预算绩效大数据应用系统是运行全过程预算绩效评价结果应用的重要技术支持。首先，建立预算绩效管理信息采集服务平台，该平台在自动采集相关财政数据（如预算资金流的相关信息，预算资金支出过程、绩效指标、绩效评价结果等所有信息）的基础上，设置专栏并公开“部门使命——‘目标项目’——‘具体项目’”的预算编制（事前评估情况）、预算执行（监控情况）、预算完成（结果评价）情况，在“社会公众反应意见栏”内搜集行业专家、公众以及相关学者等的意见和建议，并定期自动反馈至相关部门，部门管理人员需针对专栏意见及时给予反馈；其次，逐步实现预算绩效管理信息采集服务系统与云计算、人工智能的融合，财政数据、社会公众的反馈意见等通常会设计图像、音影信息及其他半结构和非结构信息等，实现预算绩效管理信息采集服务系统与云计算、人工智能的融合，以强

① “上海财政”门户网站：上海市“徐浦大桥大修项目”绩效评价报告.https：//www.czj.sh.gov.cn/zys_8908/ zt/rmzt/ysjxgl/pjjg_9313/2018/201808/P020180821572060630531.pdf.

② 李淑芳，叶剑锋.基于大数据的公共预算绩效管理模式创新［J］.地方财政研究，2018（12）：4-11.

化对所有信息的识别能力，为科学合理地设置绩效目标以及个性化的绩效指标体系提供基础保障；最后，逐步实现预算绩效管理信息采集服务系统自动化分析目标，基于所有信息实现预算绩效管理的自动化分析，如宏观层面的国家政策、部门职能发展方向，或微观层面的项目资金编制、执行和完成过程出现的问题等，实现对所有信息的实施跟踪监控和动态调整，从而输出更具科学性和客观性的全过程预算绩效评价结果。

本章小结

本章针对当前预算绩效评价结果应用存在的问题以及推动全过程预算绩效评价结果应用的影响因素，在借鉴国外经验做法的基础上提出推动我国全过程预算绩效评价结果应用的对策建议：首先，构建全过程预算绩效评价结果应用机制，基于激励约束理论，构建由识别噪声机制、多方沟通机制、结果公开机制、结果问责机制、结果与资金分配挂钩机制组成的全过程预算绩效评价结果应用机制；其次，加强法制建设以及相关配套措施的改革，包括：制定预算绩效评价结果应用相关办法、深化预算管理制度改革、赋予部门负责人适度的自主权、强化预算部门（单位）绩效自评机制以及树立全过程预算绩效评价结果应用理念；最后，通过培育绩效管理专业人才与完善预算绩效管理信息系统建设，输出和应用高质量全过程预算绩效评价结果，从而推动全过程预算绩效评价结果应用的实施。

结　语

预算绩效评价结果是我国构建责任政府背景下，基于政府绩效管理改革，立足于预算绩效管理模式，以提高资金使用效益为目的，对财政资金进行绩效衡量和判断所生成的预算绩效信息。从广义上看，它是政府围绕预算绩效评价而产生、搜集、处理、发布、传递、利用并储存的全部信息；从狭义层面定义，它是关于预算资金运行效果与效率的结果性信息。因此，从确定预算绩效评价目标、执行绩效评价过程定义，预算绩效评价结果是支出部门项目预算资金使用效益的体现，依托评分、评级为表现形式，以绩效评价报告（预算主管部门：自评报告）为载体的预算绩效信息。同时，预算绩效评价结果的形成也是“三上二下”（“二上一下”）的提交、反馈过程，以绩效评价报告（财政部门：再评报告）为载体的预算绩效信息。2003年以来，经过“地方试点—全国办法出台—地方办法出台—全面推广”的实践过程，我国已基本形成较完善的预算绩效管理机制。全面推进预算绩效管理，设置可细化、可量化的绩效目标和绩效指标、衡量产出和效果是关键，但更重要的是在一定范围内公开评价结果，将其应用到公共部门的预算决策和行政治理当中，以期实现奖优罚劣、权责匹配和社会监督的目标。但从预算管理的实践情况来看，应用预算绩效评价结果是当前全面推进预算绩效管理机制的薄弱环节；从构建事前（资金投入前）、事中（资金运行过程）、事后（资金执行完成）预算绩效管理闭环系统来看，施行事后（资金执行完成）预算绩效评价结果应用是财政部门和预算部门（单位）实现全面实施预算绩效管理目标的重点关注内容和主要方法之一，而较少涉及对事前、事中绩效评价结果应用的讨论和研究。为此，本书以全过程预算绩效评价结果应用实施框架为核心理论依据，考核事前绩效管理（管理内容：绩效目标管理，项目资金立项评价，考核绩效目标审核结果应用情况）、事中绩效管理（管理内容：投入情况、预期产出和效益的实现程度，考核事前绩效管理结果应用情况）和事后绩效管理（管理内容：结果评价，考核事中绩效监控管理结果应用情况），通过度量绩效目标审核结果应用、事前绩效管理结果应用、事中绩效监控管理结果应用情况，及时调整、纠偏绩效目标、锁定责任主体，输出和应用全过程预算绩效评价结果，最大程度加强预算绩效评价结果应用，促进全过程预算绩效管理链条的形成。

基于全过程预算绩效评价结果应用实施框架，分析当前预算绩效评价结果应用的现状，呈现出事前绩效评估与评估结果应用、事中绩效运行跟踪管理与管理结果应用以及事后绩效评价及评价结果应用的特征；并发现各级政府尚未形成全过程预算绩效评价结果应用理念，事前绩效评估结果与事中绩效运行跟踪结果应用不足，事后绩效评价结果应用偏弱的问题。鉴此，基于系统论，从制度保障因素、绩效环境因素以及绩效评价结果因素进行理论和实证分析，并根据影响因素的实证分析结果，构建全过程预算绩效评价结果应用通用型指标体系，度量资金的全过程运行绩效，从而输出客观、科学的全过程预算绩效评价结果。同时，在借鉴国外应用于预算绩效评价结果的基础上，结合当前预算绩效评价结果存在的问题和形成全过程预算绩效评价结果应用的影响因素，提出推动实施全过程预算绩效评价结果应用的对策建议，具体包括：构建符合我国国情的全过程预算绩效评价结果应用机制、加强法制建设以及相关配套措施的改革、培育绩效管理专业人才与完善预算绩效管理信息系统建设等三个方面。

综上所述，本书基于全过程预算绩效评价结果应用实施框架，分析当前预算绩效评价结果应用现状、存在的问题以及影响因素，构建全过程预算绩效评价结果应用通用型评价指标体系，以期在借鉴国际经验基础上，探讨推动我国全过程预算绩效评价结果应用的对策建议。本书的逻辑清晰，研究内容丰富了国内预算绩效评价结果应用研究领域的薄弱环节，提出的全过程绩效评价结果应用实施框架具有一定的实践意义。但与此同时，随着该领域理论研究的不断丰富和更新以及实践的不断探索和改革，预算绩效评价结果应用的相关内容有待下一步展开研究，具体来看：

第一，有待进一步研究全过程预算绩效评价结果应用专用型指标体系。通过构建全过程预算绩效评价结果应用的通用型指标体系，输出全过程预算绩效评价结果，以建立结果与问责、预算资金分配的联系。然而，我们知道，预算支出的分类标准较多，且不同的支出分类其包含的属性和职能方向不同，对应的考核指标也应该各有侧重。例如，按照功能性的支出分类，预算支出包括教育支出、科技支出、外交支出、公共安全支出、文化体育与传媒支出、环境保护支出等；按照经济性质和具体用途的支出分类，预算支出包括工资福利支出、对个人和家庭的补助、对企事业单位的补助、基本建设支出、转移性支出、债务利息支出等；若按照税式支出分类，预算支出包括增值税税式支出、所得税税式支出等。因此，根据何种标准将预算支出进行分类，且构建全过程预算绩效评价结果应用专用型评价指标体系是下一步需深入研究的方向。另外，对于全过程预算绩效评价结果应用通用型指标体系，还需要进行实践的考察。开展全过程预算绩效管理，针对项目资金的每个阶段绩效评价和结果的管理虽然可以全程追踪项目资金的使用情况并增强责任主体的责任意识，但是实施全过程预算绩效管理势必会增加大量的人力和物力耗费，因此，有待进一步通过实践考察全过程预算绩效评价结果应用通用型评价指标体系的实用性。

第二，有待实证分析全过程预算绩效评价结果的应用效果。预算绩效评价以及预算绩效评价结果应用不仅提高了资金的使用效益，同时也增强了责任主体的绩效理念和责任意识。然而，建立绩效评价结果与预算资金的安排、实施绩效问责是否有效提高了资金的使用效益、增强了责任主体的绩效意识和责任理念仍需实践的考察。由此，通过查阅相关文献和类似实践问题，可以推断两种考察方法，一个是通过实地走访和问卷调查，了解目前各财政部门和预算主管部门的相关责任人员对于预算绩效评价结果应用的问题，如，应用绩效评价结果于预算资金分配是否提高了预算资金的使用效益？由于实施绩效问责会不会提高责任意识和绩效理念？是否会引起反感？另一方面是通过搜集数据进行计量分析，通过搜集预算绩效评价结果与预算资金分配建立联系的数据、绩效问责的数据等。但是，从目前来看，这两种考察方法的实施难度非常大，一是信息公开时间较短且公开程度不够，在政府官网以及财政部门官网上只能搜集到少数省份关于预算绩效评价结果应用情况；二是各省预算绩效管理情况不同步，由于各省的经济发展情况以及对于预算绩效管理情况不相同，分析全国预算绩效评价结果应用的实施效果非常困难，且应用情况属于内部信息，更增加了研究各省各部门绩效评价结果应用效果的难度；三是难以量化预算绩效评价结果应用程度以及应用模式，目前，预算绩效评价结果与资金分配建立联系、实施绩效问责尚无量化模式，很难以某个数据说明其真实情况，再者，绩效评价结果的应用程度更无从计量。因此，待预算绩效信息的公开程度加大，随着该领域理论研究的不断丰富和更新，全过程预算绩效评价结果应用的实际效果有待下一步展开研究。

第三，有待系统研究部门整体支出绩效评价及评价结果应用、政府综合支出绩效评价及评价结果应用。以目前的预算绩效管理实践情况可知，预算绩效评价及结果应用主要围绕项目支出绩效评价以及结果应用展开。项目支出绩效评价易操作、且实施难度相对较少，这一特征决定了目前预算绩效管理的主要研究范围和实践对象；然而，部门预算中占比60%的资金却被排除在外，这种支出绩效管理的不完整性人为的割裂了公共产品供给成本与产出之间的联系，即不能反映投入产出效率，又说明不了支出结果的价值，更间接影响绩效问责的实施[①]。相比较而言，部门绩效评价不仅涉及单位和部门的项目资金绩效评价，还涉及部门的战略规划是否合理，决策机制是否公开制衡，部门的财务管理、资产管理等规章制度是否完备，预算执行的过程管理、过程监督以及单位和部门的绩效产出和绩效结果是否与既定目

① 白景明.全面实施预算绩效管理须实现四大突破［N/OL］.中国经济时报，http：//news.hexun. com/2018-02-12/ 1924595 00.html，2018—2—12.

标相符等内容[①]。若部门财政支出绩效评价结果达不到规定档次、与绩效目标发生偏离、出现低效或无效财政资金使用等情况，责任主体可根据部门整体情况进行追责。从理论层面来看，部门财政支出绩效评价优势可以解决跨部门项目复杂性所造成的责任客体划分不清的问题。以构建责任政府的目标来看，政府综合支出绩效评价主要针对某一级政府或地区的整体财政性支出为该区域提供的公共服务和公共产品，考量整体财政性支出为该区域所带来的经济增长、社会有序发展、生态环境改善等影响，政府综合支出的考量可以更加全面的衡量和判断政府的综合绩效，回应公众是否达到公共利益最大化。因此，部门整体支出绩效评价及评价结果应用、政府综合支出绩效评价以及评价结果应用是预算绩效评价结果应用研究应该继续探讨的主要问题。

① 财政部干部教育中心：现代预算制度研究［M］.北京：经济科学出版社，2017：245.

附表1　全过程预算绩效评价结果应用影响因素模型验证调查问卷

填表说明：

预算绩效评价结果应用是开展预算绩效评价工作的目标，是形成预算绩效管理工作的重要环节。但由于制度供给保障不足；制度之间协调性较弱；预算管理体制自身缺陷；领导重视程度不一；主客体责任划分不清晰；绩效评价意识薄弱；专业知识和评价经验欠缺；评价数据不易搜集；绩效目标量化困难、审核难度较大；指标体系的科学性不够等因素的影响导致在建立绩效评价结果与预算资金分配、绩效评价结果与问责以及公开绩效评价结果的联系过程中存在着绩效预算安排执行难、绩效问责落实难以及信息公开方式单一、公开程度不够的问题。对此，希望您能结合其专业知识和实践经验，对下列全过程预算绩效评价结果的应用影响因素进行真实的判断。

请您判断以下题项对预算绩效评价结果应用的影响程度："1"代表"非常不同意"、"2"代表"不同意"、"3"代表"不确定"、"4"代表"同意"、"5"代表"非常同意"。请您选择您认为合适的栏目，在空中标记"√"。

您的工作单位：________

您的职务级别：________

您的职称级别：________

Q1 预算绩效评价指标体系中共性指标的针对性较弱会影响预算绩效评价结果的应用。

1非常不同意　2不同意　3不确定　4同意　5非常同意

Q2 难以量化的社会效益指标是否会降低绩效评价结果质量。

1非常不同意　2不同意　3不确定　4同意　5非常同意

Q3 第三方评价机构设置的评价指标体系政策导向较弱，着重合规性和经济效益上的量，从而降低预算绩效评价结果质量，影响预算绩效评价结果的应用。

1非常不同意　2不同意　3不确定　4同意　5非常同意

Q4 量化绩效目标较困难，降低评价指标和评价结果的科学性，从而影响预算绩效评价结果的应用。

1非常不同意　2不同意　3不确定　4同意　5非常同意

Q5 由于专业性和信息不对称，财政部门审核预算绩效目标的审核难度较大，从而影响预算绩效评价结果的应用。

1非常不同意　2不同意　3不确定　4同意　5非常同意

Q6 政府内部评价人员不同的知识背景和评价经验会影响预算绩效评价结果的应用。

1非常不同意　2不同意　3不确定　4同意　5非常同意

Q7 第三方评价专家的评审态度和评审水平影响预算绩效评价结果的应用。

1非常不同意　2不同意　3不确定　4同意　5非常同意

Q8 与政府行政绩效评价理念混淆会影响预算绩效评价结果的应用。

1非常不同意　2不同意　3不确定　4同意　5非常同意

Q9 不与政府行政绩效评价方法、指标和管理进行区分会影响预算绩效评价结果的应用。

1非常不同意　2不同意　3不确定　4同意　5非常同意

Q10 评价数据的来源有限且分散影响预算绩效评价结果的应用。

1非常不同意　2不同意　3不确定　4同意　5非常同意

Q11 较低的评价数据信息化管理水平影响预算绩效评价结果的应用。

1非常不同意　2不同意　3不确定　4同意　5非常同意

Q12"收付实现制"的会计核算方式影响预算绩效评价结果的应用。

1非常不同意　2不同意　3不确定　4同意　5非常同意

Q13 缺乏绩效文化氛围影响预算绩效评价结果的应用。

1非常不同意　2不同意　3不确定　4同意　5非常同意

Q14 对绩效评价工作认识不到位会影响预算绩效评价结果的应用。

1非常不同意　2不同意　3不确定　4同意　5非常同意

Q15 相关业务人员的积极性影响预算绩效评价结果的应用。

1非常不同意　2不同意　3不确定　4同意　5非常同意

Q16 预算部门（单位）自评工作的积极性影响预算绩效评价结果的应用。

1非常不同意　2不同意　3不确定　4同意　5非常同意

Q17 参评主体之间的沟通影响预算绩效评价结果的应用。

1非常不同意　2不同意　3不确定　4同意　5非常同意

Q18 出台全国性的预算绩效评价结果应用管理办法、构建评价结果应用机制可以为预算绩效评价结果应用提供制度保障。

1非常不同意　2不同意　3不确定　4同意　5非常同意

Q19 出台地方性、针对性强的预算绩效评价结果应用管理办法可以为预算绩效评价结果应用提供制度保障。

1非常不同意　2不同意　3不确定　4同意　5非常同意

Q20“收付实现制”的会计核算方式影响绩效评价结果的真实性和及时性，从而难以依据预算绩效评价结果建立与预算资金的联系。

1非常不同意　2不同意　3不确定　4同意　5非常同意

Q21 政策时滞性和拨款时滞性影响对绩效评价结果的监控考核，影响绩效评价结果的质量。

1非常不同意　2不同意　3不确定　4同意　5非常同意

Q22 项目的拆分、变更、合并影响原有评价结果的应用。

1非常不同意　2不同意　3不确定　4同意　5非常同意

Q23 预算编制与绩效评价之间的错期影响预算绩效评价结果的应用。

1非常不同意　2不同意　3不确定　4同意　5非常同意

Q24 项目入库质量不高，间接降低项目绩效评价结果的质量。

1非常不同意　2不同意　3不确定　4同意　5非常同意

Q25 单一主体问责影响绩效问责效力。

1非常不同意　2不同意　3不确定　4同意　5非常同意

Q26 人大/财政部门既是决策主体/评价主体又是问责主体降低绩效问责效力。

1非常不同意　2不同意　3不确定　4同意　5非常同意

Q27 部门与部门之间、部门与主要负责人之间以及主要负责人与经办人之间责任划分不清晰，容易造成各主体之间对应承担责任的相互推诿。

1非常不同意　2不同意　3不确定　4同意　5非常同意

Q28 领导对绩效管理工作的重视直接关系到整个工作流程和工作人员对预算绩效评价结果应用的重视程度。

1非常不同意　2不同意　3不确定　4同意　5非常同意

Q29 领导换届影响预算绩效管理工作的开展和推进。

1非常不同意　2不同意　3不确定　4同意　5非常同意

Q30 预算绩效目标量化、绩效指标设置的科学性、评价参评人员的专业实施和评价经验影响绩效评价结果质量从而影响预算绩效评价结果问责。

1非常不同意　2不同意　3不确定　4同意　5非常同意

Q31 尚未与政府行政绩效评价理念、评价方法和评价指标进行区分、政府行政内部人员绩效评价意识薄弱会影响预算绩效评价结果问责。

1非常不同意　2不同意　3不确定　4同意　5非常同意

Q32 预算管理体制的自身缺陷、问责主客体责任划分不清晰、预算绩效问责管理规定不完善会影响预算绩效评价结果问责。

1非常不同意　2不同意　3不确定　4同意　5非常同意

Q33 预算绩效目标量化、绩效指标设置的科学性、评价参评人员的专业实施和评价经验影响绩效评价结果质量从而影响建立预算绩效评价结果与预算资金分配的联系。

1非常不同意　2不同意　3不确定　4同意　5非常同意

Q34 尚未与政府行政绩效评价理念、评价方法和评价指标进行区分、政府行政内部人员绩效评价意识薄弱会影响建立预算绩效评价结果与预算资金分配的联系。

1非常不同意　2不同意　3不确定　4同意　5非常同意

Q35 预算管理体制的自身缺陷、问责主客体责任划分不清晰、预算绩效评价结果与预算编制挂钩的相关规定不完善会影响建立预算绩效评价结果与预算资金分配的联系。

1非常不同意　2不同意　3不确定　4同意　5非常同意

附表2　全过程预算绩效评价结果应用通用型评价指标体系调查问卷

填表说明：

预算绩效评价结果应用是开展预算绩效评价工作的目标，是形成预算绩效管理工作的重要环节。但由于制度供给保障不足；制度之间协调性较弱；预算管理体制自身缺陷；领导重视程度不一；主客体责任划分不清晰；绩效评价意识薄弱；专业知识和评价经验欠缺；评价数据不易搜集；绩效目标量化困难、审核难度较大；指标体系的科学性不够等因素的影响导致在建立绩效评价结果与预算资金分配、绩效评价结果与问责以及公开绩效评价结果的联系过程中存在着绩效预算安排执行难、绩效问责落实难以及信息公开方式单一、公开程度不够的问题。

因此，为提高公共项目支出管理水平、更好地进行公共项目支出管理、全面发挥公共项目支出的最大效益，推行全过程预算绩效管理，将绩效理念与责任意识融入预算编制、预算执行和预算监督、预算完成各阶段，形成项目支出事前评价、事中评价以及结果评价的全过程评价，实现对项目支出绩效的事前、事中和结果评价结果的应用和管理。实现全过程预算绩效管理，不仅需要对项目资金的立项评价阶段、运行阶段以及完成阶段进行监控和监督，更需要设计一套全过程绩效评价结果应用通用型指标体系，且在立项评价阶段、事中绩效评价阶段和事后结果评价阶段增加对前一阶段评价结果的应用，如立项评价阶段的评价指标应报告绩效目标审核结果的应用情况、事中绩效评价阶段的评价指标应包括立项评价阶段评价结果的应用情况、事后结果评价阶段应包括事中绩效评价结果的应用情况；从而将以事后绩效评价结果应用为主向以绩效目标审核结果应用、事前绩效评价结果应用、事中监控结果应用和结果评价结果应用的全过程预算绩效评价结果应用的目标转移，这将增强责任部门和责任人员的绩效意识，有利于责任主体职能的划分，一方面，绩效目标审核结果应用、事前绩效评价结果应用、事中监控结果应用有助于责任部门和责任人员时刻追踪和监督资金绩效情况；另一方面，清楚的责任划分有利于增强预算绩效问责的效力，有助于改善问责客体之间责任相互推诿的情况。对此，希望您能结合其专业知识和实践经验，对全过程预算绩效评价结果应用通用型指标体系的构建做出真实的判断。

请您选择下列三级指标的重要性程度。请您选择您认为合适的栏目，在空中标记“√”。

您的工作单位：________

您的职务级别：________

您的职称级别：________

	一级指标	二级指标	三级指标	重要程度				
				非常不重要	不重要	一般	重要	非常重要
事前绩效管理评价	项目支出实施可行性	项目支出实施相关性	与预算主管部门（预算单位）职能和重点事业规划、年度工作计划的相关性、现实需求性					
			与国家宏观政策的相关性					
			与地区发展政策的相关性					
			预算编制的精确性和合理性					
		项目支出实施的可实现性	实施内容与绩效目标的一致性					
			资金接受方配套措施的合理性					
			财政支出方式的合理性					
			项目资金的公共性					
		项目支出实施的基本保障	资金发放渠道的合理性					
			具有健全的机制维持机构运转					
			完整的项目技术实施方案					
			项目支出资金的投入时间					
			重复投入的可能性					
			存在投入风险					
			具备相应的基础设施					
			管理制度的健全性					
事前绩效管理评价	项目支出预期绩效	绩效目标与绩效指标	绩效目标的明确性					
			绩效指标与绩效目标相关性					
		项目支出的预期产出与预期效果	预期产出的公共产品和公共服务					
			公共产品和公共服务所产生的经济效益目标、社会效益目标、生态效益目标、可持续影响力目标以及需求对象的满意度提升目标					

续表

	一级指标	二级指标	三级指标	重要程度				
				非常不重要	不重要	一般	重要	非常重要
事前绩效管理评价	明确公共责任	信息公开	信息公开规定的合法合规					
			信息公开（上报）主体					
			信息公开（上报）时间					
			信息公开（上报）对象					
		绩效问责	绩效问责相关规定的合法合规					
			绩效问责主体					
			绩效问责客体					
			绩效问责时间					
			绩效问责情形					
			绩效问责方式					
	绩效目标审核结果应用管理	预算调整	是否根据绩效目标的审核结果调整项目支出资金					
		问责约束	是否对不按规定编报绩效目标的责任主体进行相关处置					
事中绩效监控管理评价	资金管理	资金执行情况	资金到位率					
			资金到位及时率					
	过程管理	业务管理	制度有效性					
			质量控制					
		财务管理	具备或设立项目支出的财务管理规定以规范资金的运行					
			是否具备或设立相应的财务监控机制，实施相应措施以监控资金的运行					
事中绩效监控管理评价	事中绩效实现程度管理	阶段完成情况	产出数量的阶段完成情况					
		效益显现程度	经济效益、社会效益、生态效益的显现程度					
	事前绩效评价结果应用管理	信息公开管理	是否上报事前绩效管理情况					
		与预算资金分配建立联系	是否根据事前绩效管理情况相应调整预算资金					
		事前绩效评价结果问责	是否对事前绩效管理评价结果不理想的责任主体进行相关处置					

续表

	一级指标	二级指标	三级指标	重要程度				
				非常不重要	不重要	一般	重要	非常重要
事后绩效管理评价	项目实际产出	数量目标	项目支出实际完成率					
		质量目标	项目支出完成质量达标率					
		时效目标	项目支出完成及时率					
		成本节约率	项目支出实施成本节约率					
	项目实施效果	项目支出实施效益	项目支出实施产生的经济效益					
			项目支出实施产生的社会效益					
			项目支出实施产生的生态效益					
		项目支出实施的影响	可持续影响					
			服务对象对项目支出实施的满意程度					
	事中绩效评价结果应用管理	信息公开管理	是否上报事中绩效监控管理情况					
		与预算资金分配建立联系	是否根据事中绩效监控管理结果相应调整预算资金					
		事中绩效评价结果问责	是否对事中绩效监控评价结果较差的进行相关处置					

附表 3　样本地区回收问卷情况

调查地区	发放问卷数（份）			回收问卷数（份）			有效问卷数（份）		
	问卷1/问卷2			问卷1/问卷2			问卷1/问卷2		
	政府人员	行内专家	第三方	政府人员	行内专家	第三方	政府人员	行内专家	第三方
广东省	25/25	25/25	25/25	23/23	25/25	21/21	23/22	25/23	21/20
北京市	25/25	25/25	25/25	23/23	25/25	17/17	22/23	25/25	17/17
上海市	25/25	25/25	25/25	21/21	25/25	19/19	21/18	25/25	19/18
河北省	25/25	25/25	25/25	24/24	24/24	18/18	24/19	24/21	17/17
广西壮族自治区	25/25	25/25	25/25	24/24	25/25	16/16	24/24	25/24	15/15
重庆市	25/25	25/25	25/25	24/24	24/24	20/20	24/20	24/24	20/19
湖北省	25/25	25/25	25/25	23/23	24/24	15/15	22/22	24/20	14/14
海南省	25/25	25/25	25/25	22/22	23/23	18/18	22/18	23/20	18/18
总计	200/200	200/200	200/200	184/184	192/192	144/144	182/166	192/182	141/138
合计	600/600			520/520			515/486		
专家分类占比（%）				92/92	96/96	72/72	91/83	96/91	71/69
合计占比（%）				87/87			86/81		

注：专家分类占比和合计占比=有效问卷/发放问卷。